我的眼睛是顆鏡頭，

一名影像工作者的

歐洲逃亡之旅

李若韻

水滴之河

Joyun
LEE

獻給

李家名菜

以及，正感到孤單寂寞的你

你有過執念嗎？

一種沒有人能明白，也說不上來，但無法停止，必須去做的執念？

這本書使用「假想死亡」的方式寫作：假想自己再過十天就要死了，在死之前，一天寫一章，好好看清楚自己的執念。來吧，那些從不敢說出的憤恨與欲望，我將重返，那三年在歐洲生態影展的狂野旅程。

三年長詩

我走向一匹狼、一隻鷹、兩頭熊
當我對生態紀錄片感到困惑的時候

狼說
自然既遙遠而偉大
你愛我？你怕我？
你願或不願臣服我，都由你來說

鷹說
自然是外交策略
當我飛翔，當我降落
我是你的野心，我不再是我

兩頭熊並不是朋友
牠們各自告訴我

北極熊說
自然是一筆事業
當我毛茸茸的時候，便能騷動你的心
當我躺在青草地上打呵欠的時候，更能騷動你的經濟體

棕熊說
自然是一種信念
當我行走，不僅是肉也是靈

不是我踩著山谷，是山谷踩著我
你如果忘記該怎麼相信，其實可以跟著我走

我不懂
我從來就沒愛過熊
不可能
食物鏈頂端的溫柔只會留給牠的孩子使用

直到我走進山，遇到一群羊
正順著草痕，吃過一山又一山

吃著第一座山時，人們唱著斯洛伐克語的歌謠
吃著第二座山時，人們唱著匈牙利語的歌謠
吃著第三座山時，人們唱著塞爾維亞語的歌謠
吃著第四座山時，人們唱著羅馬尼亞語的歌謠
喀爾巴阡山脈裡的羊沒有護照

直到我走進河，遇到一群魚
正通過橋的陰影，在流水裡擺鰭

河裡曾經充滿血跡
天主教、東正教、伊斯蘭教
小時候是同學，青少年是敵人，中年後是不同國家的人
砰砰的槍聲一秒鐘，潺潺的水聲一秒鐘
烏娜河裡的魚沒有護照

自然是和平的象徵？自然就是政治？

我已忘記人類是什麼
炸彈代替送子鳥
從天而降，將巢狀的大窟窿，投向十層高樓
所有人
用全身的力氣，撲向一盆火

尋找各式各樣的綠色，編織成一塊厚厚的毛毯
蓋在身上
即便黑夜來臨，仍暖暖的

有人說得好多，極盡巧思地拍攝著
用最特寫的鏡頭抓著淚珠，用最望遠的鏡頭抓住衝突
小題大作

有人一字不說，靜靜地拍攝著
高原趕路的驢子尾巴甩呀甩，蘆葦叢中的公羊奮力用角抵抗
無題便有題

我的胃在不知不覺中，裝滿了當地青年最逞凶鬥狠的酒精
沒穿鞋的吉普賽小女孩不再跟我要錢了，她不明白地看著我
我跪趴下來，一口一口嘔吐
土地上的青草是那樣乾，一叢一叢鑽進鼻孔

你還好嗎？
Green Washing 的法文怎麼說呢？
自然已被人類包圍，自然是最新流行，自然給你生給你死，給你榮耀給你屈辱
你爲什麼就完全混亂了呢？

自然讓人投射夢想
直到，燈光熄滅
夢是唯一的真實，但我夢裡的生態紀錄片到底是什麼？

我不想再哭了
我不可憐，我不想要誰來可憐我
是我自願千里迢迢，是我想找出沒人在乎的答案

在離家最遠最遠的地方
你點點頭，能夠明白
我們絞盡腦汁，我們無計可施

只好躍進岩漿裡，大聲地唱著古巴饒舌歌曲

火山子民，沒有畏懼
他們用好奇的眼睛，他們用沾了酒的咖啡與冰淇淋
一點一點治療我
面對自然，我什麼都不是
只會用力抓緊手中已經乾涸的岩漿碎屑，發出餅乾被咬裂的聲音
自然充滿隱喻，不需多說分明

之後
我遇到了滿山的企鵝，當滑雪板沒有騰空飛起的時候
你的臉充滿傷痕，你的心卻百毒不侵
你是如此享受孤寂，對誰再也沒有邀請
誰能真的限制我呢？
當碧藍色的液體像軟糖，靜靜鋪在腳旁
你是海還是湖泊？你是峽灣

你是山脈還是石頭？你是碎形理論

只有自己才能決定相對大小
只有自己才能決定

飛越土地，我又回到太平洋
踏上一座無人島，原來就在我家旁邊
我撞上了一頭海怪，在月黑風高的夜晚
它有著巨大的肚子，高聳的背鰭，匍匐於海上
跳上跳下，噴得我滿臉是水

那些
是天上的雨？還是海裡的浪呢？
都不重要
我要你感知，我要你狠狠地感覺著

我的眼睛仍是顆鏡頭
生態紀錄片、生態劇情片、生態實驗片
都在有生之年注視著

自然讓所有對立緊緊相貼
自然讓所有選項一字排開
由我選擇

前言

準備，以倒數十日回溯三年旅程

時間—二〇一九年，夏
地點—台灣

好痛！一個禮拜有七天，我竟然已經吃了五顆止痛藥！我痛得不能睡，我痛得不能寫，頭腦裡亂七八糟的思緒不停不停地長出來，無法阻止。它們不聽我的話，它們不受我控制，關於過去三年的所有經歷。

頭真的太痛了！

是的，我說我要寫書，在旅行開始前，我就這麼說了。

我要以巴黎爲基地，用三年的時間，陸續採訪10＋1個以「生態」爲主題的影展：十個在歐洲，一個在台灣。不管歐洲有多大，東西南北歐我都要去到；不管生態影展有多少，我要精選各種風格，我要看到，然後寫成一本書，還給生態紀錄片一個公道。

我是那樣沾沾自喜，給自己高昂的音樂背景，然而三年過後，當旅程終於結束，我卻寫不出來。

爲什麼？

爲什麼一切都沒有變？

爲什麼我還是這麼窮？

爲什麼我沒有往成功光明的方向去？

爲什麼我還是我？沒有煥然一新？
爲什麼我還是那個想要丟掉的我？

我好失望，我對自己好失望，不是這樣的，這不是我的安排，我應該要寫下沿途風景，平心靜氣，理性分析，造福世人。我應該用最細的畫筆，把每一個細節都勾勒出來，把每一種質感都描繪出來，把每一處的陽光、雨水、雲朵、月色、萬頭攢動的衆生、相互搏鬥的人性、各種欲語還休、仇視、依賴、無助、藐視……都呈現出來。

關於人，關於自然，關於歐洲，關於以生態之名的萬千瞬間，豐厚地在書中展開。

但爲什麼我做不到？我望著這幾年所寫下的字，它們整齊地排著、疊著、互相倚靠著，它們仍然是字，但它們沒有靈魂，它們沒有生命，它們是世界上最沒有價值的東西。我錯了嗎？我不應該寫這本書？我不應該賭上三年的時光，就爲了這趟旅程？二〇一六年、二〇一七年、二〇一八年，我是否虛耗了我的人生？

我是否沒有真正面對我的人生？

我是否沒有真正面對我身爲一個懷抱歐洲夢的台灣人，早已無力抵抗種種現實？這10＋1場旅行根本沒有結束，我還在巴黎拚命。對於未來，我該如何生存？對於過去，在職場曾經歷的種種不滿與成見，我真的放下了？還是我不管了？面對這10＋1場旅行，面對這10＋1個生態影展訪問，我根本一點也不客觀，我不是記者，我只是一個憤怒的人，爲了想反對那些我討厭的，藉由他人，說出我本來就想說的話。

我以生態之名將自己包裝成一個良善的人類，掩蓋了那些憤怒、欲望、自卑、自戀。說到底，我對生態根本毫無貢獻，我竟是那樣普通的人類，需要這本書，才得以在巴黎抬頭挺胸地活下去。

這10＋1場旅行讓我逃避現實，得到飄浮在空氣中的快樂、掌聲與肯定。但是，當旅行真的結束，我回到家，回到那個真正的我，回到這三年真正的時光，所有的景色全都成爲鏡子，環繞著我，映照著我，呈現著我，每一面的自己是那樣不堪，那些無法寫下的心情，如此狂野，日日夜夜困擾著我。

頭真的太痛了！

二〇一九年的夏天，我暫時離開巴黎，回到台灣，爲這本書想辦法。台灣，這座孕育我、我亟欲逃離卻又渴望得到溫暖的島嶼，我的家鄉。我躲在這裡，小聲地呼吸，不敢張揚，尋求協助。

兩位朋友願意幫助我，一個當編輯，一個當製作人，我需要別人的眼睛，看清楚自己這幾年的心情。

編輯說：「你對我們說的，爲什麼都沒有寫進去呢？」

製作人說：「如果你的生命只剩十天，你要寫什麼呢？」

頭真的太痛了。好痛！快不能呼吸了。相信嗎？當頭痛到盡頭的時候，整個世界只剩下一顆聚光燈，周圍是一片黑暗，但亮處卻如此清晰。

我決定丟棄所有文稿，重新開始。

如果這本書對我是如此重要，如果我的生命只剩下十天，那麼以下這十篇，便是我那三年的旅程。

目錄

三年長詩 06

前言 16 ——準備，以倒數十日回溯三年旅程

第一部 魔幻的山

34 倒數十天——再見巨石
54 倒數九天——美麗的皮鞋
72 倒數八天——你愛自然嗎？
92 倒數七天——沒有護照的羊

第二部 水滴之河

134 倒數六天——烏娜河裡的水滴
166 倒數五天——祕密基地
186 倒數四天——海邊的鬣狗先生，以綠之名

第三部　臉孔島嶼

250 倒數三天——島嶼是臉，峽灣是身體
306 倒數兩天——冒煙的樹
358 這天——峽灣裡的碎形理論
382 復活——欲望叢林

後記
416 ——清澈

阿爾卑斯山
喀爾巴阡山
你們同意嗎
人在旅行過後
其實更感到困惑

第一部

魔幻的山

閉上眼，我撞進一座魔幻的山

左半邊正下著雪
一顆一顆
閃爍地
飽滿地
鑲進梯田
積雪過後
走勢
邊境
變得清晰明顯

右半邊正起著霧
一塊一塊
鬆軟地
毫不遲疑地

融進樹梢
人在驚見彼山變化之際
自己也將被遮蔽

我迷失在雪與霧裡
魔幻的山逐漸成爲一片白
像銀幕那樣白

將山的形狀投上影
我們來看生態電影

倒數十天

再見巨石

時間｜二〇一六年，冬
地點｜義大利，米蘭機場

即便以爲自己武裝得那麼好，義大利松德里歐國家公園影展（Sondrio Festival）仍然讓我崩潰了。

目的地是松德里歐小鎮，阿爾卑斯山腳下，多麼夢幻的地方，但我的行李箱把手卻在抵達義大利米蘭機場時壞掉，再也拉不出來了。

行李箱變成一顆巨大的磚，底下的滑輪瞬間無用，沒有用，一點用都沒有。原本可以拖著走，現在變成只能抱著，抱著這麼重的磚，卻找不到轉搭巴士的出口，這邊沒有，那邊也沒有。問過警衛，問過路人，大家都說不知道，行色匆匆，你們是真的不知道還是不想理我？走得那麼快！就不能幫我一下嗎？

太重了，先放在一旁。我用跑的，邊跑邊回頭看行李箱有沒有被偷走，用最快的速度衝去遠方問一排好像在等待的觀光客，終於有人回答：「對！就是在這裡轉搭機場巴士到另一個航廈，才能接到鐵路，進入市區。」

爲什麼一個告示牌都沒有？我恨透歐洲！

我恨，但我的書才剛開始，我不可以認輸，我忍耐，我一定要完成採訪，證明我是個能在國際上立足的人。

抱著一塊磚，從這個航廈換到那個航廈，從這個月台走到那個月台，上車了，下車了，茫茫人海，尋找前往倫巴底區的地方火車。什麼？要從第一月台一直走到第十四月台，有沒有搞錯？我抱著一塊磚啊！手好痛，我暫時靠在路旁，把磚放下，稍作休息。車站裡的所有人都走得好快，他們拖著行李箱，無論是大顆的還是小顆的，滑輪是如此順暢，飛快地從我身邊溜走。

好嫉妒，我只能抱著這塊磚，彎腰爬行。

專注地爬向第十四月台，來到車門，放下磚塊，騰出手指，按下開關，車門開啓，磚頭與我終於上車。

好乾淨的車廂，座位有的設在平面，有的高起，錯綜美麗，車廂裡旅客不多，每個人優雅地坐在位置上，準備欣賞窗外風景。我是亞洲大老粗，全身汗臭，選了一個離門最近、位置最低的座位，雖然這片車窗小得可憐，但我再也禁不起更多勞動。

坐下來，揉一揉手指間的關節，第二節與第三節已經紅腫，痛死了！摸摸口袋，拿出一把剛剛從咖啡店裡偷出來的小湯匙，這是我人生第一次偷竊，就偷一把攪拌咖啡用的小小鐵湯匙。原本想在路過餐廳時直接摸走客人留下的就好，但如果還沒開始採訪影展就被警察抓走，該有多丟臉？爲了不要驚動店員，我只好走進餐廳，點了一杯咖啡之後，再悄悄地將小湯匙放進口袋裡帶走。

這樣算偷嗎？偷走小湯匙是爲了掏出鑽進卡榫裡的提把，因爲我真的很想要「拖」行李箱，而不是「扛」行李箱啊！

火車開動後，才發現米蘭車站這麼漂亮，卻即將離我遠去，穿過舊站，一片山景就在背後，哇！更漂亮呢！我抓出手機，快速記下這些消逝的風景，心情逐漸平復。一小時後，小湯匙被我徹底拗彎，呈現一個往後下腰的動作，但行李箱的提把，還是卡得好好的，一點也不想出來。

放棄！

我決定不屈就這片小車窗，再次扛起磚頭，爬上高起的椅座，霸占一區面對面的四人座，獨享整片大窗。我滿意地伸直雙腳，靠著椅背，抬頭望向窗外越來越高的山。啊！山頭上的初雪，真的好像糖霜。難道，這就是阿爾卑斯山嗎？我不禁讚嘆，先前搬磚頭的所有痛苦瞬間遺忘。

爲了看見更完整的山，我的脖子跟小湯匙一樣，不停不停地往後仰。延伸向上的阿爾卑斯山有盡頭嗎？

松德里歐是河谷小鎮，埋藏在山的底端，被一面又一面的坡地包覆，放眼望去，密密麻麻不曉得裡面藏了什麼，近看才發現是一排又一排的葡萄梯田，這裡盛產紅酒。

訪問義大利松德里歐國家公園影展的那五天，每天心情都很複雜，一下子想離開這裡，一下子又覺得好有收穫，再繼續吧！起床與睡前是最難熬的時刻：「好吧！就現在！如果我現在放棄，可以搭什麼火車回去？又或是，可以搭什麼飛機回去？」「放棄了！

放棄吧！我做不到，我根本做不到。」這些話，不知道自言自語了幾百次。

因爲好冷，又好餓，語言不通，採訪不順利，好寂寞。但是，我還是有撐到影展結束，我參觀了很多地方，我拍了好多照片，我還利用空檔，在鎮上商店街買了一個國際品牌的行李箱，爲了它的全球服務，就算以後再出問題，無論身在何處，都可以修理，都可以繼續。

最後我終於拉著新的行李箱離去，擺脫了那塊磚頭。

時間｜二〇一六年，夏

地點｜法國，梅尼古特小鎮

身爲一個生態紀錄片工作者，又，身爲一個生態紀錄片女性工作者，每當講出自己的職業時，總會得到這種回應：「哇！好酷！你們會爬到深山裡拍動物嗎？哇！你們會潛到海裡拍動物嗎？」

自我入行以來，坦白講，電視圈的運作不是這樣的，一切都是演出來的。

爲了預算與效益，我們會去再平凡也不過的地方取景，比如動物園，我們會到動物園的溫室拍蝴蝶吸水。如何讓自己成爲專業的生態攝影師呢？微距鏡頭是必需品，只記錄動物的形體是不夠的，必須用畫面去解剖牠：要把蝴蝶像吸管的口器拍出來，要把蝴蝶一格一格的複眼拍出來，要把蝴蝶翅膀上細細粉粉的鱗片拍出來，當我們把動物的尺寸放大到一個人類肉眼絕對看不到的大小時，觀眾就會高潮了。

爲了這份得來不易的高潮，我們會在蝴蝶的日常動作裡，配上詳細的解說旁白，輔以聳動的形容詞與動詞，並搭上磅礴的配樂，凸顯那翩翩飛起的輕盈、飽滿，以及如詩般的陽光。

我們也很愛拍攝毛毛蟲破蛹而出的畫面，但場景絕對不在野外，而在室內。我們會將掛在枝頭上的蟲蛹連帶植物一起取下，拿進攝影棚裡布置、擺設、打燈、架攝影機，開始二十四小時不間斷地拍攝，因爲不曉得牠什麼時候會出來，但只要有充足人力，就跟牠拚了，我們會一直等，一直等，總能等到牠開始破蛹、羽化爲蝶的瞬間。這個瞬間其實非常緩慢，蟲破開蛹之後，往往會在原處持續扭動，慢慢擠、慢慢擠，直到拉著大翅膀出來爲止。親眼所見其實並不精彩，我常看到睡著，但只要把冗長的影片快轉到五秒以內，就能呈現出眾所期待的生命力！

當我還是個菜鳥攝影助理時，試用期的任務就是負責某種大型蛾類的破蛹拍攝，還記得牠叫皇蛾。我運氣好，才等一個下午，皇蛾就破蛹了，沒有熬夜，不像我其他睡在公司裡的同事。可是當皇蛾破蛹時，由於攝影棚的燈光太熱，冷氣太乾，牠軟軟皺皺的大翅膀，無法像在野外能慢慢伸展開來，等待乾燥，反而在最捲曲的時候被快速定型。

讓我通過試用期的皇蛾變成嚴重扭曲、左右不平衡的鐘樓怪人，再也無法將翅膀收合。即便如此，破蛹而出的拍攝任務還是順利完成了！我將影片快轉，配上科普教育的口白，在關鍵畫面標示字幕，闡述生命之美。

總而言之，一切都是我們堆砌的。我們爲動物化妝的時間與心力，遠遠比真正在荒野中等待牠們、與牠們共處、了解牠們還多。只因爲市場有限、預算有限、老闆的耐心有限、同事的默契有限、我的權限有限，什麼都有限，不知道爲什麼。

在台灣，這個產業迷戀美國 Discovery 或英國 BBC 的生態紀錄片，但我卻好想打瞌睡，每每聽見那些抑揚頓挫的旁白、那些科學家的使命、那些突破困境和搶救自然的劇情，都讓我湧起許多疑問：「是嗎？真的這麼厲害？真的這麼好？你又知道自然是這樣想？你又知道人類可以這樣做了？」

我喜歡法國電影，也喜歡法國生態紀錄片的拍法，好比《小宇宙》（*Microcosmos*），從頭到尾沒有一句旁白，卻能一步一步讓觀眾感受到昆蟲視角的世界，當風吹過，當雨落下，比人類身體小數百倍的昆蟲會是什麼感受？一團草叢就是一個小宇宙，我永遠記得那些震撼人心的鏡頭，很平凡，卻很深刻。

我從小就喜歡親近大自然，在未知的世界裡迷惑、猜測、感受，心中有很多話想說。難道，我就不能自然地說嗎？一定要高潮迭起、聳動人心，不然就沒有收視率？不一定吧？

工作幾年以後，我決定飛到法國從頭開始，念語言學校、打工、申請學校，期待有朝一日能拜訪梅尼古特鳥類影展（The Ménigoute International Ornithological Film Festival），進入影展所創辦的「動物紀錄片研究所」，學習最正統的拍攝方法。

可是最後，我決定放棄入學。

原因是我付不出學費，我付不出一年從五百歐元調漲成八千歐元的學費。由於法國學制認爲我已經工作過一段時間，不是剛畢業的年輕人，必須失去一般生的資格，必須用在職生的身分與學費入學，即使我的課程、教室、老師，跟一般生完全一樣。是現實太無奈，還是我太天真了呢？一個將要三十三歲的女人，已經不是個孩子，也不青春了，如果這是一部海外女子求生記的勵志電影，主角的年紀也太大了。

可惜那時的我還看不清，我以爲只要我能吃苦，就有機會成功。

但人生當然不是這樣。

我的人生沒有八千歐元，沒有八千加八千、兩年總共一萬六千歐元的學費。我也沒有未來兩年的生活費，沒有買車通勤、買器材拍攝和準備畢業製作的費用。我什麼都沒有，只有我的法國男朋友正傻傻地在巴黎等我回去，他不知道我是否要離開他去法國中部念書，或是直接回台灣，結束這場法國夢。

說到夢，也許我應該要好好敍述一下，口試結束那晚我所做的夢。

應該說非常幸運，我的媽媽在我前往動物紀錄片學校口試的時候，正從台灣飛來法國看我。可憐的媽媽，已經一年半沒有見到女兒，在機場看到我就哭了。她因爲太過興奮，十四小時的航程都沒有睡覺，但在我們從機場回到巴黎市中心的火車上，竟然就安心地睡著了，看著那抱著大大小小的行李、靠著玻璃窗立刻呼呼大睡的媽媽，覺得她真可愛。

媽媽是個單純善良的女人，她喜歡簡簡單單的生活，從不去爭什麼，也從不去挑剔什麼，她就想認分地過日子，不像我。

我得到媽媽的樂觀開朗，卻沒有她的隨遇而安；我得到爸爸的不願服從，總是想做得風光給別人看，但其實內心既脆弱又敏感。我跟爸爸一直難以親近，也許是因爲我們太像的原因。媽媽總像緩衝劑，在家裡調停我與爸爸。來法國找我的時候，則調停了我已壓抑一年半的無奈，看著我哭泣，什麼話都沒有說。

離開口試會場的時候，我沒有哭。

我對三位口試委員說：「到這裡念書是我的夢想，我終於從台灣走到這裡，見到你們，得到你們的肯定，但這樣的學費我沒有辦法。」他們知道在職生學費的天價，一般法國上班族如果申請就讀在職班，大多公司的福利會幫忙支付一半學費，但我哪裡來的法國公司？我就是一個全裸的、無任何社會福利的外國人。他們說他們知道，也努力地幫我想辦法，但制度就是這樣，他們也沒有辦法。又是一個「有限」，不知道爲什麼，沒有辦法，每次都這樣。

「你可以直接在法國找工作啊！你應該要直接工作。」其中一位口試委員這樣跟我說。他是這所學校的畢業生，以學長的角度衡量我、評估我、建議我。

何不食肉糜呢？

你以爲一個外國人在法國找到專業工作的機率有多高？你以爲法國人願意跟外國人講英文的機率有多高？你以爲一個沒有法國學歷的亞洲人能夠被巴黎社會接受的機率有多高？算了吧！驕傲的法國人，我已不想再說什麼。我沒有告訴他們我每個月是如何努力打工付房租，撐到現在才能來口試的。我才不要告訴他們，我要贏得漂亮，我要驕傲地放棄這裡，是我不要你們的，有什麼了不起！

我退出口試教室，輕飄飄地從二樓走下去，一群法國年輕人正聚在一起聊天，嬉鬧地閒聊口試經過。他們每一個人應該都小我十歲。真好！生在法國，資源那麼多，學費還只要付五百歐，法文又全部聽得懂，不像我怎樣豎起耳朵都沒有用。

媽媽殷殷切切地等著，我告訴她：他們要我，但學費被提高，我不能念了。媽媽說：「太好了！趕快開始工作，趕快開始賺錢。」媽媽笑容滿面，覺得我的不服氣終於抵達終點，可以認分地回台灣工作了，就像她所有朋友的小孩那樣，穩定工作，穩定存錢，穩定人生，安全！

看著媽媽開心的笑臉，真不知道該說什麼。

動物紀錄片研究所的周圍都是森林，非常偏僻，沒有任何大眾交通工具。不會開車的我們，花了兩天，先坐火車，再換成腳踏車來應考，現在口試終於結束，我們準備先慢慢騎回民宿休息，隔天再坐火車回巴黎。離去途中，溫帶樹林不停經過眼前，它們顏色淡泊、樹形蕭條，和台灣濃烈的副熱帶、熱帶氣氛截然不同。

終於完成心願，無論結果好壞，在回到民宿前，應該好好喝一杯慶祝吧！我們在中途停了下來，走進梅尼古特小鎮裡唯一的酒吧，點了一杯生啤酒，拿了一盒有四種口味的餅乾，和媽媽坐在室外慶功。

那時我們還有說有笑，不問未來，只慶祝這個二〇一四年時許下的心願。當年的我還在台灣，下班後的深夜不想睡覺，在網路上搜尋自己的未來，找著找著，竟然就發現了這個生態影展與這所學校。

「嘿！你知道嗎？這個動物紀錄片學校的課程分成兩個階段，一個是學習電影拍攝的技術，另一個是學習生態學的倫理耶！這不就是我的人生嗎？終於有一個地方重視這兩個領域的均衡發展了。」出國前，我非常興奮地告訴朋友我即將追逐的夢，那時我們走在馬路上，跟著反核大遊行的隊伍前行。天空飄著雨，但所有人都很興奮，每個轉角都是訴求與標語，當人認爲自己正在推翻錯誤、前往正確的時候，就會覺得自己的生命很有意義、自己的決定很有價值。

「而且在研究所第一年與第二年中間，會去國外實習，前年他們去了非洲，去年去了冰島，哇！真是太棒了啊！然後畢業製作就是拍一部野生動物紀錄片！是真的野生喔！再也不是室內布置了！」當時的我是那樣充滿幻想，精神奕奕。

只可惜來到法國不過第二年的我，逐漸變得萎靡。

媽媽並不喝酒，她帶著保溫瓶，喝著自備的開水，開心地陪伴我，認爲我終於結束不務正業，終於不再貪心，可以好好面對真實人生。她很滿意這樣的結果，並且不停地自拍、拍我、拍我們，再立刻將照片傳回台灣，跟爸爸報喜，報一個千里迢迢跑來法國尋夢卻決定放棄的喜。

我決定再喝一杯啤酒，跟頭髮蓬蓬、戴著圓圓眼鏡、笑容可掬的酒吧老闆娘詢問還有沒有別種生啤酒，想喝第二杯。

我並不是第一次來到這家酒吧。二〇一五年的秋天，爲了確認當年在網路查到的學校和影展是不是如心中所想，我曾經提前造訪過這裡。結果真是太棒了！我還記得在影展第一天的夜裡，雖然爲了省錢只吃餅乾當晚餐，但心中卻有著即將圓夢起飛的滿足感。

那時我認識了一位很好心的當地女士Marie-Do，她知道我想報考這所學校，立刻熱心地帶我到處參觀，更帶我來這家酒吧認識同學與老師，在她的幫忙下，我甚至巧遇了校長。校長了解我的來意後，似乎爲了避嫌，沒有與我多談，只說了一句：「法文要好好念啊！」

當時的我並不懂這句話的意思。

現在回想起來，Marie-Do雖然對我非常好，但我對她始終無法像對待其他人那樣親近。我抱持著一種戒心，一種其實與她本人無關的戒心，也許因爲她是法國人，也許因爲我再也不想相信法國人，除了我的男朋友。

沒想到自己竟是如此偏激！我知道不能一竿子打翻一船人，但我不是聖人，我就想打翻一船人，在被欺負之前。

酒吧老闆娘溫柔地幫我壓好一杯生啤酒，一邊誇獎我法文怎麼說得這麼好，天知道我最會講的句子就是「請給我一杯酒」而已。老闆娘笑咪咪地喊著：「Chapeau！」一邊講一邊將手平舉到眉毛高度，手掌向下左右搖擺著。「chapeau」是法文的「帽子」，意思是我的程度比戴上帽子還高呢。

這話當然是溢美，也許這就是她經營酒吧的祕訣。我的法文那時很差，之後更差，越有心理障礙越學不好，雖然我知道我的內心深處有一種報復：「我就是硬不要學你這驕傲的語言。」在法國不好好學法文，我為我的倔強付出代價。

喝完兩杯啤酒後，我跟媽媽再次騎上腳踏車，準備返回民宿。腳踏車對這趟趕考的意義重大，沒有不行，但有了也沒好到哪裡去。記得第一天上路，我就迷路了五個小時，媽媽傻傻地在後頭跟著我，就像她傻傻地守護著我，從來沒有懷疑過。

從酒吧騎回民宿需要三十分鐘，還好，來時已經騎過了，現在只是順著原路回去而已，不會很難。在第一個下坡之後，遇到了一群羊，胖胖的，圓滾滾，好可愛。我們停下車，靜靜看著牠們身上沾滿泥土的捲毛。後來我才知道，梅尼古特小鎮過去以紡織原料聞名，到處畜養綿羊並開發各種織品，但在成衣業興盛後，這些傳統產業已經逝去，只剩下一些編織學校和手工業者。

即便如此，這樣的法國景色還是很浪漫啊！每一戶的養羊人家，拼成一片平原，放眼過去，開闊愜意。啊！如果只是來這裡度假該有多好呢？如果我的背包裡放的不是作品集、不是備審資料，而是野餐的香腸、火腿、麵包、果汁、紅酒，該有多幸福呢？我應該讓媽媽過上這種生活的，而不是讓她千里迢迢跑來法國陪我考試，今天竟然還在外面等了三個鐘頭，怎麼會這麼難過呢？

我到底為什麼來這裡呢？

腳踏車經過第二個下坡，遇到了一群牛，灰灰的、黑黑的、黃黃的，我們繞著他們，順著路況轉了一個彎，牠們的脖子也跟著我們轉，看著我們溜過。這次我們沒有停下來，因為緊接著是一條非常長的直線下坡，我們順勢一路衝下去。

難道是風太大嗎？不知道從什麼時候開始，我的眼眶堆滿了眼淚，它們用很慢很慢的速度蓄滿了我的眼睛，使我的視線以很慢很慢的速度變得模糊，太慢了，我必須用手指去把眼淚導流出來，不然沒辦法騎車。

太慢了啊！為什麼眼淚被導出來後又逐漸蓄滿？很煩耶！看不到路了！

看不到路了啊！

下坡好長，視線模模糊糊地一直順騎下去，雖然看不到路很危險，但有媽媽的影子在前面，我也就跟著騎了。但是心裡好難過，我好難過，怎麼會這樣呢？為什麼是一場空呢？為什麼會這樣呢？

不知不覺，我越過媽媽，騎在最前面，放肆地哭，嗚嗚嗚，好低沉的哭聲，真難聽，我不知道為什麼會是這種聲音。

下坡到了盡頭，我們遇到了一座橋，是昨天騎到第五個小時的時候，從另一個岔路轉往民宿前遇到的橋。騎過頭了！

我停下來，媽媽也停下來，可是我停不住哭泣，我還在哭。媽媽說：「怎麼啦！怎麼在哭啊！剛剛不是還好好的嗎？」「可是……可是……他們就不會聽我的了！沒有人會聽我的了！永遠都不會有人相信我了！」我直接嗚嗚地哭了，用正常的聲音，可能剛剛低沉的我是壓抑的吧。

沒頭沒腦地，我也不知道爲什麼會迸出這句話。說出這句話之前，想到好多張以前在職場上見過的臉，想到某天拍紀錄片的下午，導演沒來，導演又不來了，沒有導演，就會苦到我，因爲攝影師就不會聽我的話，可是已經跟受訪者約好了，要準備表演什麼動作也都講好了，好害怕，受訪者如果生氣不願意配合怎麼辦？如果今天開天窗，這一集的素材就會不夠，就沒辦法剪接，我就得重新改劇本，再改，剪接師會生氣，我們又要加班，但我真的不想再熬夜了。

那天肚子突然好痛，一邊煩惱一邊去了廁所，生理期來了！竟然在這時候來！等一下就要拍片了，你是不能晚一個小時後再來嗎？好痛，抱著肚子跑去便利商店買衛生棉，看錶，時間要不夠了，看看周圍，哪裡有廁所啊？啊我完蛋了，冷汗一直從太陽穴旁邊流出來。結帳時，店員對我說：「小姐，你還好嗎？你的臉色好蒼白，你要不要坐一下？」

「你還好嗎？」

剛開始從事紀錄片工作時，好像常常被陌生人或受訪者問：「你還好嗎？」但工作團隊裡的人都不會問我，我只是個助理，我只是個小妹，我就像衛生紙、衛生棉一樣可以隨便被丟掉，沒有價值，反正不滿意就換掉，反正不好用就換掉。好多的臉，好多的拒絕，好多不相信的眼神，排山倒海地在剛剛的下坡路出現。

你們不會聽我的了！

我以爲考上這所學校，我以爲拿到這個文憑，我就安全了，我就是導演了，我就厲害了，大家就會聽我的了。但我還是我，我出國但沒有留學，我什麼都沒有，我一場空。那天晚上我睡不著，躺在床上翻來覆去，這次眼淚累積得很快，非常灼熱，大把大把地湧出，快到我來不及用衛生紙去接，不僅是淚水，連鼻水也像是瀑布一樣不停噴出來。我只好一直起床擤鼻涕，把眼淚擦乾淨，但是躺回去後，又開始。

一切快到我措手不及。

在床另一側的媽媽當然都知道，她嘆了一口氣，安靜地陪伴我。

忘記是怎麼睡著的了。

做了一個好真實的夢。

夢中，回到台灣，來到高雄桃源鄉的一個部落裡，拉阿魯哇族。二〇一三年，我因爲拍攝一組族語復甦的系列紀錄片，曾經拜訪過那裡。那時，他們正忙著申請正名，想要證明自己是獨有的族群，值得爲台灣原住民族分類再添增一筆。

那個夏天，我總共跑了八個部落，拉阿魯哇族是我最印象深刻的部落，因爲我很喜歡部落裡的一位長老。長老年紀其實不大，大概六十多歲，我們拍攝了長老在部落裡教小朋友族語的畫面，訪問了長老對於族語傳承的想法，長老帶我們參觀整個部落領域，最後，我們走進一條很寬很寬的溪床上。

那時，紀錄片所需要的畫面都已經完成，素材很充足，其實不太需要那條溪，但是長老很想向我們介紹，因爲去年颱風帶來一場水災，淹過這裡，造成很大的災害。不知道爲什麼，那時候的我很喜歡在這片溪床上的長老，也許是攝影師和導演在經過一整天的拍攝後，都已經疲乏，所以他們對長老的要求大大下降，但是長老在經過一整天的拍攝訓練後，逐漸上手，越講越起勁，越來越不害羞，越來越自然，那時的他已經放開心胸，跟我養成了默契。

長老的身材嬌小，我總是站在他的斜前方，攝影機的右側，用蹲馬步的高度訪問他，爲了讓他看我的眼神、臉部角度，被攝影機錄起來最好看、最上相。

長老認真地解釋當時水災的狀況，面向鏡頭，看著我，手指著這邊又那邊，雖然說的是不快樂的事，但他很高興能分享這個重大事件。我感覺得到，長老看我的眼神變得很慈祥。

訪問結束，攝影師將鏡頭從長老身上移開，轉去拍攝溪水，長老與我終於不再對看，我們並肩，一起看著整條溪與遠去的山脈。忘記我們說了什麼，但我很喜歡夕陽照在長老臉上的溫馨笑容。

在口試結束、心情如此悲傷的夜晚，外頭的貓頭鷹正嗚嗚地叫著，我躺在法國中部半山腰的小鎮民宿裡，竟然會夢到遠在台灣拉阿魯哇部落山裡的那條溪！夢裡，我們又站在河床上，一樣的位置，一樣的夕陽時刻，長老歡迎我又回來啦！並且跟我說他們已經正名成功的好消息，我們哈哈哈地笑得好開心！導演、攝影師、部落的朋友們，大家又聚在一起，說等一下要去誰家吃晚餐，再炒一盤蝸牛請我們吃啊！

我笑得好大聲！又要吃蝸牛？又韌又難咬的部落蝸牛，炒了好大一盤裝在跟臉盆一樣大的鋼盆裡，還是那真的就是臉盆？蝸牛味道好重，我根本咬不爛，只好硬吞下去啊！

哈哈哈哈哈哈哈哈哈！

好開心啊！我笑出聲音，卻響起空曠的迴音，夢醒，沒有台灣，只有黑暗，我的眼睛好腫，睜不開，被乾掉的眼屎黏了起來。好想台灣，好想回去拍原住民的故事，好想回去拍大自然的故事，可是回去以後，我會不會又是那個受氣包？我會不會又是那個怎樣叫都叫不動攝影師跟導演的小妹？資料是我找的，人物是我聯繫的，現場是我採訪的，帶子回去是我看的，剪接是我盯的，旁白是我寫的，但得獎上台的人卻不是我，被感謝的人也不是我。

只因爲我不是導演。

導演，人人推崇的導演，握有權力，卻可以什麼事都不用做。以男性爲主的拍攝團隊，無論我幾歲，都只是妹妹，都只能成就他人，配合他人。

不回去！在我功成名就之前，我絕對不回去台灣！

媽媽在我旁邊稍微翻了身，可憐的媽媽，我還不能回家，我還不能回家。我還不能回家，那我可以幹嘛？

我在訪問生態影展，我正坐在開往阿爾卑斯山的義大利火車上，我就要去看看，整個歐洲的生態電影是怎麼拍的，不僅是法國，是整個歐洲！我就不相信不能用善良的方式、正派的做法，自自然然地，說一個關於自然的故事。

我就不相信。

倒數九天

美麗的皮鞋

時間｜二〇一六年，冬

地點｜義大利，松德里歐小鎮

Marina 笑容滿面地從影展紅毯上走來，哇！好漂亮的女人，好纖細的身材，好貼身的洋裝，好完美的妝容，好飄逸的長髮，義大利女人好有魅力啊！

「歡迎你來我們的影展！」Marina 伸出雙手跟我緊握，好乾、好瘦、好冷的手，身為影展主辦人應該非常忙碌吧。

義大利松德里歐國家公園影展是女人當家！從主辦人、影展選片人到晚會主持人都是女性，而且是身著華服、濃妝豔抹的女性。高跟鞋！一定要的命運高跟鞋！掌握性感！掌握權力！

還好媽媽上次來法國看我的時候，幫我從台灣帶了一雙特價又保暖的短筒黑馬靴，楦頭小小的，雖然沒有高跟，但很典雅，穿來這個影展訪問剛好。出發前，我仔細研究影展網站做功課，慘，全部都是義大利文，只有少部分英文，我很努力地使用翻譯軟體想看懂內容，但每天都有好多新資訊，永遠翻譯不完。在眾多資訊之中，最吸引我注意的是影展手冊，頁數很少，但每一頁都很時尚。

松德里歐國家公園影展算是非常特殊的生態影展，因為它只播放與國家公園有關的電影，要求嚴格，門檻很高。無論哪一國，想拍攝國家公園多半需要申請進入許可，也要有專業嚮導陪同，因為不易取得且成本昂貴，影片規格通常會走向大製作，或直接與國家公部門提案合作。這是一個資金高、時間長、工作人員繁雜，而且就算都擁有，也不見得能找到主角的類型，因此入圍名單很少，為期一週的影展，每個晚上只播放兩部電影。

來到這裡才知道，如果影展只有放電影，那就無聊了，是吸引不了觀眾的。於是，松德里歐影展在十年前就開始用主題晚會來包裝，像綜藝節目一樣，邀請具話題性的嘉賓來現場，像是脫口秀主持人、廣播主持人、旁白配樂員、繪本畫家、表演藝術家等等，先聚集人氣，等到晚會結束後，才開始放電影。所以，看起來時尚的影展手冊不是因為電影，而是因為嘉賓，影展聘請攝影師，幫每位嘉賓打光拍美照，努力勾引、努力召喚、努力邀請松德里歐小鎮的居民前來影展，讓觀影人數攀上高峰。

業績，對松德里歐國家公園影展似乎很重要。在我參觀的那五天裡，常感覺到工作人員的壓力很大，似乎一定要搞出一個名堂，衝出一個數據，才不會對不起贊助單位。但贊助單位是誰呢？原來是當地政府。從他們各式各樣的文宣品看來，影展必須要宣揚在地國家公園的偉大，並且展現地方政府對生態保育的關懷。來影展前，我還在 Youtube 上看到主辦人 Marina 穿著一件美麗的白洋裝，與一群黑壓壓的西裝官員在松德里歐小鎮漫步，最後走上演講台，用麥克風宣布某年的影展重點。

啊呀！拿政府的錢辦事，辛苦呀！

不過，由女性作主的影展，還是讓我好生安慰，我把握機會，仔細觀察。

影展辦在劇場藝術中心，建築高大，至少有四層樓吧！階梯座位連綿高升，像小鎮裡沿著山勢開闢的葡萄梯田。

影展舞台被費盡心思地布置著：大銀幕先升得很高，是巨大的活背板，反覆播放將要放映的電影劇照，並且做了適度的後製，影展專有。舞台設有地毯、沙發、茶几、花，就像電視節目的錄影現場，但質料比道具更好，因爲就在眼前，騙不了。

台上兩張沙發最令我讚賞，它們完全展現了這個影展的女性特質。一張是三人座的透明壓克力沙發，給受訪來賓使用；一張是紅色絨布扶手椅，給主持人使用。我仔細推敲著，這絕不是隨便拿了就擺上去的沙發，它們一定是經過精挑細選才能上台。

絨布扶手椅的紅非常百搭，不管主持人今天穿什麼顏色、什麼樣式的晚禮服，紅絨布都能好好包住她，只要坐進扶手椅，氣勢就可以被完美襯托，並不搶光彩；三人座的壓克力沙發更妙，竟然是透明的，而且一點刮痕都沒有，泛著虹光，讓各式各樣的來賓從出場到坐下去，就是一種簡潔的帥氣！當晚會結束、準備放電影時，大銀幕會下降到適合看電影的高度，與透明沙發稍微重疊，但透明沙發當然不會遮到畫面，甚至還能讓投影穿透過去，像消失一樣，連搬走都不必。

無所不在的美感，是松德里歐小鎮給我最大的印象。過了很久以後我才知道，義大利的風格大略能分成北義跟南義：北義時尚，光鮮亮麗，米蘭是其中的代表；南義瘋狂，擁有豐厚的歷史與黑道色彩，像是羅馬競技場跟《教父》裡的西西里島。而松德里歐小鎮位在北義的倫巴底區，是整個義大利經濟產值最高的行政區域。

啊！原來我誤闖有錢人的國度了，難怪鎮上陳列的商品都這麼漂亮。皮革，到處都是皮革，到處都是皮包、皮鞋、皮衣。我看上了一雙芥末黃高跟鞋，當然沒買，一個以打工維生的外來移民婦女要什麼高跟鞋？但我還是很喜歡看，在拜訪影展的空檔，我常常溜去商店街東瞧瞧西晃晃，感受義大利工藝之美。

爲了表現我也是個有文化水準的人，在影展某天的午宴，我特別編織了我的長髮，中分以後，從頭頂開始一直編到尾端，再把兩條辮子互相纏繞盤到腦後。那是最能出場的造型，畢竟我已經快要兩年沒有進美髮院了。記得以前在台灣，幾乎每年都要花一大筆錢又剪又燙又染，之後還要護髮護色，弄也弄不完，只爲了讓自己漂亮有型。來到巴黎後，雖然身處花花世界，卻完全沒有錢弄頭髮，只有一次，也是最後一次，讓一位髮型師朋友幫我整理之後，我就開始自己剪頭髮，從來沒有這麼樸素過。

在歐洲，過往的裝飾似乎都不必了，因爲我常常是全場唯一的亞洲人，我最特別！曾經最想擺脫的黑直髮，反而成爲特色，誰也無法得到。

頂著一頭氣質編髮，戴好耳環，穿著第一百萬次的襯衫與牛仔褲，套上媽媽帶給我的黑色短筒馬靴，背包裡裝著錄音筆、筆記、相機、鏡頭，萬事俱備。我從民宿走去表演藝術廳跟大家集合，準備坐影展安排的車上山。他們說要帶我們去吃當地特有的義大利麵，還要拜訪紅酒莊園。

哇！要去吃不用錢的耶！賺到了啊！

我在內心歡呼，但表情很鎮定，因爲等一下要跟入圍導演、影展評審與工作人員見面，好緊張啊！那時的訪問剛跑到第三站，還沒有名片，只能用嘴巴介紹自己，而且說得很小聲。

那時的我很沒有信心。

雖然已經採訪完兩個影展了——第一站是非常國際的德國綠色銀幕野生動物影展（The International Wildlife Film Festival GREEN SCREEN），參加的人來自四面八方，我放心地混在人群裡；第二站的法國梅尼古特鳥類影展，我不僅去過，甚至還考過入學考試，所以也不覺得那麼難；但這次第三站的松德里歐小鎮，我一無所知，它就是一個全程都說義大利語的地方影展，只有當地人才會參加。整個小鎮似乎也不容易見到亞洲人，當我走在路上，常感受到當地居民的目光，彼此都很陌生。

走進表演藝術廳，我見到一張熟悉的臉，一個女人，好眼熟，我想不起來在哪裡看過。影展主辦人 Marina 過來招呼我，介紹我給那個女人認識，還有她身旁的男人。啊！原來是我在第一站德國影展裡看過的人！當時有一個紀錄片標案創投的活動，這個女人就在台上主持會議，我想起來她的名字叫Annette，那時她點名每一個正準備上台的導演，請他們發表自己想拍的故事，然後再點名台下的電視台老闆、企業老闆、出資老闆問問題，分享想法，交流未來可能合作的方向。

我還記得Annette談笑風生的主持風格，好幽默，好親切。確定是她以後，我馬上表達讚美：「你在台上超漂亮的！」Annette笑咪咪地謝謝我，身旁的男人則一個箭步地跳出來說：「那麼你要準備參加創投會議了嗎？」我笑說：「還沒呢，還在了解和學習。」

她身旁的男人是Klaus，兩人是夫妻檔組合，先生是導演，太太是製作人。他們的《春暖花開北極熊》（*Polar Bear Summer*）得到入圍，受邀來影展參與頒獎典禮。我問：「等影展結束後，你們會順便在義大利玩幾天嗎？」他們說：「哪有時間玩啊！前幾天才剛去另一個影展，這裡結束後又要趕回德國的工作室開會，因為下一部片就快要提案了，要趕在聖誕節前完成！」

他們開車來的，從德國中部一直開到義大利北部，大概六、七個小時的距離。「開車很累啊，不過這樣比較方便。」Klaus對著我擠擠眼睛，他笑起來也是瞇瞇眼。夫妻兩人個性非常外放，趕赴影展是家常便飯。他們跟我說，曾經有次為了電影去亞洲，轉機過境時，順便逛逛台灣。

「我只記得呀，二十年前的台灣幾乎沒有人會說英語，天啊！我什麼也聽不懂！」

「沒有人會說英語呢！沒有人！」Klaus 特別探身靠近我，小聲強調。「喔！這樣呀！不過現在應該滿多人會說了吧！」我自然地回答，沒有想太多。那時的我還不知道，之後我在松德里歐小鎮根本無法進行採訪，因爲鎮上沒有任何人願意跟我說英語，或他們其實也都不會說英語，但永遠不會被檢視。因爲他們是時尚的北義，不是台灣。

除了 Klaus 跟 Annette 外，旁邊還有一組男女在等待。他們是奧地利女導演 Rita 跟捷克攝影師 Jiří，我其實完全忘記這兩個人的名字了，他們太安靜低調，爲了寫這段，我還特別去把資料翻出來。他們的《訂做一座古老森林》（*Making an Ancient Forest*）也得到多項入圍。捷克攝影師跟我說，這算他第二次來松德里歐小鎮，八年前他因爲別部電影入圍就曾經來過，記得當時被影展單位照顧得很好，參觀很多地方，還吃了四種不同的義大利麵。

女導演 Rita 的英文有一種腔調，我聽不太懂，很可惜沒能跟她多聊。回家後，我查了很多資料，才發現她是德語區國家裡很有名的導演，在一部以窺探野生動物電影如何被拍出來的紀錄片中，還特別跟拍她下海潛水導戲的工作畫面，很有威嚴的樣子！相較之下，她身旁的捷克攝影師看起來就溫和許多。

我想像自己如果在他們團隊裡工作，捷克攝影師應該會成爲我的好朋友吧！他可能是我的心靈導師，我可能是他的攝影助理，我們會分工合作地在森林裡扛器材，並且專注地尋找這部片的主角——林曳，一隻長得像大貓的動物。當林曳出現時，我們會立刻用眼神跟對方示意，然後，安靜地先用廣角，拍牠在樹林間穿梭；再用特寫鏡頭，先抓腳下，再抓背脊，還有牠耳上的兩條線，那是專屬於林曳的特徵。

當他旋轉攝影機，準備運鏡的時候，我會幫助他穩住腳架，並且有默契地知道很快就要更換鏡頭了；我也會在那一秒查看電池和記憶卡是否需要更換，但我想他一定會放個幾顆、幾片在他工作服胸前的口袋。他看起來就是不太倚賴助理、習慣自己一個人出機的攝影師，我猜。

我會有這樣的幻想，是因爲當我跟他聊天時，我太緊張一直插話。但他都沒有戳破我，他也許有攝影師的敏感，知道當下的我雖然看起來煞有其事，但其實是手足無措的。他會耐心等我說完，再緩緩回話。當我在影展第一天問他能不能給我一片他們的ＤＶＤ，讓我寫稿時可以參考，他沒有忘記，在影展閉幕大家話別時，他特別問奧地利女導演有沒有帶出來，然後從她真皮的手拿包裡，拿出來送給我。

這個畫面爲何我記得如此深刻，我真的需要那片ＤＶＤ嗎？他真的需要給我嗎？

這兩組都是前輩了，年紀大概五十出頭，已經成名，已經得獎，平常拍的都是國家公園的大製作，與各國的傳播公司交手，作品在各國電視平台播映，他們都是見過大風大浪的人，但是他們沒有教訓我，反而鼓勵我，說我的書很有趣，他們也很想知道其他國家的人是怎麼辦生態影展、怎麼拍生態電影的。

他們對我想做的事沒有懷疑。

我被分配到跟 Annette 與 Klaus 同車。上車後，Klaus 坐在前座，我們兩個女生坐在後座。Annette 仍然很有智慧地看著我，像她在主持台上看所有參加者一樣，她就是選秀節目裡會照顧大家的那種主持人。我問她：「你還喜歡生態紀錄片這個工作嗎？」「喜歡啊！喜歡快要三十年了，還在拍呢！」Annette 仰天大笑，梳一梳前額垂下的頭髮，望了一下窗外，很快將視線放回我身上。

那一秒，她的腦海裡想必出現很多的畫面吧。

我繼續問：「那現在你們都是業界的前輩了，想要拍什麼都已經自由自在了嗎？」「也不盡然，每個電視台都還是有自己的規矩、年度計劃，當然也有預算的考量，所以每一部片都還是一場挑戰。」我們沒有聊太多，她看起來有點疲累。不講話的時候，我假裝看向車窗外的阿爾卑斯山，以及沿著山勢攀高的葡萄梯田，但其實一直在偷看她。

我在想，像這樣一個已經在歐洲立足的女性生態紀錄片工作者，就坐在我的旁邊呢！也就是說，她是一個真正的、正牌的成功人士了！而此刻，如此平凡的時刻，她與我一起坐在車裡，一樣肚子餓，等著去吃義大利麵。

我突然覺得很可愛，心情輕鬆了起來。

吃義大利麵的地方在阿爾卑斯山脈的另一座山頭，十月底的北義已經降下初雪，白白粉粉落在山頂。噢！義大利！阿爾卑斯山！我正在某座山頭，吃著當地特有的義大利麵，短短的螺旋形，精緻的一小盤。我不記得它的名字，義大利麵的種類真的太多了，我只記得麵裡的白醬、起司，還有一些植物的碎屑，很香很濃，我一湯匙一湯匙地舀進嘴裡，細細品嘗，但我編織的頭髮卻漸漸鬆開，從額頭上掉了幾撮下來，一直刺進我的眼睛！啊！真是煞風景呢！

影展單位還開了幾瓶紅酒，很有禮貌地倒在我的酒杯裡，招呼我，語帶驕傲地介紹這瓶酒來自松德里歐小鎮的哪個產地，哪個年分，用哪種釀造工法製造。

午宴在山裡舉行，餐廳是一棟小房子，更像一座小洞穴，岩牆雖然被漆成冷白色，但被暈黃的燭光照到後，仍然顯得柔軟。一條長桌，鋪上了乳白色的桌巾，所有的刀叉餐具都很雅緻，兩列排開，對應著兩排入座的人們。大家侃侃而談，氣氛融洽，坐在我旁邊的是一位非常年長的大伯。大伯對我說：「你想要採訪我們影展？那你知道我是誰嗎？我是這個影展的父親，哈哈哈哈哈！」大伯笑得好大聲，對面的女士聽了，微笑回應。

大伯是松德里歐國家公園影展的創始人，而那年的影展是第三十屆，也就是說，當大伯還是年輕人的時候便開始了影展。太棒了！我得趕快開始採訪！我馬上俯身把背包的拉鍊拉開，拿出筆記本和錄音筆，對著大伯準備採訪。大伯看到這樣的陣仗，笑得更大聲了！他說：「等一下，來，吃！吃！吃！」當大叔說出第二個「吃」字的時候，口中的螺旋義大利麵碎屑竟然飛出來，噴到我的右眼旁邊。

哇哩勒……什麼啦……我在內心翻了一個大白眼，趕快用手把那個碎屑拍走。額頭上較短的那撮頭髮終於掙脫了編髮，掉出來，正瘋狂刺入眼中！受不了，我想訪問啊！我不放棄，按下錄音鍵，把筆記本和筆放在桌上，用我的雙手，壓住我掉下來的頭髮，眼睛終於不再刺痛了，然後，繼續訪問他！

大伯說，三十年前曾有一場很大的洪水，嚴重危害到松德里歐小鎮，爲了呼籲大衆的環保意識，便開始了這個影展！「原來如此，請問怎麼會有洪水呢？爲什麼要以國家公園爲主呢？你們的重點是要呼籲什麼呢？」我馬上追問。大伯的臉垮下來，說：「你問題很多耶！」然後他就站起來，走去別桌和其他人聊天了。

好吧……這樣直接啊！

我只好把錄音筆暫停，收到包包裡，發現我的盤子裡還有一點螺旋義大利麵，準備把它吃完。我一邊吃，前額的頭髮又一撮掉下來，真的是煩死了。我用左手撐著頭，扶著一些髮絲，然後用右手拿著叉子，把一條一條的螺旋麵叉起來，送進嘴裡。抬頭拿紅酒喝的時候，看見對面的女士正靜靜看著我。

啊！我這麼專心地大吃特吃，這副餓死鬼的樣子是不是被她看到了？

只好放下叉子，把嘴巴裡的螺旋麵吞下去，打了一聲招呼。「請問你也是入圍的導演嗎？」「不是，我是評審。」「喔你好，請問你的職業是什麼呢？」「我是植物學家。」

女士雖然坐著，但應該長得很高䠷，她有著細細長長的金色頭髮，細細長長的臉，細細長長的上半身，細細長長的手臂。女士始終保持淺淺的微笑。「我是這附近的老師，每年影展我都會在這裡當評審。」

植物學家呀……糟糕，不知道可以跟植物學家說什麼！只好再喝一口紅酒。

「等一下你會跟他們上去看紅酒莊園嗎？」植物學家繼續問我，她很親切，想繼續跟我聊天。

「喔？我不知道，會吧！」

「請問，有很多科學家在這個影展裡當評審嗎？」

「嗯！沒有很多，大概有這個、那個，大概三、四位，然後每年還會有一些特別請來的嘉賓。」

「那麼請問你們都評斷些什麼呢？科學正確嗎？還是……」

「嗯嗯，都有。就是希望能帶給觀眾一些自然的知識囉。」

「這樣呀。」

我想起一些科學家的審片會議。每次在生態紀錄片終於拍完、準備結案之前，總是要邀請相關的科學家做最後審查，他們會放大檢視我們辛苦的結晶，說這裡不可以，說真正的科學資訊是什麼，一定要補充進去。這種會議每次都讓我們很痛苦，因爲他們在乎的科學突破，根本與整體劇情無關，要怎麼放進去？而且，這麼細節、這麼困難的東西，觀眾怎麼能懂？我很不喜歡科學家那種大家都得聽他的話的態度；我們拍的是「生態紀錄片」，「生態」雖然重要，可是我們也在拍「紀錄片」呀！難道故事就不用顧了嗎？我們又不負責將你的科學研究影像化！

植物學家依然微笑，我在台灣好像沒看過這麼漂亮的女性科學家，不然……不然我就會聽她的了嗎？我不知道，過去在台灣職場裡滿腹委屈的回憶，現在突然看到外國科學家，卻不知該從何問起。

Annette 跟 Rita 的笑聲從長桌的另一側傳了過來，她們好像在講什麼有趣的事情。旁邊還有另一個短金髮女性，和一個亞洲女性！欸！亞洲女性！看到了，竟然還有另一位亞洲女性！

亞洲女性名叫 Rose，陪伴她的美國先生 John 而來，John 是美國大提頓（Grand Teton）國家公園的巡山員，本屆特別邀請的國際評審。松德里歐影展跟美國國家公園管理局合作，每年都會有一位跟國家公園有關的專業人員，從美國飛來義大利交流。John

不只擔任影展評審，還要去當地的國小舉辦多場演講，主題是「什麼是國家公園？」。我也跟去聽了一場，才知道原來國家公園有很多種，不只是與自然相關，還有與戰爭相關、與人權相關，以及與原住民相關的國家公園。

「Park Ranger」（國家公園守護員）是我在演講裡學到的單字。John 帶領小朋友們舉手宣誓，先說出自己的名字，接著說自己想成為國家公園的小小守護員，誓立這輩子都要保護森林。

好強大的情懷啊，保護森林，談何容易？但跟著所有人一起大聲宣示很歡樂，喊完還有漂亮的貼紙和臂章可以拿。大提頓國家公園裡面的狼啊、熊啊、鷹啊、犛牛啊、馴鹿啊，各種野生動物的卡通插畫是這麼可愛，拿一本好像就保平安了，大家都笑咪咪。

我坐在台下想東想西，Rose 也坐在後面，稱職地陪伴，一下子幫 John 拍照，記錄這次的海外工作狀況，一下子低頭弄自己的事情，太遠了，我看不到她在做什麼。

Rose 一直都滿平靜的。我對她說：「哇！你的英文好好喔！」她說：「我在美國出生啊，可是我就不會說標準中文（Mandrin）了，我的家族是潮州人，你會說潮州話嗎？」

「我不會說。」「那可惜了。」

Rose 跟 John 的美式英文說起來好滑好快，內容充滿很多明明是簡單的單字，但湊起來我卻不明白意思的片語。當他們跟我聊天時，我都要說不好意思，能不能再講一次，能不能再說慢一點。

真尷尬，聽不懂義大利文，也跟不上美國人的英文。即便如此，Rose可能因爲有兩個女兒的關係，在影展期間很照顧我，每當她遠遠看到落單的我在排電影進場，就會把手揮得好高好高，叫我過去，跟他們一起。

「嘿！我們想你，你今天去哪裡了？」有天我沒跟上團體行程，直到晚上放映前才出現，Rose就是這樣對我講話的。我說「沒有啦，今天去了哪裡哪裡……」，但其實我自己知道，我有一點在避開大家，因爲我不知道要說什麼。明明要採訪影展，卻心虛孤僻，絕對是我的錯。

那天在午宴長桌的另一端，Annette、Rita、Rose與短金髮女人，四個熟女前輩聊得正起勁，原來在講這次來松德里歐要買什麼紀念品回去。短金髮女人是德國人，但嫁給義大利人，能說流利的德文、義大利文和英文，她是這次影展的翻譯，對Annette和Rita說德文，對Rose說英文，並幫助她們與當地人說義大利文，好厲害！

短金髮女人不只頭髮是金色的，身上的衣服也有很多金色系的點綴品，我還記得她常穿輕飄飄材質的白色上衣，但總會滾上金色的領口，或是繡上一點金色小裝飾品。雖然是短頭髮，但她的耳環總是很長，很細的金色小鏈環，再接上輕巧的金屬材質，很薄，很有設計感。當她說話的時候，耳環會隨著她的表情舞動，很漂亮。

短金髮女人不是嬌滴滴那一型的，她很有霸氣，可是善於等待，在必要時刻出擊。我敢說這樣的話，是因爲在影展最後的頒獎典禮上，她明明只是翻譯，卻不甘於被動的輔助。她拿著麥克風，像主持人那樣一問一答地，在語言之中遊戲。我雖然聽不懂義大利文，但我聽得懂她說的不只是直譯出來的字，她掌控大局，在台上給貴賓面子，也給台下影展主辦單位面子。她會邊聽你講話邊點頭，給予肯定的眼神、肯定的回應，並且邀請你一同出擊。她要我給她聯絡方式，說她可以幫我，也許未來我想去哪個生態影展訪問，她有認識的人可以介紹給我。

我沒有給她，因爲那天午宴之後她就非常忙碌，我不想打擾她，或我不想麻煩她，我總是在遠處看她。

我在遠處看著這四位女性前輩，年齡和閱歷都大上我好多好多倍，她們好開心地在講皮鞋，短金髮女人跟她們推薦，如果要買紀念品回去，可以買鎮上某家鞋店的皮鞋，又美又好，只要五十歐元！

「哇！五十歐元而已！」所有女人驚呼，快樂綻放在臉前。Annette 用餘光瞄到我正看著她們，隔著好多人對我熱情呼喊：「嘿！你要不要跟我們去買皮鞋？真皮的，只要五十歐元呢！」所有人都轉向我，興奮洋溢，等我一起出發。我說：「啊！五十歐，我可能付不出來。」

所有笑鬧聲中止，大家看著我，一片安靜。

她們只是暫時停住了，眼神裡沒有要說什麼，她們只是在講一個物美價廉的好東西，好心約我一起去而已，只是她們的廉價對那時的我來說真的付不出來。爲了拜訪這個影展，我已經自費來回巴黎到米蘭的機票、來回米蘭到松德里歐的火車票、五天的民宿錢，還有很多必須要吃東西和喝東西才能活下去的費用，然後，我的行李箱把手壞掉了，我得買一個新的回去。

這些我當然都沒有說，其實，我應該連那句「五十歐，我付不出來」的話都不要說。我應該說「好啊！好啊！」，事情就會過去了。就像以前在團隊工作時，我就應該說「好啊！好啊！」，事情就會過去了。也許我就會討人喜歡，也許我就會成爲很可愛的人，也許我說什麼大家都會聽了。我爲什麼要那麼誠實，暴露出不堪的自己。

我真是白癡。

倒數八天

你愛自然嗎？

時間—中世紀，冬

地點—義大利，松德里歐小鎮

你愛自然嗎？

多麼道德性的問題。

好像把人分成有愛心、沒有愛心；善良、不善良；惡魔、不惡魔。

有這麼簡單嗎？說愛就可以？

那些破壞生態的財團老闆們，難道他們不愛自然嗎？他們應該看得到山不僅是山，山裡有很多的樹；樹不僅是樹，樹上有很多的動物；樹下的土也不僅是土，它們起起伏伏，包裹著樹根、落葉、石頭、聚集的土塊、竄動的小蚯蚓……，他們一定能感受到山的生命吧？只是他們更想要錢，錢很好用，可以去更遠的山，甚至可以擁有自己的山，獨享景致。

他們一定是愛自然的吧？或不僅是山，他們也愛水吧？不然建商爲什麼總是傍著水路蓋房子？河景第一排！海景第一排！只要霸占著水就能發財，因爲人們喜歡啊。人雖然不生活在水裡，但人喜歡看水流動，看水紋一波一波地推動，從這裡，到那裡，去遠方，去看不見的地方。回頭之後，又再看到另一道水紋，來，去，永不停止地流動。

人就是需要這個吧。

人就是因爲喜歡自然，所以破壞自然，爲了更接近自然。

我們能抱怨破壞自然的人是壞人嗎？

壞人到底是誰？

那我們是好人嗎？

我是好人嗎？

義大利松德里歐小鎮非常美麗，美麗不只在小鎮本身，美麗是因爲它位在阿爾卑斯山腳下，讓小鎮擁有整片風景。阿爾卑斯山不是一座山，是一道綿延的山群，以摩納哥爲起點，跨越法國、瑞士、義大利、列支敦斯登、德國、奧地利，結束在斯洛維尼亞。阿爾卑斯山群走過了整個歐洲西部，竟然有一千兩百公里那樣長。一千兩百公里的山群是什麼意思呢？台灣從南到北也不過快四百公里，也就是說，阿爾卑斯山群有三個台灣那樣長。

那樣長，卻無法真正感受，只看到一座又一座的山不停向前衝，沒有盡頭。

可以說山像海嗎？

松德里歐像躲在海裡的浪，是阿爾卑斯山群裡的某道起伏。它位在山谷深處，溪水流過，一直流，長年下來，人被吸引過來，人決定留下來，人依靠著流水存活、蓋房子、畜養動物、開墾田地。當陽光灑下，河谷兩方一明一暗，在向陽坡的地方，葡萄活下來了，蓬勃生長，讓人類使用、應用、賺到錢，成爲松德里歐小鎮。

在這裡，如果你生為一顆長在向陽坡的葡萄，算你好運，不但擁有天然的暖氣，還會被呵護長大。

松德里歐小鎮自中世紀開始，將山壁拓展成梯田式的葡萄園，因為人們發現向陽山坡雖然很陡，不適農作，但被人類栽下的葡萄樹，卻能循著坡度接枝生長，從地平線開始，先第一層，再第二層，至第十層……第二十層……第三十層……啊！太多了！太密了！我數著數著就亂了。松德里歐的最高海拔為一千兩百公尺，也就是從零到一千兩百公尺的垂直過程中，住滿了一層層的葡萄，就像影展戲院裡的階梯座位，你可以看見每一排的觀眾，他們整齊地一直疊上去，塞滿所有空間。

整個北義倫巴底區幾乎都以梯田的方式在種植葡萄、製作紅酒，「高山寒冷紅酒」有一種特別的滋味。

我的舌頭很平凡，喝不出來，我專注在葡萄變成紅酒的過程。參觀紅酒工廠的時候，我看到一大坨一大坨已經失去圓潤形體的葡萄，被攤平在鋼盆裡，等待被釀造。我跟著大家抓起一把，感受果肉之間的水分；之後，這些水分的價值將會被提高，封裝出瓶，前往世界的商場，來到每一個國家的餐桌上。

釀造之前，必須採收。過去，採收必須倚賴大量的人力在陡峭山坡上工作，人們背著編籃，盛著奇重無比的成熟葡萄，身軀被壓得好低，彎著腰、上坡、下坡、行走、爬行，千辛萬苦地將葡萄從向陽坡上摘走，搬到紅酒莊園釀造。

聽說現在都改用直昇機了！僱請駕駛在每一層的梯田飛行，有效率地運送葡萄。一片梯田的葡萄到底有多重呢？我好奇地查找資料，發現很多紅酒莊園甚至會拍攝採收過程作爲宣傳。只見影片中的直升機從遠方飛來，怠速，小心翼翼地下降到某層梯田，垂下掛鉤，等待工作人員們齊心協力，將一個又高又深、已經裝滿葡萄的圓形竹簍，拉高繩索，扣上掛鉤。接著，大家大吼著向後退，直升機便再次升高，葡萄竹簍拔地而起，升空，從這座山頭飛向另一座山頭，前往釀酒廠。不知道是不是心理作用，負重後的螺旋槳轉速好像變慢，引擎聲也變大，一副很吃力的樣子，不禁替駕駛感到擔心，聽說這種採收方式的風險不小。

一季結束，人們戰勝了過往的負重限制，省時省力，大豐收。

也可以說，人類戰勝了自然，不是嗎？

那他們不愛自然嗎？他們愛呀。

在參觀紅酒莊園的時候，影展主辦人 Marina 特別介紹老闆給我認識。老闆穿著白色 Polo 衫，氣質彬彬地遞給我一張名片，希望我能在書裡多介紹他們一點。他們的網站做得很用心，歷史資料詳盡，寫著老闆是白手起家，非當地人，也非傳統莊園的繼承人，說他是如何努力投入紅酒世界、如何喜歡松德里歐的向陽坡地、如何研發更好的種植技術與釀造保存，使他的紅酒如何與眾不同，稱霸義大利與這個世界。

嗯。白手起家又不是當地人，能闖出一片天，肯定很辛苦吧。

我在紅酒莊園裡還遇到另一位穿著白衣服的工作人員，他很年輕，高䠷斯文，英文很好，專門接待國際客人，知道我正在採訪後，很有誠意地跟我聊天。他從小在松德里歐長大，出去念書工作過，最後發現自己還是喜歡這片山，所以回來到這個紅酒莊園工作。年輕人熟稔地帶我們進入紅酒地窖，介紹每一種釀法。我看到最古典的木桶，也看到最先進的不鏽鋼桶，好大一個，應該有三公尺寬、兩層樓高吧，控溫、控溼、控制一切，味道被劃分等級，凍結在人類最在乎的品質裡。

最印象深刻的應該是管子，一條好長好長的管子，直徑應該有二十公分這麼粗，像蛇，不受控制，彎來彎去，在地上扭行。

瓊漿之蛇，運送珍貴的液體。講比較煞風景的話，紅酒其實是葡萄的屍水吧？啊！好好喝的屍水啊，我們是如此沉醉在這個紅沉沉的液體裡。

在松德里歐，生為一顆葡萄是一件幸運的事。那如果生為一隻狼呢？那慘了！有得你受了。

如果我是一隻狼，肚子餓了，想找點東西吃，看見遠方有山豬，就追囉！一直追一直追一直追，追到山豬跑不動為止，然後我就把牠吃了嘛！

狼的祖先是這樣想的，然後狼的子子孫孫到現在應該也是這樣想。這是狼與生俱來的生存策略，狼是機會主義者，看到此刻可以吃誰，就追誰。狼也是長跑耐力者，因爲狼不像豹，沒有瞬間爆發力，速度也沒牠們快；狼也不像獅子，力氣沒牠們勇猛，就算撲倒獵物也不一定能將對方制服成功。不過狼很有耐力，可以發狠一直跑一直跑都不會累；既然單打可能會輸，那牠們就相約一起團體行動。

但這些都沒有比吃圈養動物來得方便！

我想狼一定很感謝人類吧？在山裡冒煙的地方，人類會圈好欄柵，裡面養著肥肥的羊、肥肥的豬、肥肥的牛，有時候放出來，有時候又關起來，實在太方便了！不用耐力長跑，狼只要輕手輕腳地過去，把動物咬出來就可以大吃特吃了，何樂不爲呢？嗯～好吃好吃呢！

然後狼就把人類惹惱了。

二〇一六年，松德里歐國家公園影展裡有一個特展，講的就是狼與人長久以來的故事。

一進場就是一隻狼，牠惡狠狠地看著我，我也蹲下來看著牠，但我沒有惡狠狠的眼神，只有不知爲何的懼怕。因爲從小讀童話故事以來，對狼的記憶都是邪惡的，等到看到狼的真面目，卻覺得有點落差：欸牠，牠好嬌小啊！有點搞不清楚在我眼前的到底是狼還是狗？真要分出差別的話，狼好像比哈士奇再瘦削一點，像是有在衝浪的哈士奇，曬得比較黑、比較飄撇，肌肉卻淸晰有型。嗯，體脂肪很低啦！

在衝浪之狼的旁邊，躺了一隻肚子被咬開的山豬，血肉模糊，肋骨外露，呈現森林裡的真實狀況。

牠們都是標本，來自阿爾卑斯山野狼之生計劃。這是一個沿著阿爾卑斯山進行的國際計劃，包含許多國家的參與，目的在保障各種野生動物的存活條件，尤其是狼。協會正呼籲大衆，不要再將狼汙名化。

我很快就了解這個展覽的定位，生態保育團體曾經是我熟悉的領域，爲了好好理解展覽，我總共參觀了三次。

去第一次的時候，感覺展覽過於典型了，除了狼和山豬的標本非常吸引我之外，所有的文件與告示板都讓我看得很累，很官方，我待了不到五分鐘就離開。第二次，我耐下性子，看到一些特別被標註、畫重點的地方，是關於生態研究的展示，用過去、現在、未來，呈現科學研究的進步，內容包含很多數據和表格，從傳統的外型分類談到分子生物技術ＤＮＡ。

真的很膩，每次都這樣。談論自然與人的關係，除了引用科學研究之外，我們到底還可以端出什麼？

我拿了很多資料，晚上在民宿床上反覆地翻著，關於狼與人，我到底期待這個展覽說什麼呢？不要再跟我說因為動物數量很少，所以必須好好關懷了，為什麼不直接說出衝突？為什麼我們總是在避開衝突？人類到底參與了多少自然史的變化呢？

第三次看展覽，發現有一區被我忽略了，那裡展示著古代的鐵製捕獸器和現代的電子追蹤器，其中有三個畫面非常吸引我：第一個畫面是一張中世紀時期的歷史插畫。畫中，一隻狼被穿上了人類的衣服，脖子被繩索圍住，被高高吊死在小鎮廣場上。狼的位置被畫在最中央，被一整個村莊的人類圍觀，像是一種宣示：狼，你這壞蛋，其他的狼看好了，如果你們再對人類使壞，下場就是這樣。可是，畫中並沒有其他的狼。

第二個畫面是一張是近代的黑白照片。照片中，一位獵人精神抖擻地拿著獵槍，腳邊躺著應該是中槍的野狼，我數了一下，一二三四五六七，七隻狼的屍體被隨意丟在地上，連被好好攤平的機會都沒有。旁邊的告示牌寫著：「狼在槍枝普及之後，持續被大量殺害。」這是一張英雄除七害的證明。

最後一個畫面是一個郵票套組，展在親子閱讀區。郵票套組說著《狼來了》的童話故事，用剪紙藝術表達，非常漂亮，一組有四張郵票，像四格漫畫一樣，好薄、好輕巧地貼在信封上，隨著郵遞位置，到處飄揚。直到現在，人類仍持續說著狼的壞話，但又說要保護狼，在我看郵票的同時，旁邊的媽媽正在念《狼來了》的故事書給小孩聽。那是一種很詭異的感覺。

影展以狼做特展是有原因的，因爲，狼真的來了！

阿爾卑斯山裡的狼，尤其北義山區裡的狼，大概在第一次大戰之前就已消失蹤跡，不是被殺光的，是爲了活命，只好逃離北義。牠們往阿爾卑斯山的西邊逃，跨越了義大利中部的波河，在義大利西南平原一帶躲藏了起來，數量非常稀少。

多年以後，某次我到義大利中部城市都靈拜訪，走上一座橋，才發現底下洶湧的河水竟然就是波河。那時心裡很震撼，啊！當年那些狼就從松德里歐小鎮不停地逃到這裡嗎？這麼遠啊！用 Google Maps 模擬一下路線，至少有四百五十公里啊！等於從台北開始跑，跑到墾丁還不夠，還要衝進海裡？真能跑啊。

在一戰與二戰期間，在人類忙著互殺而非殺狼的時候，狼的族群數量開始悄悄增加，這幾年，牠們竟然從波河的那一端，回來了！

狼回來了！牠們再度回到松德里歐小鎮，甚至繼續由西往東大反撲，沿著阿爾卑斯山脈群而去，現在連最東邊的斯洛維尼亞，也開始出現狼的蹤跡！回來的狼，驚動所有阿爾卑斯山周邊的國家，這也就是爲什麼阿爾卑斯山野狼之生計劃必須跨國合作，因爲狼哪管腳下的土地是歸誰所有呢？所有的科學家再次呼籲：「我們這次不能再重蹈覆轍了！」「不能再重複人類過去的錯誤！狼不能再滅絕了！」

影展主辦人 Marina 跟我說，這幾年在鎮上常會見到閒晃的狼，居民都非常害怕，所以他們組織當地警察與國家公園守護員，成立「狼的巡守隊」，並且與生態研究者合作，先把狼都抓起來，套上追蹤器，這樣不但可以知道牠們的行爲、做生態研究，更可以掌握狼的行蹤。

說到底還是怕。

怕什麼呢？

怕被狼吃掉。

可是一直以來，在過去的紀錄裡，人並不是狼攻擊的對象，幾乎沒有人慘死於狼下的故事。機會主義的狼，只捕食能力可及的獵物，比起人，牠更想要人養的動物。

就算狼會攻擊人好了。狼爲什麼不能攻擊人？任何動物爲什麼不能攻擊人？人爲什麼不能被動物攻擊？

人不是愛自然嗎？那人給狼吃掉了，讓生態繼續保持平衡有什麼不對？

不行！生態平衡是摒除人類以外的競爭遊戲，是人所允許而競爭的一片網，人在網外，靜靜欣賞，網內一切與人無關。

還是，人愛自然，愛可以被人控制的自然，愛不會對人有害的自然，人愛的其實是某一種自然？

我爲這樣的辨證感到疲累。

身爲人類，說出這樣不愛己類的話，似乎顯得驕傲和無趣了。但是，當我看著松德里歐國家公園影展所播放的電影時，內心的疑惑卻越來越強烈，並且渴望獲得滿足。

時間｜二〇一六年，冬

地點｜義大利，松德里歐小鎮

松德里歐國家公園影展爲期一週，每天晚上，當表演節目結束後，才會開始播放參賽影片，連放兩部，每一部都代表著一座世界級的國家公園，聲勢浩大。想像在一個安靜的山鎮裡，每年有一個禮拜可以湊熱鬧，可以看電影，而且完全免費，應該非常受歡迎吧？

Marina 告訴我事情並非如此，早在她十年前接下主辦人任務時，影展已經舉辦二十屆，已經過氣，沒有人想來，但因爲具有生態教育意義，又不得不辦，其實，它是顆沒人想碰的燙手山芋，吃力不討好。

當我第一天抵達松德里歐車站的時候，民宿老闆很好心地開車來接我，真是救我一命，我無法想像當時必須扛著一塊磚頭在山鎮裡找路。那時的我坐在前座與老闆閒聊，他的年紀應該跟我差不多，很好奇我一個台灣人爲何要入宿這個偏僻小鎮五日。

「我來採訪生態影展啊！」「這個影展這麼有名嗎？」「沒有，只是因爲這個影展專門聚焦在國家公園主題，很特別，所以我來看看。」「這樣啊。」老闆聽了之後換個檔，踩油門前進。他的車很簡單很舊，雜物混亂，應該是一個隨性的人。

「我們這邊很偏僻啊，年輕人都離開了，因爲都是山很無聊。不過，冬天的時候，很多人會來滑雪；夏天的時候，很多人會來爬山，但平常就是沒什麼刺激的感覺，很平淡，年輕人會覺得沒有意思……但是，我喜歡這裡，我一直待在這裡，沒有去別的地方，你要住的民宿就是我從小長大的老家喔！現在我還有另一棟房子在山上，哈哈！真的是山裡喔，沒有電，不太方便，還在整理中，但是我喜歡。」老闆講得眉開眼笑，還邀請我下次去看看他山上的房子。

「喔，你的影展在這邊！這個廣場是我們小鎮最熱鬧的地方，」老闆開始爲我導覽：「這個鐘樓很有名喔，你可以來這裡走走。」「這條坡路一直爬上去，在最高處有一座古堡，大家都會去參觀，你試試看。」「好！民宿到了！」

當我開始在松德里歐小鎮散步，才發現這裡非常小，從車站到民宿其實轉一個彎就到了。那五天，我每天的活動路線就是民宿、鐘樓、廣場、影展現場，它們剛好都在直直的一條街上，緊貼山底。

「老闆，那你會去看影展嗎？這個禮拜都有喔！」「我？哈哈！不了！我好久以前去過……那……好……無……聊……哈哈哈，我有自己的事情要做啦！要修那棟山上的房子。」生態電影好無聊，老闆的誠實我懂。生態電影的主體畢竟還是大自然，不像一般電影講的是人的故事，人很容易就能理解角色的心情，但人很難理解自然的心情，人只能努力揣摩自然的道理。

在巴黎某個朋友舉辦的聚會上，我認識了一位穿著時髦的女記者，她問我的職業是什麼，我說我在台灣是拍生態紀錄片的。「喔！生態！」她吐了吐舌說：「大自然，我不懂，我還是比較喜歡人，人性一點的東西。」她把我看作在叢林冒險的女泰山，追逐著奇珍異獸，在一個境外之地說著不可思議的故事。

我不否認，只是覺得悶！

不是這樣的，生態紀錄片不是只有自然而已，我真正在乎的是自然跟人的關係，我想追求的是一種平等的關係，我想拍的是一種真實的呈現，仔細地看著人類跟大自然的權力差異。但這麼無聊的主題，只有我想拍。

只有我這個小咖這麼想。

在台灣，如果要靠生態紀錄片過活，就必須努力拷貝ＢＢＣ與Discovery的樣版，用大場面、大搏鬥餵養觀眾，言語要聳動，劇情要懸疑，不僅要動物奇觀，還要環遊世界，給予觀眾滿滿的娛樂性。或是爲了補足資金，團隊需要到處籌款合作。過去某次的紀錄片工作，因爲出資單位是外交部，所以對於台灣的生態或是科學家的描寫，絕對要盡其所能地妝點，包裝到令世界驕傲，看見台灣。

但就是這麼巧，松德里歐國家公園影展的風格就是如此，它放映的就是最古典的生態教育電影，並且做到極致！

能說它錯嗎？它怎麼會有錯！

它辦得這麼認真，網羅了世界各國的美景，捧到觀眾面前。播放電影前，還會先端上綜藝表演讓大家先開開胃，其實，很多觀眾是衝著表演來賓來的，爲人而來，而非自然。影展單位也知道，所以表演一結束就會立刻關燈，立刻播映電影，讓大家走不了，只好繼續看片。此時，影展單位就會趕快拍攝現場人滿爲患的觀影照片，並且估算當晚人數是否破紀錄，好讓地方報紙宣揚一下今年活動非常成功。

每晚播放兩部入圍電影的行程，就我的觀察，當第一部片結束時，觀眾就會離開，只剩下少數人繼續看第二部片。但如果當晚結束放映後，場外有提供小點心，那天人就會多一點，大家會撐到劇終，然後一散場就衝出去，深怕沒搶到，像我就是動作太慢，把片尾名單看完才走，連小點心長什麼樣都沒見到。

松德里歐影展把生態意義說得那麼大聲，但在我眼前的觀眾回饋卻是如此。沒想到，在這個根本沒有其他娛樂競爭的山城裡，觀眾對生態紀錄片仍然不會買單。奇怪的是，就生態紀錄片產業而言，這種老派生態電影卻一直坐穩龍頭，無論在知識面、道德面、技術面，都被推崇和讚揚。這些生態電影最後的命運，就是被存進圖書館裡，偶爾在課堂上播放，一聽就想睡。

我是爲了研究而來，因此看得很認真，沒有睡著。但憑良心講，我的確在黑暗之中頻頻開啓手錶的夜光功能，倒數時間，期待落幕後可以趕快回家睡覺。雖然，影展送上了非洲肯亞的長頸鹿給我，納米比沙漠（Namib Desert）裡的小蟲也終於收集到露水，喝下去了；雖然，影展也送上了美國黃石公園的漫天飄雪，配樂用陣陣鼓聲，搭配著狼與鹿的步伐，等待一場肉搏戰；雖然，影展更送上美國巨人柱國家公園（Saguaro National Park）的超巨大仙人掌給我，它的影子隨著烈陽在沙漠中緩緩移動，我看到口水都要沒了！

如果真的要比喻，典型的生態教育紀錄片有點像是獵奇博物館吧！勢必要去最遙遠的地方，找到最討喜或最凶猛的動物，並且要拍到細膩的動物行爲，在口白裡以一個全知者的身分向觀眾解謎。

人類，是絕對不會出現在這種影片裡的。

人類出現的話，童話般的氛圍就會瓦解。

從頭到尾就只有動物、植物、純自然的場景。畢竟是生態紀錄片，有什麼錯嗎？

但現在已經沒有純粹的自然世界了啊！

人類已經無所不在了，坦白講，人類的數量已經重度影響了動植物的生存空間，人類其實已經改變並且決定了所有生態的空間。比如，國家公園！國家公園就是再明顯不過的展現，在劃定這個區塊是國家公園以後，其他地方就可以想幹嘛就幹嘛了，因爲動植物就住在國家公園裡面就好啦！也因爲這裡是國家公園，所以國家可以決定如何營運國家公園，自然成爲資源，衆人於是開始思考如何發展觀光？如何規劃娛樂？在國家公園裡，國家的每一個動作，都是人類與自然之間的拉鋸戰。

我內心期待的是，松德里歐國家公園影展既然以國家公園爲題，那就必須呈現國家公園真正在面對的處境跟難題，至少可以討論一點點，關於國家公園存在的好與壞，以及國家公園與人類互動的種種關係。而不是每天都在強調國家公園好棒，播放世界美景，就算談到人類的影響，也以一個最安全的方式帶過，然後做出世界太平的呼籲。就像大聲喊著我們要保衛森林，拿到小小守護員的貼紙又如何？就滿意了嗎？

入圍電影裡的生態美景像是畫了大濃妝的美女，跟晚會表演一樣，搬弄著性感的姿態。很好，你真的很漂亮，但是，你好嗎？你過著什麼樣的日子呢？你喜歡什麼？你不喜歡什麼？你害怕什麼？你面對什麼樣的難關呢？真希望你可以告訴我，松德里歐國家公園影展。

我決定問問影展主持人 Marina 怎麼想。

「你們影展的主題是國家公園，但也因爲內容一定要與國家公園相關，會不會覺得投件影片能討論的範圍受到侷限呢？」我有預感，這樣問可能會讓 Marina 感到冒犯，所以當基本題目都訪問完之後，很客氣地試探她。「什麼意思？侷限什麼？國家公園就是我們的特色啊！」主業爲律師的 Marina 嗅到問題的敏感性，她收起笑容，換了一個坐姿。

「我的意思是，因爲國家公園隸屬於政府，導演在拍攝國家公園的題材時，往往需要跟該國政府合作，這其中如果有受到實質的金額補助，可能會使導演在講述敏感題材時比較受限。你們影展辦了三十年下來，看過這麼多作品，你曾有這種感覺嗎？」

Marina 不理解地看著我說：「我怎麼能控制每年來投件的影片內容呢？我們辦影展的人只能做到選好入圍者，所以我們才邀請這麼多植物與動物的科學顧問，就是要確保這些科學內容是值得被觀眾欣賞的啊！」我感覺到她誤會了我的意思，我並不需要她承擔責任，我只是想聽聽她身爲國家公園影展主辦人的身分，是怎麼看大家詮釋國家公園的？畢竟她是從小在國家公園長大的當地人。

「大家都很喜歡怪罪別人，怪政府，怪破壞者，怪這個，怪那個，那都是因爲他們不愛自然，我覺得我們影展就是要激起民眾愛護自然的心情，未來才能保護自然。」

Marina冷冷地看著我，講完後將身體往後一靠，揉揉眼睛，那時已經快要午夜十二點，第二場電影快要放完，影展再兩天就要結束，Marina相當疲憊。

愛大自然啊！

唉。

我不知道該如何回應。

一位女士經過我們旁邊，Marina叫住她，兩人又說又笑，我的錄音筆還在桌上，秒數繼續跑。Marina對朋友一個話題接著一個話題地開，完全不在意我剛剛還在問她問題，採訪明明還在進行。顯然，她在對我下逐客令了。最後女士離開，Marina面無表情地轉向我，我只好講了一些無關緊要的問題作結。之後當我回去重聽錄音檔，她們聊天的空檔竟然長達十分鐘，我就這樣呆坐在那邊等她們聊了十分鐘。

像是對我不愛自然的懲罰。

Marina應該是我在那三年裡，唯一惹怒的對象，當時的我感到很洩氣，我沒有怪她，可是更不想怪自己。

作爲一個遠道而來的採訪者，竟然在主辦人面前質疑這個闔家歡樂、愛護自然的影展，好像很不識相，可是，那真的是我最在意的事情啊！我只是想跟她討論看看而已，看能不能有一些新的想法，畢竟那時的我真的很想脫離古典生態教育紀錄片的形式，但我不知道我是不是錯了？我是不是不應該這麼想？我只是想得到一點希望。

我是如此渴望得到希望，才願意自費開啓這段旅程，即使只吃餅乾，即使睡在便宜的民宿裡，晚上暖氣都不夠，深夜的松德里歐真的好冷，我都沒關係。但是要我爲這樣古板的生態教育電影，寫出讚嘆的採訪文章，我真的做不到。

爲了籌措這本書的旅費，我將前半部的旅程另外寫成理性的影展專題報導，賣給媒體。對於松德里歐國家公園生態影展，我在報導裡雖不頌揚，但也不敢批評，隱晦地表達出我真正的感覺，深怕得罪。直到現在，我都沒有再跟影展聯絡，也沒有給他們看我寫的報導，我覺得害怕。

我在怕什麼呢？怕他們不喜歡我嗎？我應該再也不會看到他們了，不喜歡我又何妨？我怕的是，對愛不愛自然的思考可能是錯的，我怕我想要突破經典生態教育紀錄片這件事可能是錯的。因爲如果這些邏輯是錯的，我便沒有立場對台灣職場的一切感到憤怒，更沒有理由離開家人在巴黎混日子，只爲了這份執著。

追尋理想生態紀錄片的執著不可以是錯的。

執著如果是錯，不就一無所有？

倒數七天

沒有護照的羊

時間—二〇一七年，春
地點—台灣，桃園機場

每個人都是一座孤島，或每個人都渴望離開孤島。

真的有特立獨行的人嗎？

特立獨行就自由自在了嗎？

自由自在的時候會感到寂寞嗎？

一個人吃飯，一個人搭飛機，一個人去旅行沒問題，但如果內心很空，不知道可以相信什麼、不知道可以不喜歡什麼，知道自己是對的，卻只能跟自己說，因爲只要一說出口，就馬上被他人改正、勸導，還得檢討爲什麼不滿足，無法自由自在實現理想中的自己，該有多麼寂寞？

巴黎生活到了第二年之後，我成爲極度孤獨的人，有時候會很寂寞。

畢竟是一個外國人，念完語言學校，又決定不繼續求學，找不到正職工作，只靠著打工維持生計，在社會的定義裡，就是一個沒路用的人，不知道在幹嘛，但好險，有交到一個法國男朋友，所以還算是有點收獲。這時通常就會結婚了，通常就會生子了，通常就會進入人生的下一個階段了，畢竟大家都會說：「這麼好，嫁到巴黎耶，喔！巴黎！我都還沒去過！」

最後，我不再告訴別人我住巴黎，因爲我承受不了別人聽到時眼睛閃爍的光芒。我是否該幫他們把眼中的泡泡戳破？或，我是否該順著他們的泡泡，也如此看待我的生活？

但我不願意。

我不願意讓結婚生子成爲理所當然的下一個階段。階段是什麼？我正專心處理人生的疑惑，忙都來不及了，爲什麼別人會知道我的下一個階段？好奇怪，是會算命嗎？看得到我的未來？哇賽！真羨慕那些會算命的人，能否幫我算算這些我想去的影展，我真的能撐完嗎？再幫我算算，這本書到底哪一天才能寫完？告訴我吧！

二〇一七年的春天，我短暫回台探望家人，那是離開台灣兩年多以來，第一次回家。我的戶口已經被政府除籍了，入境時，海關人員說：「喔！很久沒有回來了喔！」爸爸、媽媽在機場外面等我，高興地帶我回家吃飯。他們沒有說，但他們絕對希望我再也不要回去巴黎了。

可是我的書才剛開始。

時間—二〇一七年，春
地點—台灣，台北

在我二十二歲以前，念的是生態相關的科系，學校在海旁邊，學習海洋和大自然的知識。我非常喜歡，卻念得不太好，常常有被當掉的危機。我在課外參加很多社團：山野社、吉他社、新聞社，過著多采多姿的熱鬧生活，但回到課內總感到疏離。我其實只想去海裡玩、去山裡玩，拜訪它們，寫下滿滿的感觸，充滿著愛。不過關於深究科學，有愛是不夠的。

二十五歲之後，我念的是影像創作相關的研究所，學校在山旁邊，學習人類如何用藝術抒發想法，或用作品呼籲真相。我更喜歡了，我很能感受到書裡說的、電影說的、照片說的。我穿梭在是與非中間的灰色地帶，融入其中，不知道爲什麼，這次不用太認真念書，成績就不錯了，而我不過是寫下自己的觀點與分析而已。研究所的分數並不代表什麼，畢竟創作沒有標準，但是，我在每一次的練習裡，發現自己。

我大致擁有這兩種領域的朋友：生態與傳播，彷彿兩個世界，兩種人類。

至於我爲什麼會變成一個跨領域的人？其實算是非自願地走上這條路。在大學快畢業的時候，曾經發生一件令我太過震驚的事情。很難說明，那時的我不知道該如何面對，只好花了十年走向創作，去抒發那份不理解，而創作又需要大量的心力去磨練技能，最後我忙碌於形式，卻遺忘了初衷。

就像在抵達巴黎兩年後，我已全然忘記過往的台灣人生。只記得自己在餐廳裡笨手笨腳，只記得自己不會說話，我幾乎忘記自己是誰了，因爲我已經兩年沒有拍片。有這麼諷刺的事情嗎？原來《神隱少女》說的是真的，人真的可能會忘記自己的名字，並且忘記自己是誰，那時的我，就像埋頭打掃溫泉旅館的千尋。

當我與男友剛開始交往的時候，他問我之前在台灣的工作內容是什麼？我想了很久，說不出來，我竟然完全忘記「劇本」這個名詞。不可思議啊！寫劇本、規劃拍攝劇本、討論動畫劇本、修改剪接劇本，這個時時刻刻在我過往生命裡不停出現的名詞，我曾經最看重的名詞，我竟然花了好幾分鐘，才想起來。

爲了尋找生態紀錄片的可能，卻把自己的事業葬送了。很驚人。身邊的朋友一個個結婚生子，在另一個階段了。就算是沒有結婚生子的朋友，也在事業裡逐步發展，而我竟然是個打工仔。唉！真是太慘了！住在巴黎又怎麼樣呢？一回到台灣，查查自己的台幣戶頭只剩不到三千元，要撐兩個月。爲了省吃儉用，跟好久不見的朋友聚會時，我都約在夜市、臭臭鍋、便利商店，或在台北車站的方格大廳坐著，不用錢。

方格大廳大概自二〇〇〇年開始，逐漸成爲台灣新移民族群的集合地點：菲律賓人、越南人、印尼人，各個離鄉背井來台灣辛苦打工的外國人，無論身處任何縣市，最方便的就是坐火車來到台北車站和同鄉團聚，爲了省錢，大家直接席地而坐，吃著家鄉味，聊著家鄉事。

我坐在其中，明明在台灣，卻覺得自己像個外國人。

我很能體會他們的心情了，待在巴黎兩年後，我後悔以前訪問完漁場大老闆時，沒有順便跟剛收完網、全身爆汗的菲律賓漁工大哥閒聊；我也後悔以前去探望臥病在床的奶奶時，沒有順口關心正忙著幫奶奶翻身換尿布的印尼看護妹妹。

我感受到自己的渺小，在世界上的位置。

回到台灣的我，比在巴黎更沒有自信，因爲這裡是屬於自己國家文化的族群。大家羨慕你，羨慕你燙上一層金；大家檢視你，檢視你夠不夠資格說你待過巴黎。好險，我靠著寫這本書，似乎堵住了不少嘴巴，似乎讓自己的打工生涯還可以被原諒，畢竟，我在追夢，追夢是會付出代價的。

短暫待在台灣的兩個月裡，過去在生態領域學習的學長竟然邀請我去演講，分享這本書走過的旅程。演講地點是一個與海洋保育相關的社團，爲了讓大家產生興趣來聽演講，學長幫我寫了宣傳文案，標題大概是描述一個不畏艱難在歐洲追夢的女孩故事。

我拒絕了這個標題。

老天，也太矯情了！什麼追夢女孩？都三十好幾了。這種勵志故事絕對不是我，我的口袋裡只有三千元啊。傻傻的，我都不知道這樣的經驗是不是對的，不能害了大家啊。

學長的文案被我來回改了好幾次，他一定覺得我很煩，但我只是想盡量保持中性，盡量讓這本書被敍述成還在發展中而已。我不知道會不會成功喔，沒有成功你不要怪我，我只是正在、盡量、去做而已。我爲何那麼在意別人的看法呢？對我失望又何妨？叫他們自己去做做看，肯定也是不容易吧！不，不會有人去的，這種傻事只有我這個神經病才想去做。

不過，演講那天竟然來了快四十位神經病，把空間都塞滿了。

太奇怪了！大家吃飽沒事做嗎？

除了海洋保育社團的人之外，台下有我以前念生態的朋友，也有我念傳播的朋友，更有許多之後在生態紀錄片界工作的朋友，與離開台灣前一起拍過藝術紀錄片的朋友。一些沒看過的陌生人，也昂首期待地看著我，等我開口說話。我努力講了三個小時，比手畫腳，載歌載舞，努力呈現採訪影展的每個片段，大家不時笑彎了腰，不時跟我一起皺眉頭。我忘記我是會講話的人了，我忘記我是活潑的、奔放的，甚至是三三八八的。

講中文與講法文的我竟是如此不同。

中場休息時，好多人跑來找我聊天、合照，並且購買我爲了籌款而印製的明信片。真是不可思議。他們聽得懂！他們聽得懂我對生態紀錄片的期待跟煩惱：標準的、經典的、侷限的，他們也想知道還有沒有可能，用別的方法說動物、說大自然、說人與自然的關係。

現在回想起來，也許是這群人跟我的同質性太高，不是念生態就是念創作，所以當然能懂！但那個夜晚讓我知道，我好像正在做一件不錯的事情。

我沒有錯。

時間｜二〇一七年，春
地點｜法國，博韋機場

那陣子運氣不錯，一回巴黎馬上就找到新的打工——民宿打掃！

我規定自己要努力打工存錢，二〇一六年訪問三個影展、二〇一七年訪問四個影展、二〇一八年訪問四個影展，這麼一來，歐洲生態影展10＋1總有一天能完成。或是，訪問過程中如果有哪個外國導演喜歡我，我就立刻飛去他的國家爲他工作，那就不用再打掃了呢！

懷抱著這樣的樂觀心情，我準備出發去匈牙利格德勒自然影展（International Nature Film Festival Gödöllő, Hungary）。我用演講賣明信片所籌到的錢，買下去程機票，金額雖然不多，但能感受到支持者的祝福，雖然還是孤獨一人，卻沒有那麼寂寞了。從巴黎前往布達佩斯的廉價班機，要坐接駁巴士到距離巴黎最遠的博韋機場搭乘，從那裡出發的飛機多半往東邊飛，去東歐的。

東歐啊！好陌生的地方啊！從來沒有去過。

我所選擇的10＋1場生態影展，在歐洲地理上有著刻意的安排，也就是盡量「東西南北」都要去到，因爲我直覺在不同自然環境下的人，他們對生態的態度，與他們所詮釋的生態電影風格，應該都會不一樣。

二〇一六年底，我已經去過德國、法國和義大利，都是西歐，都是強盛大國。我想，該是時候往東邊去，看看東歐國家有什麼不同了。在那之後，我陸續去了匈牙利、克羅埃西亞、塞爾維亞和羅馬尼亞，會選擇這些國家有各種起因，但最重要的，是我的內心不停出現的聲音：「不一樣！我不要再去重複風格的地方。」「我要看盡這個多樣的世界。」坦白講，當旅程全部結束，我發現世界比我想像的更大了，大到其實光一條巷子就充滿不一樣，但那個時候的我，需要最基礎的區別：東西南北、國家，尤其是國家中非首都的小鎮，我覺得那會是最有生命力的地方。

也許夾帶著那陣子的好運，當我內心確定要往東歐去之後，也收到匈牙利格德勒影展的回覆信件，主辦單位以無比熱情的語氣邀請我，甚至提到他們會負擔我的食宿，非常歡迎我來。

喔！吃住不用錢了？這麼好？

我帶著「賺到了」的心情，馬上把匈牙利格德勒自然影展列爲東歐的第一站，卽使在那時我對它根本不了解。從官方網站看來，影展好像很盛大，片單非常多，有各式各樣的競賽項目，甚至還有音樂表演？好像很好玩啊！

儘管吃住不用擔心了，還是要在機票上能省則省，我自以爲聰明地訂到最便宜的週四到週二來回機票，因爲卽使我在影展結束後自費去住青年旅館，還是比週日飛回巴黎便宜，而且還可以順便逛逛布達佩斯呢！太棒了！不過，我千算萬算卻沒有注意到，博韋機場竟然離巴黎那麼遠！而我昂貴的地鐵月票竟然不支援！老天！還要再花十八歐元買接駁巴士的車票，什麼？這還只是單程，巴士來回就要三十六歐了！我的機票來回也才八十歐而已。好煩，真不應該買從這個機場起飛的廉價機票，根本沒有省到嘛！

不想去了！

真是瘋狂，出發到匈牙利前我會經這樣想，其實我每次都這樣想，但還是硬著頭皮出發。

由於廉價航空有行李件數限制，我會選擇買一件托運行李，然後肩膀上背一個背包。一個背包和一個行李箱，衣服只有一點點，其他都是拍攝器材，就這樣浪跡天涯地去世界找答案，有時在出門前看到鏡子裡面的自己，好啦！好像沒有過得很慘，還是滿帥的，就還是精神抖擻地上路了。

這是二〇一七年的東歐首站，天氣和煦的五月，不用攜帶大外套，只要準備洋蔥式的保暖衣物就好，整個感覺就很清爽。不過，這份清爽的感覺，隨著我坐了快兩個小時的巴士才抵達機場已逐漸下降，糟糕，時間沒有算好，快要起飛了，我又從來沒有去過博韋機場，等下要怎麼登機都不曉得，不由得擔心起來……

終於抵達。啊，荒涼的戶外停車場，灰濛濛的一片，看到兩塊告示牌，左轉或是右轉，上面列了什麼飛機該去什麼航廈，嗯，那是航廈嗎？好像鐵皮屋啊。走近告示牌，發現前往布達佩斯的班機還未公布。怎麼辦？慌亂之間，問了一個瘦削的女人。她說：「應該是這邊吧。」然後我們就順著人潮走進去。

博韋機場有種特質，一進門就能感受到：好多廉價的嬰兒車，攜家帶眷，爸媽都很年輕，步伐都很沉重，一種勞動階級的疲累。機場裡幾乎沒有裝飾，像是一座空蕩蕩的倉庫，充滿嬰兒的哭聲、大人講手機的聲音，躁動、抱怨、沒有出國旅行的喜悅，與前往世界各地的巴黎戴高樂機場，或是前往西歐與南歐的巴黎奧利機場，是完全不同的風景。

這些人多是來巴黎工作的外來移民，正準備搭乘飛機返回家鄉。也是有一些觀光客，像是我，可以從明亮的眼神中看出不同。

博韋機場就是東歐的邊境。

我好不容易通過一些關卡，抵達登機門，又遇到剛剛的瘦削女人。「人很多喔。」瘦削女人跟我眼神對到之後，主動跟我聊天。「對呀。你也要去布達佩斯嗎？」「我要去斯洛伐克，等飛到布達佩斯之後再轉巴士上去。」「啊！巴黎沒有直飛斯洛伐克的嗎？」「很少，這樣飛再轉車也比較省錢。」「原來如此。」

瘦削女人一邊跟我聊天，一邊跟我道歉她的英文沒有很好。但她的英文其實很好，反應很快，我們兩個一來一往，溝通得非常順暢。瘦削女人說她曾經遊學美國，那是她的夢想，她想盡辦法讓她的前夫答應她帶兩個孩子去美國留學，但其實是她自己想去遠方，是她自己想學英文的。

很好啊！我覺得她不只學到語言，也學到美式作風，跟我聊天時她落落大方，如果她不講，我不會知道她人生其實大半時間都在家當家庭主婦，她似乎擁有一種開放性。

「我在美國的那一年真的非常快樂，回到斯洛伐克後，我覺得家庭主婦不是我想要的生活，所以就跟我先生離婚了，之後遇到另一位男人，我們感情非常好，現在正一起做健康雞蛋的事業。」

哇！才聊沒幾分鐘就跟我講人生大事，我有點措手不及。

「我的前夫非常有錢，唉，你知道我女兒在巴黎念書有多貴嗎？幾千歐、幾千歐這樣花啊！真的非常驚人。但我前夫就是很喜歡砸錢，他……他真的是……他很生氣我跟他離婚，後來他就馬上跟另一個女人在一起！你知道嗎？我們其實還是住在同一個小鎮裡，我每次看到那個女人把我之前辛苦布置的花園弄得亂七八糟，我就非常生氣。」

好好笑。我在心裡忍住，繼續認真地聽。

「不過，你來巴黎探望女兒就把這些忘記吧，好好在這裡玩呀。」巴黎真的非常適合觀光，如果只是在巴黎遊玩，我一定不會憎恨巴黎的。「我這次對我的女兒非常失望，」瘦削女人繼續說著：「她在學校學了一些不知道什麼東西，開始喜歡去抗議遊行，並且誇張地打扮自己，我每次看到她穿的那些衣服，真的不懂她怎麼可以讓自己淪落到這個地步。」才剛剛認爲瘦削女人很開放，下一秒卻保守了。我覺得有一點衝突。

「我希望她趕快回斯洛伐克，不要再待在巴黎了，你知道嗎？西歐跟東歐是不一樣的，她學到的這些東西在東歐並不適用。」

「什麼意思呢？」

「在東歐生活，真的非常辛苦，我們受控於西歐強國。像在斯洛伐克，我們明明那麼適合畜牧業，卻沒辦法喝自己國家的牛所生產的牛奶，因爲所有牛奶都從德國進口過來，早已經被壟斷了。又或是難民議題，我覺得斯洛伐克政府真的要好好學習匈牙利，把邊界都關起來，因爲我們真的無法承受難民啊！我們自己都過得不好了，哪有空照顧別人。」

我帶著驚訝的心情坐上飛機。

抵達布達佩斯之後，瘦削女人很好心地帶我去提款機提錢。匈牙利雖然是歐盟國之一，但並不使用歐元，他們有自己的錢幣。歐洲、歐盟、歐元，這些關係很複雜，在歐盟各國不是所有國家都使用歐元，有的是自己國家堅持，有的是被別的國家堅持；在歐洲土地上也不是所有國家都能加入歐盟，有的是自己國家堅持，有的是被別的國家堅持。

直到拜訪匈牙利之後，直到參加格德勒自然影展之後，我才開始注意到歐洲各國的複雜關係，不僅是現在的，還有這一百年的，還有上一百年的。

共同使用同一塊土地的歐洲各國，彼此牽引，他們不是孤島，沒辦法封鎖自己，畢竟走路就可以跨越邊境，我只是沒想過，身爲一個人類的跨步，與身爲一個動物的跨步，會有這麼不同的定義。

時間—二〇一七年，春
地點—匈牙利，格德勒小鎮

匈牙利，面積是台灣的兩倍，人口是台灣的一半，它是完全的內陸國，被許多國家包圍。在東歐，身為一個內陸國其實並不特別，像斯洛伐克、捷克、奧地利也都是內陸國，但匈牙利比較特殊，因為它是由世界上僅存的馬札爾人所構成。屬於馬札爾民族的匈牙利，絕無僅有。

就以鄰居羅馬尼亞為例，他們是拉丁民族，與遙遠西邊的法國、西班牙、義大利屬於同樣的祖先。再以其他鄰居，如烏克蘭、斯洛伐克、斯洛維尼亞、塞爾維亞、克羅埃西亞來說，他們都是斯拉夫民族。最後還有鄰居奧地利，他們則是日耳曼民族，跟德國一樣。

全世界僅有的馬札爾匈牙利人夾在中間，說著全世界僅存的馬札爾語（匈牙利語），被眾多民族與國家包圍，竟然可以熬過這麼多個世紀而沒有被消滅。

他們的名字是先姓再名，跟台灣一樣。至於他們的祖先與匈奴人有沒有關係？到現在為止還沒有定論，但是可以追溯他們的祖先非常擅於騎馬，翻過整個喀爾巴阡山脈後，定居在一片平坦的喀爾巴阡盆地，也就是現在的匈牙利領土。

「喀爾巴阡盆地電影獎」是匈牙利格德勒影展競賽中最吸引我的項目。出發前，我還特別查了一下喀爾巴阡山脈到底在哪裡，原來，我才剛拜訪的阿爾卑斯山是橫跨西歐，而喀爾巴阡山則是橫跨東歐，從捷克開始，穿越波蘭、奧地利、斯洛伐克、匈牙利、烏克蘭、塞爾維亞，最終結束在羅馬尼亞。

在家閱讀資料的時候，我會用一種烏瞰的角度順著 Google Maps 一一點名國家，但往往看過就忘記了，不痛不癢。直到抵達影展，現場播映的一部電影讓我全身起了雞皮疙瘩。我沒有想過，如果我是一隻羊，一隻在喀爾巴阡山脈上吃草的羊，人類的疆域對羊而言，才真的是不痛不癢。

《牧羊人之歌》（*Pásztorének*）是一部討論現代牧羊人的紀錄片，導演跟著牧羊人與羊群，循著多瑙河的支流薩瓦河遊牧旅行。畫面跟著羊群，一邊吃草一邊前行，一片廣闊的大地，無邊無際。過程中，有時會出現一位留著兩撇鬍鬚的大叔，在天地之間放聲歌唱，古老民謠一首接著一首。

鬍子大叔不是恰巧路過，而是導演的特別安排。剛開始，當羊群踩在斯洛伐克的領土時，大叔唱的是斯洛伐克語的歌謠；之後，當羊群移動到匈牙利與羅馬尼亞接壤的外西凡尼亞時，大叔唱的是匈牙利語和羅馬尼亞語的歌謠；最後，當羊群抵達烏克蘭時，大叔唱的是烏克蘭語歌謠。歌謠封存了時空，流淌於空氣中；我跟著羊，看到每一座山裡的居民，他們自己蓋的家、他們簡單圍起來的院子、他們桌上的碗盤和冒著煙的湯。每一張臉都長得不一樣，每一個擺飾都說著自己的文化。

羊，始終悠悠地低頭吃草。

這些國家的名字對二〇一七年的我非常陌生，我花了很久的時間查找各國的相對位置和基本歷史，了解在不同世代裡，國與國之間的戰略關係。紀錄片導演是匈牙利人，從匈牙利的喀爾巴阡山脈出發，拍攝人類定義之外的匈牙利。

我們該如何敍述喀爾巴阡山脈呢？我們該用什麼字句來鋪陳喀爾巴阡山脈的劇情呢？我只聽到鬍子大叔清唱的歌聲，迴盪在整片喀爾巴阡山，也迴盪在影展現場。我看得出神，我在想，人類與自然的關係到底是什麼呢？這些東歐國家擁有喀爾巴阡山嗎？還是各個民族的祖先從四面八方陸續來到喀爾巴阡山時，抵抗、防守、你爭我奪，只求一地繁衍後代，所以留了下來？喀爾巴阡山脈上的稜線，是區分國與國之間最好的界線嗎？稜線之下，那一座又一座的山峰，原本只是歷經萬年、讓無數生命得以孕育的土地吧？

我所追求的生態電影，不就是希望以生態爲主體來說故事嗎？

主體到底是誰？主體由誰而定？

那些從人類嘴裡說出的知識口白，真的是這樣嗎？

那些人類定義出來的是非善惡，真的是這樣嗎？

《牧羊人之歌》在頒獎典禮得到喀爾巴阡盆地電影獎裡的「文化價值獎」。喔！竟然還有這種選項！

除此之外，我也看到一部得到「喀爾巴阡盆地自然資源與遺產獎」的獨立影片《白肩鵰計劃》（*A Helicon Life Project 2012-2016*），導演是個很年輕的女性，叫做 Rita，她非常害羞，聽到我想要訪問她，竟然還躲起來，我再三拜託，她才在朋友充當翻譯的助陣下，跟我聊天。

Rita 是自然傳播科系的畢業生，她的論文就是在研究匈牙利的野生動物電影史，畢業後一直在動物紀錄片領域工作。這部片是她與老鷹保育協會合作的案子，坦白說，應該算幫忙收一個爛攤子吧！這本來是一個爲期五年的科學研究案，想找出白肩鵰數量驟減的原因。研究過程中，他們發現白肩鵰很大部分是被毒死的，可能是吃了中毒的老鼠，或是吃了有毒的食物餌，而且來源不只是匈牙利，也包含喀爾巴阡山脈周圍的各國鄰居。

五年的研究案直到後期才斷斷續續地開始拍攝紀錄影像，最後一年，爲了寫結案報告和尋找下一期的研究補助款，協會請來 Rita 當救兵，不僅要火速整理過去所有的零星素材，還要趕快規劃補拍劇本，整部片才有辦法進行剪接。這部片的規模不算電影，比較像是專題報導，就是放在保育協會網站上的宣傳影片。以上是我自己翻譯成白話文的。Rita 說得客氣，不過同業人一聽就知道是什麼狀況。

我問她在匈牙利拍生態電影容易嗎？她說：「難啊！難死了！尤其只有匈牙利人講匈牙利文，市場這麼小，根本就沒有資金。要是沒有砸錢拍自然的話，哪可能拍到像 BBC 或 Discovery 那種效果？啊！英文吧！如果我的英文能力夠好，我就可以出國去找找機會了。」

匈牙利影展邀請很多正在異國打拚的匈牙利人回來分享經驗，看來出國找機會的確是趨勢。有一位定居在瑞典拍片的導演，分享他是如何先去德國影展參加創投會議，努力認識人脈，再一步一步爲自己找到現在的機會。他的官方網站上幾乎看不到匈牙利文了，都是英文，他仔細記錄每一次的工作過程，寫拍攝日記，行銷自己。也有一位定居在比利時做行銷的製片，他分享許多大型NGO組織正進入影視產業，藉由國際合作帶起話題，比如一部關於有機棕櫚油樹正嚴重破懷原生環境的紀錄片，製片基地在比利時，拍攝在阿根廷，行銷在西歐，並派他這位匈牙利人回來匈牙利影展推廣。

匈牙利影展舉辦許多東歐論壇，邀請捷克、波蘭的生態影展單位前來分享經驗，相見歡，尋求未來合作機會，主題大都圍繞在如何以小搏大、如何用自己特殊的生態和文化與西歐匹敵。評審方面，影展更邀請了來自德國、英國、美國並在主流市場中有一定地位的人，來通報一點業界消息，讓大家有跡可循。

東歐不想輸給西歐啊！喀爾巴阡山不想輸給阿爾卑斯山啊！

看著台上的東歐人、東歐自然、東歐故事，我才突然驚覺，在我腦中那些著名的歐洲生態紀錄片，的確都來自西歐強國，然而，東歐難道就沒有生態紀錄片了嗎？當然有啊！只是，主流文化是如此強大，如果想被世界看到，誰不是這樣努力求生存呢？

一天下午，影展現場突然湧進很多記者，他們用眼光追尋著一位八字鬍男子，在擁擠的影展現場，八字鬍男子的周圍卻一直很空曠，一些穿著黑色西裝、挺直背脊的人，在八字鬍男子身邊徘徊。我本來差一點就要越過八字鬍男子，準備去工作人員區拿餅乾來吃，但走到一半發現大家都繞道而行，氣氛意外嚴肅，趕快偷偷問其他人，才知道原來八字鬍男子是匈牙利總統。

連總統也來生態影展？

我遠遠看著總統，再對照影展手冊裡主辦人的照片，才終於明白為什麼工作人員婉拒我，不讓我訪問主辦人，因為主辦人竟然掛名總統。

原來這是一個國家級的生態影展！雖然辦在格德勒小鎮，但鎮上的城堡是當年奧匈帝國時期留下來的，是茜茜皇后最喜歡的離宮，直到現在，這裡都是匈牙利舉辦國際會議的重要場所。難怪他們有這麼多預算可以邀請所有入圍導演前來，並且將全部資訊以匈牙利語與英語並陳。影展手冊的首頁文章，還請出曾拿下奧斯卡外語片獎的沙寶・伊斯特凡（Szabó István）評論入圍片單，並私心推薦本屆優秀的作品，無論是大公司還是獨立製作。

這是如此萬眾一心、集結所有匈牙利力量的影展啊！

總統只在現場待了一小時後就離開了，沒有上台，但仍然派了官員上台報告，他們穿著正式的西裝跟套裝，隆重地將一串又一串的創作補助方案、一條又一條的影視發展策略，詳細介紹給台下所有的東歐影人，是的！我們要合作！是的！我們可以！是的！我們要贏！

生態電影，是匈牙利政府培育去西歐衝鋒陷陣的駿馬，期待衝出喀爾巴阡山盆地、喀爾巴阡山脈，來勢洶洶，浩浩蕩蕩。

時間｜二〇一七年，春
地點｜匈牙利，布達佩斯

自然，對匈牙利格德勒自然影展而言是一場外交策略，實事求是、果敢積極、光耀家園。

我在這裡被當成台灣代表的貴賓，影展單位在開幕大會上將我介紹給所有入圍導演，使得我的採訪變得非常容易，大家都來靠近我，跟我交流。我像一隻被餵食的寵物，睡得好、吃得飽，嘴巴還油亮油亮的。我每天都忙著訪問，我真的變成記者，他們跟我分享好多好多事，我的頭腦都要裝不下了。

我在匈牙利影展所拍攝的照片都是報導攝影，冷靜、客觀、充滿許多急著分享的訊息，但是，那裡面卻沒有自己的情緒。回家後，竟然沒有一張照片可以做成明信片，表達我的私人感想。我的想像力在這一站完全出不來，我對得起外面的人，但自己卻沒有太高興。

一種很迷惘的感覺。

這樣也不對，那樣也不行，我到底要什麼呢？

我真的學到很多，看到很多很棒的電影，是的，就是要像匈牙利人那樣認真努力。機會，要自己去爭取！那是一趟完美的工作旅行，匈牙利格德勒自然影展應該是最適合讓台灣借鏡的生態影展，可是，這一站，卻不在我的心上，它不是我的心頭肉。

如果，我只剩下十天可以活了，而今天已經是倒數第七天，那麼，那一趟匈牙利的旅程裡，我最想說什麼呢？我最在意的，可能是 Eva。

Eva 是一個非常嬌小的女人。

二〇一七年時，我還不太會看歐洲人的年紀，尤其是東歐女性的年紀。我一直以爲 Eva 是奶奶，因爲她長得跟法國女導演安妮・華達（Agnès Varda）真的太像了，小個子卻又穿著長長的袍，長長的裙子，剪了一顆圓滾滾的頭，包包、耳環、項鍊都是波希米亞風。棗紅色，是我每次想起她的顏色。

當開幕大會將我介紹給大家之後，Eva 主動地奔來跟我聊天，真的是奔，我還記得她小跑步、滿心雀躍的樣子。她馬上遞給我一張名片，上面寫著大學教授，教授國際關係。因爲是教授，所以我更認爲她至少六十歲以上吧！於是，我便以匈牙利版華達奶奶在內心記住這個人。

Eva 從一開始就不停誇獎我這本書的構想很好，問我更多細節，並且一直鼓勵我。她熱情地介紹自己是誰、做過什麼，和今年她有一部短片入圍影展，雖然她不覺得自己會得獎，但她很高興。Eva 講話速度很快，連珠炮這種形容詞就是適合她用的。在四天的影展期間，我一直遇到她。記得有一次是我在影展中間的圍欄看羊，她會不顧人群，開心地在遠處揮手叫我說：「那邊空間比較大，過去那裡拍羊比較漂亮！」有夠大聲的，大家都在看我們，我覺得很尷尬。

匈牙利格德勒自然影展的場地在城堡裡，占地大，有四個放映廳同時放片。每天早上，一定要先計劃好今日看片清單，擬定行程，然後在每部片結束時趕去下一場，小跑步是會來不及的，必須以百米模式奔跑！即便是用衝刺的方式趕電影，當我和 Eva 擦身而過時，她還是會跟我打招呼，並且在短暫的時間裡，互相交流剛剛看了什麼。那畫面真的很有趣，又要趕場，又要講話，又要奔跑，也太忙了！但會忍不住想分享，尤其是剛看完同一部電影的時候。

我們都很喜歡一部越南小女生拍的極短片。她用最簡單的相機，拍她家附近的自然，說著自己的生活，以及對這些花草鄰居、小昆蟲、小動物的想法。喃喃自語，像詩，像日記，好小好美，共同存在的幸福。

Eva 摸著她長長的花圍巾，把手放在心口上說：「真的太美了，我比較喜歡這種作品，樓上那一廳專門在放大場面的電影我還好。這個，好真心啊！我自己入圍的短片也有點像這樣，可是影展單位昨天跟我說入圍影片太多，沒有時間可以播我的了，唉！真想聽聽別人的感想。」

Eva 幾乎每一場重要活動都會到場，爲了遇見她所好奇的人，她勤勞地交換名片，介紹自己，期待交流想法。不只是她，匈牙利格德勒自然影展就是一個國際社交場合，我每天都拿到很多名片，來自生態電影產業裡的各行各業。

頒獎典禮結束那天，當大家準備從城堡散場去戶外草地看閉幕表演時，Eva 迎向我，想跟我說話。我以爲她只是來道別，但其實她是特別來找我，問我什麼時候回巴黎，她想邀請我去她家吃飯，跟我好好聊聊。我從未在影展結束後還有機會繼續跟當地人相處，一想到自己竟然可以拜訪布達佩斯裡的民宅日常，當然馬上答應。Eva 當天回家後，不但馬上寫信來正式邀請，到了見面當天一小時前，還再度來信讓我備忘地址與電話。服務真周到，我心想：這位長輩也太疼愛我了吧。

閉幕表演終於在大合唱中落幕，影展單位準備了一首主題曲，一首專爲影展寫的歌！並且找來一群有老有少的合唱團，穿著筆挺的制服，趾高氣揚地站在高台上演唱，看起來德高望重的指揮站在最前方，帶領著交響樂團展開激昂的樂章，衆志成城，齊聲高歌。我有一種說不出來的奇怪感覺。

高唱期間，紀錄人員隨侍在旁，被我訪問過的年輕女導演 Rita 也是工作人員之一，他們架設好多台攝影機，甚至還出動了空拍機，用各種角度，捕捉台上台下的大合唱畫面。影展結束後兩週不到，官方網站便釋出不同時間版本的宣傳影片，有集大成的三分鐘精華片段，也有依主題實錄的幕後花絮長片。他們的官方網站簡直就像資料庫那樣齊全吧！

大合唱結束得很晚，我和所有在影展裡新認識的朋友們玩得很開心，大家互相告別，各自走回主辦單位招待的飯店休息。隔天醒來，沒有行程了，不用趕片單了，人生又回到自己一人，這是每次採訪結束時最強烈的感受。

記得我在離開格德勒小鎮前，穿越已經結束活動的影展場地，走進城堡內部參觀。這個城堡以茜茜皇后聞名，我走進她過去的房間，了解奧匈帝國由盛轉衰的重要時期，最後，走向城堡外的大花園，看到茜茜皇后的銅像。聽說她是巴伐利亞人，嫁到奧地利王室以後，很常造訪匈牙利格德勒小鎮的這所離宮，協助奧地利治理匈牙利。她因爲喜愛騎馬，又自主學習匈牙利文，深受匈牙利人愛戴。我看著茜茜皇后的肖像，想著前幾天在機場遇到的那位斯洛伐克女士，然後，找一塊有樹蔭的草地，把鞋子、襪子都脫掉，赤腳踩在泥巴上，躺著曬太陽。在匈牙利影展這幾天太緊張了，我做了太多的訪問，身上的每一條肌肉都好緊繃，此刻才終於放鬆。那片草地，是我在格德勒小鎮四天以來最愉快的時刻，我應該躺了一個小時，才彎腰駝背地去坐地方小火車、電車、公車，輾轉來到匈牙利的首都布達佩斯。

布達佩斯跟格德勒小鎮的感覺非常不同。我所入住的青年旅館在一棟舊共產時代的大樓裡，高大、方正、對稱，天井是張大嘴，門窗則是牙齒，排得清清楚楚，彼此窺視。卸下行李後，尋找 Eva 家的地址，準備赴約，好幸運！竟然就在附近。

入夜後的布達佩斯非常漂亮，一間又一間的露天酒吧，高掛成串小巧的霓虹燈。天黑之前，陳舊的牆面本來充滿著腐敗的氣味；天黑之後，在燈光布景下，牆變成了土，開出小花，閃爍著。「享受人生的氣味！」我感受到匈牙利正在五光十色的後共產時期。除了當地的年輕人，一群群的西歐觀光客，也正享受著東歐物美價廉的驚喜，一個異國情調滿溢的週末，再划算也不過了。跟西班牙巴塞隆納、葡萄牙里斯本一樣，布達佩斯也是巴黎人小旅行的熱門選項，因此，週末機票才會比平常時段貴三倍。

經過酒酣耳熱的景點，街上的霓虹燈越來越少，我走到一處寧靜的住宅區，Eva 正獨居在一棟舊建築的公寓裡，大門很大、樓梯間很大、窗戶很大，在許許多多對稱的方框之中，我看到一牆又一牆關於 Eva 家族的故事。她家牆面竟然貼了滿滿的照片，每一張都是長者的肖像。Eva 跟我介紹這面牆是媽媽，那面牆是爸爸，她家大概有三個隔間，相信嗎?竟然每一間的牆面都是滿的，不是照片就是畫，或是文件。

幾乎沒有空白的牆。

在客廳那個最大的隔間裡，放著一架大型的平台老鋼琴，木頭原色，很舊了，已有許多使用刻痕，很美。她說之前朋友想要丟掉它，她覺得可惜，於是毫不猶豫地撿回來放在家裡，反正，現在只有她自己住了。

Eva 從不吝於分享自己的事情，講的時候不會預設立場，就是非常中性地說著。她講得綿長複雜，卻不冗長，每一個點其實都還有更深的意義，但她在快要碰到時，就過去了，沒有講完，每個意義還需要一把鑰匙才進得去，成串的鑰匙在 Eva 的心裡。

花了很久的時間，我才搞清楚 Eva 是一位獨生女。這十幾年裡，她先照顧媽媽，媽媽走了，再照顧爸爸，後來爸爸也走了。她講了非常久以後，我才驚覺其實 Eva 不是老奶奶，她只是熟女，應該只有四、五十歲而已。

真的是非常失敬。

Eva 的家族來自羅馬尼亞，因爲政局不穩定，全家搬來匈牙利，爲了讓 Eva 受好的教育，而 Eva 也一路念到博士，考到獎學金去英國留學。那個晚上，Eva 與我聊了非常多的事情，現在想起來，才發現她從一開始講自己經歷的時候，就是爲了鼓勵我。我已經忘記她爲什麼知道我在巴黎過得不好，我記得我並沒有告訴她。她說她是努力申請到獎學金才能出國念書的，她說她是必須到處打工才有生活費的，她說就算她已經拿到博士學位回到匈牙利，還是很難找到正職工作，但她都沒有放棄。

我常在想人跟人會成爲好朋友的原因。

多數人會說那是有共同的頻率，但頻率這種東西太玄了，我想應該是擁有很相似的人生際遇，或是很相似的家庭回憶，就會形塑出比較相似的人。

Eva 因爲找工作不順利，待在家裡的時間很長，常常陪媽媽去買菜。她現在能在大學裡當外聘教授，僅以一堂課任職，便是陪媽媽出門買菜得來的。當她講這個故事的時候，特別從椅子上站起來，伸開兩隻手假裝拿著塑膠袋，表演給我看。她說：「你能相信嗎？機會就發生在我們去超市買杏桃的路上，誰會知道買杏桃將改變我的一生？」

某次 Eva 陪媽媽買菜結束後，坐公車回家的路上，她看到車窗外有一個展覽廣告，是世界新聞攝影展。心血來潮的她跟媽媽說想看，她們便趕緊下車，提著大包小包的菜去看展覽，尤其還有一袋很重的杏桃。看完以後，很有感觸的 Eva 回家寫下一篇評論，發表在網路上，被一所大學的教授看到，特別留言請她來學校聊聊。深談後，教授決定聘請 Eva 到學校當客座教授，教授國際關係。Eva 直到現在都還在做這份工作，她樂在其中，常常跟我分享她又去了哪裡、又辦了什麼活動。

Eva 講完這個故事的時候，我就流淚了，我沒有哭，只是眼淚流出來，伸手去把它擦掉而已。Eva 叫我千萬不能放棄，想做什麼就做什麼。Eva 的生命力好旺盛，她的好奇心就像火一樣不停燃燒。

Eva 叫我給她看我的作品。我坐在她看起來很破舊的桌上型電腦前，透過巨大的舊螢幕，點開我的網站給她看。那時候網站還沒有真的弄好，但我剛好放了幾張照片，不算是什麼作品，只是我自己喜歡的、比較帶有私人情感的照片。Eva 看得津津有味，一張看過一張，非常仔細；之後，她還看了我以前做的攝影集，講了非常多她的感想。我們一直討論到很晚，因爲之後換我看她的作品，才知道原來 Eva 還有另外一個評論作家的身分，她寫詩的評論，也寫繪畫的評論，至少已經出版五、六本書了。邀請我去她家吃飯的那晚，她正要趕一個段落交給編輯，一本新書正在那台破爛的桌上型電腦裡成長。

我的人生中，除了求學時期要通過老師的認可，好像從來沒有人這麼認真地看過我的作品，我也從來沒有以作品跟人討論我對人生、對整個世界的看法，Eva 給我的不只是一種鼓勵，也讓我突然發現自己竟然可以與這樣的作家、這樣的藝術愛好者對話，我接得住她的話，我回應得了。好像過去我人生所在乎、所喜歡、所投注時間的事物，都不是浪費的，都不是亂來的。

對我影響更深的，應該是 Eva 真的是一個創作狂，她沒事就拍照、沒事就錄影，素材一大堆，散得到處都是，從鋼琴一路鋪到沙發。我問她：「你平常拍的時候會不會不好意思？或是想太多？」她說：「可是我想拍啊！」

「我想拍啊！」

我接住那個單純的欲望，小心地放在我的心裡。離開匈牙利後，我花了一段時間存了三百歐元，買了一台Ｖ８，開始想拍的時候就拍。

我跟 Eva 一直都有通信，當我在訪問過程遇到關於國際與政治的難題時，我會詢問她的意見。二〇一八年底，當10＋1場生態影展終於全部採訪完畢，當我又從台灣回到巴黎，我決定申請西班牙的一間生態藝術駐村中心，想在那裡拍一部人與自然的短片。申請文件裡需要推薦函，我想了很久，找了 Eva。

她用最快的時間寫完，並且在我獲選時，寫了滿滿的祝賀信給我，我完全可以看到遙遠舊螢幕的那頭，她的喜悅。

駐村那段時間，我用那台被她影響而買下的Ｖ８進行拍攝。使用Ｖ８不需要腳架，放在手上，想拍哪裡就拍哪裡，隨便走路，隨便轉彎，隨便探上探下。我拍了一部我從未想過的短片，傳給 Eva 看，她非常喜歡，問我能不能讓她在學校放給她的學生看。

Eva 給了我那麼多那麼多的愛與溫暖，到最後，那份影像竟然可以回流到那個因爲去市場買杏桃而得來的——她最熱愛的教學工作裡去。

這是我最幸運的事情。

烏娜河
波羅的海
地中海
挪威海
英吉利海峽
多瑙河三角洲
黑海

你們相信嗎
人之將死
才看到真正的自己

第二部

水滴之河

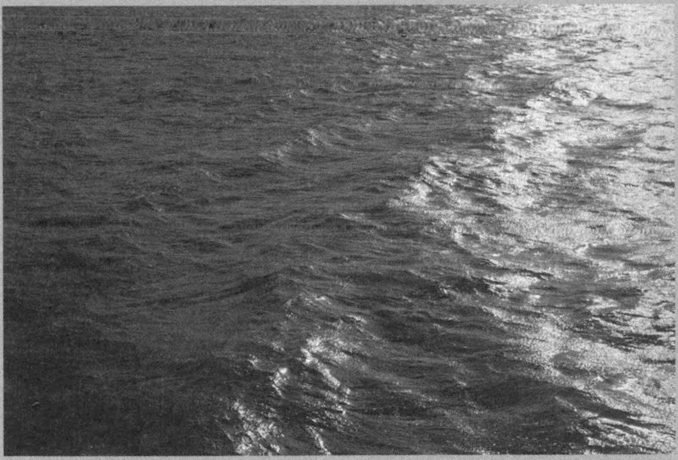

閉上眼，我跳進一條水滴之河
湍湍地向海流去

讓我們在這一秒暫停
流線
變成
無以計數的水滴

你擠著我
我挨著你
每一顆水滴的背後
都有著自己的故事

讓我們在這一秒繼續
奔馳
與光

化成一道流線

唰

過眼前

這一秒河中相遇

下一秒各自分離

倒數六天

烏娜河裡的水滴

時間—二〇一七年，夏

地點—克羅埃西亞，科斯塔伊尼察小鎮

我曾經看過水滴，在烏娜河裡。

每顆水滴看起來是那麼像，但其實是不一樣的吧？

烏娜河、克羅埃西亞單車生態影展，在我的生命占了非常重要的位置，只要一想起來就會淚流滿面。一顆一顆的淚珠，感受到每一顆水滴的墜落。

墜落著滿滿的感謝。

它太珍貴，珍貴到其實不必說出來，放在心裡，便能永永遠遠地擁有，那一段如此真心的時光。它太美，美到不管再寫幾年，都不可能寫出真正的它。

但我知道，烏娜河不會在意的。

你很難在網路上找到克羅埃西亞單車生態影展，即使他們這麼努力宣傳，卻還是像小螞蟻的叫聲，無法讓大家聽到。小螞蟻會發出聲音嗎？可能不會。小螞蟻總是那樣認真勤勞，牠們是群居動物，以團體利益為優先。人總是把螞蟻與團結聯想在一起，但螞蟻窩裡成千上萬的螞蟻，如果就有一隻不想團結呢？牠要怎麼辦？

如果你身為一隻，不想再為團體服務，不想再相信團體信仰，只想單獨行動的小螞蟻，該怎麼辦？

克羅埃西亞人 Daniel 與他的太太、他的小孩、他的大舅舅、他的小舅舅和他的朋友，就是這種不識相的螞蟻吧。身處在前南斯拉夫這個荒謬團體之中，可以退團嗎？可以離開嗎？不行。不行的話怎麼辦？

人活一輩子可能有八十年這麼長，小的時候被教育要愛南斯拉夫，青少年的時候被教育要攻擊旁邊的同學，因爲我們不再是南斯拉夫了，我們不是一國，我們身體裡面的血液不同，是克羅埃西亞族、是波士尼亞族，或是塞爾維亞族。我不殺你，你就殺我，在我們從小一起玩樂長大的烏娜河裡。長大以後，國境邊界被拍案底定，你應該住那邊，我應該住這邊，我們不再互相殺害，可以坐下來喝杯啤酒聊天了。但是，當我去你家，或是你來我家前，要攜帶護照，要攜帶身分證，因爲南斯拉夫已經死去，從今以後，我們是異國人。

在克羅埃西亞單車生態影展的第三天，我才後知後覺地接觸到前南斯拉夫的內戰歷史，關於一個國家分裂成七個國家，關於種族清洗，關於宗教衝突，關於一九九一到一九九五年的克羅埃西亞獨立戰爭。那天晚上我睡不著，翻來覆去，穿了外套，拿起筆電去旅館中庭有網路的地方，繼續查資料，我寫下自己的心情。

「客觀中立真的存在嗎？」我發現自己正融入其中，無法自拔。這一站是如此獨特，打破我所有信誓旦旦的假設，什麼影展風格？什麼電影類型？它竟完全無關，超出想像之外。我誠實地看著烏娜河，世界變得好安靜，我聽到自己最私密的感受。

結束克羅埃西亞影展的採訪後，我寫了三篇非常主觀的報導，賣給獨立媒體以籌措後續的旅費，那是最後一次的新聞稿，之後，我就沒辦法再寫了。客觀中立的影展介紹已經滿足不了我，我渴望說出更純粹的話、更真實的感受，但，那是什麼？我不知道。那一站剛好是三年旅程的正中間，我已離起點好遠，卻又不知道終點在哪裡。困惑的我在當時其實沒有意識到，烏娜河改變了我對這整本書的想法。

生命只剩六天，我該怎麼說烏娜河呢？

說那一張大合照吧！

那是我請另一個也叫做 Daniel 的西班牙導演，用我的手機，用我想要的方式，記下烏娜河與我們所有人，一張很寬很寬的大合照。

時間｜二〇一七年，春

地點｜匈牙利，格德勒小鎮

西班牙 Daniel 是我那三年以來最好的朋友，我們太像了，喜歡沉沒，喜歡灰暗，想得太多，作品積到自己的頭很痛，還是吐不出來。

二〇一七年認識西班牙 Daniel 的時候，他說他正在剪接一部紀錄片，講巴西原住民的某段過去，片名叫《*Imparfait*》。「imparfait」是拉丁語系裡的一個過去式，沒有限定時間，沒有限定地點，當事情發生在過去的某一段時空，成為連續一個狀態的動作，動詞就要用「imparfait」。「imparfait」也有「不完美」的意思，Daniel利用雙關語，說明巴西原住民無力招架的不完美時空，其實尚未結束，直到現在。

非常完美呀。我說我很想看，叫他趕快剪完！

Daniel在克羅埃西亞單車生態影展結束後，還跑來巴黎短租房子一個月，一邊寫這部片的剪接腳本，一邊學法文當休閒。現在想想，Daniel應該比我還寂寞，他明明是西班牙人，是歐洲人，卻跑來巴黎找我這個台灣人作伴。但很可惜，Daniel直到現在還沒把影片剪出來，他還在跟自己的人生與情緒對戰。

在Daniel短住巴黎的那一個月裡，我超開心！很難想像我明明來巴黎發展事業，卻一個拍片的朋友都沒有，直到一個遠從克羅埃西亞認識的西班牙朋友將自己宅配過來，我才第一次在巴黎和同業討論電影。我們會去塞納河邊聊天，講自己的創作，講遇到的困難，講自己在乎的紀錄片價值。

有次Daniel生重病，我說你必須吃一點藥，我給你台灣的祕方。見面時，我給他兩瓶啤酒，我說酒精治百病。Daniel彎腰笑了很久，才伸手把啤酒拿走。他笑得非常開心。每每在公開場合看似外向的他，好像很嗨，但其實內心憂鬱，跟我湊在一起的時候，他會跟我解釋他的憤憤不平，或沉浸在自己的世界裡。當 Daniel 發自內心地笑時，我彷彿可以看到一個很純潔的小男孩，裝在他的心裡。

Daniel 大我十歲，有一個已經是青少女的女兒，他與前妻離婚已久，那時剛好跟交往八年的女友分手。傷心的 Daniel 配上失意的我，還真剛好。跟 Daniel 不是一開始就這麼熟的，其實我們在匈牙利格德勒自然影展就已經遇過彼此，打過招呼。他是入圍導演之一，當影展單位好心給我所有入圍導演名單時，我就特別注意他的名字，因爲名字旁的自我介紹寫著：「出生於島嶼，隸屬西班牙的加那利群島，長大以後，只想拍島嶼的事情。」

啊！島嶼之人啊！我心想，一定要採訪到他不可。

但在匈牙利影展的時候，我們卻一直沒有機會聊聊。那種感覺很奇妙，並不是沒有時間，影展才剛開始我就找到他了，之後也有很多的吃飯時間、啤酒時間、聚會時間，我其實都可以去跟他攀談、做訪問，但我卻沒有。爲什麼呢？我似乎可以感覺到，他不想被打擾，或是，我還沒準備好，那，等一下再講好了。對其他的導演我都不會遲疑，不知道爲什麼對 Daniel 會這樣。

Daniel 的外型就是非常典型的西班牙小夥子，不會很高，健康的瘦，相較於其他入圍導演，他穿得最輕便，跟任何人應答都很自在，不做作迎合，或是刻意擺出某種專業形象。Daniel 的感受力很強，很能放下自己，同感他人處境。他說自己從小就是高敏感人，滿女性化的，所以很能懂女生在想什麼。他很會鼓勵人，但他的鼓勵不是往成功的方向去，他不認爲人生會走向成功，人生就是這樣，但他會鼓勵我就這樣做吧！就做吧！爲什麼不行呢？我爲你感到驕傲。

這些都是後來才知道了。

Daniel 入圍的電影《島》（*Ilha*）很有趣，我非常喜歡。他記錄巴西一座非常小的島嶼日常，那裡沒有電，居民捕魚度日，順應自然時間，清晨乘著小船到海中央，用力甩腰撒出一整片的漁網。或是在漲潮時，搖著窄窄的木舟，小心通過充滿樹根的紅樹林，挖下很深的陷阱，抓一種像泥鰍的長條動物。小島上的居民很少，他們在泥灘地上搭著簡陋的帳篷，生火吃著今天抓到的魚，閒暇之餘，跳著過去奴隸祖先傳下來的巴西戰舞（Capoeira）打發時間。

整部片完全沒有訪問與對白，空鏡頭一個接著一個，所有要說的、要討論的，都藏在裡面了，直到落幕，字幕才解釋這座小島即將被財團買去，開發成度假中心。

我在匈牙利和克羅埃西亞各看了一次，總是會發現新東西。這麼活潑的人，作品竟如此安靜，差別真大。

爲什麼啊？

我對 Daniel 的好奇心一天比一天多，直到匈牙利影展的最後一晚，頒獎已經結束，閉幕的音樂表演剛開始，合唱團與交響樂團正走上台，我還是沒有採訪到他。算了！我爲自己的彆扭感到憤怒，在心裡氣自己。沒想到 Daniel 竟然從人潮擁擠的現場鑽過來，主動叫我。他說：「嘿！Joyun！我們到現在都還沒有聊到，你是來影展採訪什麼呢？」

啊！

我與 Daniel 的緣分是否要感謝他起了這個頭？

Daniel 後來跟我說，他去過日本，他了解亞洲人的害羞。「可是，Joyun，」他對我說：「你要勇於表現自己，因爲歐洲人其實不了解什麼是害羞的動作，你在那邊害羞，我們是看不懂的。當我們不懂的時候，你會錯失機會，你必須要勇敢地介紹自己，因爲你明明就在做很多事情啊！」Daniel 總是叫我 Joyun，那是我護照上的拼音名字，對他來說這才是禮貌，我是有名字的人，不是爲了讓大家好記取個外號，或是直接被稱呼那個台灣人就好。

Daniel 在了解我的書以後，馬上向我推薦克羅埃西亞單車生態影展，說他再過兩個禮拜就要前往，因爲他的影片也入圍了那裡的獎項。「我會投這個影展，就是聽說它很酷！」他興奮地說著，同時拿出手機，點開地圖，指著一條河的兩岸說：「這裡，是克羅埃西亞，影展辦在河的這一邊，聽說參加影展的人，每天都要騎腳踏車沿著河到各個地方放電影，因爲是邊界，所以也會騎過河的另一邊，去波士尼亞放片。」

「我想，這個影展一定非常適合在你的書裡出現。」Daniel 熱情邀約我一起去！再兩個禮拜就開始了？我現在人還在匈牙利影展啊！所以影展結束後，我要先從匈牙利飛回巴黎，然後過兩個禮拜，再從巴黎飛來克羅埃西亞？啊，一無所知的克羅埃西亞單車生態影展，真的那麼好嗎？網路上什麼資料也沒有。好冒險，如果風格跟已經訪問過的影展很像怎麼辦？而且，我才剛花一筆錢來匈牙利採訪，沒有把握在短時間之內，馬上籌到去克羅埃西亞的採訪費用。

我拿不定主意，心亂如麻，明明才正要訪問 Daniel，卻變成在討論我的書，企劃下一站的訪問。匈牙利影展的閉幕音樂會剛結束第一首歌，全場騷動，第二首歌正要開始，合唱團、交響樂團澎湃激昂，好吵！我扯開喉嚨，大聲地對 Daniel 解釋我的煩惱，好像他是我的同事一樣。

Daniel 向我比個手勢，表示了解，然後開始低頭弄手機，幫我寫信給克羅埃西亞單車生態影展的主辦單位，看能不能提供我一點採訪補助。就是現在、此刻、馬上，西班牙 Daniel 在我面前寫信給克羅埃西亞 Daniel，然後，不到幾分鐘的時間，克羅埃西亞 Daniel 就主動回信到我的信箱，直接對我說：「歡迎你來，只要自費抵達，剩下的費用影展會想辦法。」

合唱團的歌聲終於飆升到最高的音階，煙火在高空綻放，所有的影展觀衆抬頭，看傻了眼。我握緊手機，下一站要訪問的生態影展已經確定，竟然是它自己送上門來。

時間－二〇一七年，夏
地點－克羅埃西亞，科斯塔伊尼察小鎮

在說那一張大合照的故事之前，我想先好好重溫照片被拍下前，我在克羅埃西亞跟波士尼亞的邊界，一腳一腳一腳一腳踩下踏板，再一輪一輪一輪一輪向前滾動的時光。

有時候路上充滿影展夥伴，有時候只有我一人。要跟上騎長程的單車隊伍真的很累，但是，我一點都不覺得苦，是辛苦沒錯，可是一點都不苦，我會盡力做到，以不影響當天的任務爲主。我總是說：「讓我暫時脫隊吧！沒關係的，不要等我，你們先去，我會努力趕到。」

影展辦在克羅埃西亞「く」字形領土的最凹處——科斯塔伊尼察（Kostajnica）小鎮，沒有漂亮的湖，沒有漂亮的山，小鎮鄰近波士尼亞的邊界，是觀光客絕對不會去的地方。這裡很荒涼，什麼都沒有，路只有一條，騎下去吧，岔路不會困擾你的，抵達岔路之前的決心才會困擾你。

騎在最前面帶隊的是主辦人的太太 Maria，標準的俄國美女。剛認識她的時候，我常常看著她就不自覺地張嘴發呆，讚嘆她的美，很豬哥的行爲，但我真的不是故意的。Maria 不喜歡我這樣看她，她說自己並不是典型的俄國女人，她不在乎美貌，喜愛流浪。她的本業是心理治療，因爲一場影展來到克羅埃西亞的首都札格雷布（Zagreb），認識了 Daniel，兩人相愛，便決定跟著對方回到他無人問津的故鄉科斯塔伊尼察小鎮，籌辦克羅埃西亞單車生態影展。

雖然我將克羅埃西亞這一站翻譯爲單車生態影展，但其實直譯名稱是「綠寶石生態影展」（Smaragdni Eco Fil Festival），象徵每一個單車停靠點都像綠寶石那樣珍貴，有自然，還有已經埋在自然裡的歷史：戰爭事發地。

我參加那年是第十屆，資金短缺，狀況多多，其實不只那年，年年如此，在我此刻寫稿的當下，還看到他們正用集資網站籌募下一屆的費用。對比上一站匈牙利影展的盛大闊氣，克羅埃西亞影展卻克難得可憐，克難到你會想抱抱主辦人，對他說：「還好嗎？」

雖然克羅埃西亞 Daniel 一開始在信件裡對我說「人來就好，剩下的影展都會包辦」，但其實他們根本窮到付不出來，我跟西班牙 Daniel 在影展期間常常互相對看，用眼神說：

「天啊，也太誇張了吧！」

科斯塔伊尼察小鎮像座空城，幾乎沒有商店跟餐廳，雖然住宿的飯店提供餐點，但影展單位無法偏心只爲我買單，更沒辦法餐餐招待所有入圍導演。所以，大家常常肚子很餓，等到每晚活動結束後，回到房間把行李裡的護照拿出來，靠著微弱路燈，沿著烏娜河，走到最近的海關站，上橋，蓋印章，下橋，進入波士尼亞，看看還有沒有餐廳在營業，或到二十四小時不打烊的家庭麵包店，找東西吃，找東西喝。喔對，海關竟然也是二十四小時不打烊，我記得某次在波士尼亞吃完飯都已經半夜兩點，卻還是可以排隊，上橋，蓋章，下橋，回到克羅埃西亞。

在訪問克羅埃西亞單車生態影展的六天裡，我的護照多了好多個出境克國、入境波國、出境波國、入境克國的海關章。除了第一次入境波國，他們搞不清楚我的台灣護照外，之後每次出國都花不到三分鐘。

我從來沒想過，自己會爲了買一塊麵包而出國，也沒想過，在觀光業如此興盛的克羅埃西亞，會有一個小鎮連一塊麵包都買不到，還得出國去波士尼亞買。

我不願意把科斯塔伊尼察小鎮說得很可憐，因爲成就影展的這一家人毅力非凡，他們是我見過內心最強大的人。

主辦人 Daniel 幾乎是一個人統籌一切，他策劃了非常多的放映地點，讓大家看見每一個角落的科斯塔伊尼察。為了確保放映順暢，Daniel 會提前開車到每一站做準備，所以帶領單車隊伍的重責大任就交付在太太 Maria 身上。Maria 用俄語發音的 Google Maps 導航，用英語向大家解釋每日行程，拉著長長的單車隊伍，沿途參觀，並及時趕到電影播映現場，一站又一站，一天又一天。Daniel 的弟弟是廚師，負責影展第一天的戶外烤肉，準備了好多肉和好多菜，大家坐在草地、石頭、樹幹上，一邊烤一邊吃，彼此迅速混熟。廚師弟弟只要一講起 Daniel，眼神盡是崇拜，聽說他為了支持哥哥的影展，跟餐廳請了很多天的假，就為了加入單車隊伍跟大家一起騎車，身心都同在。

Daniel 的大舅舅平常是電視台的攝影記者，在獨立戰爭時期就變成戰地記者，他的年紀很大，心卻很活躍，他全程跟拍影展做紀錄，還會在重要景點前，設計有趣動作當作宣傳照，增加影展粉絲團的關注量。Daniel 的小舅舅是嬉皮，留著長髮、長鬍子，不修邊幅。他說他就是他，沒有任何頭銜與定義，小舅舅憎恨戰爭與政治，搬去阿姆斯特丹種大麻維生，他說自己種的大麻品種很好，很健康。他總是拿著一把吉他，一路彈奏，陪伴我們。

那時候，Daniel 和 Maria 的女兒才六歲，超可愛的，像一隻小海獺，小海獺沒事就問她媽媽：「我們什麼時候去烏娜河裡游泳？」小海獺因為年紀太小沒辦法加入單車長征，總是跟著爸爸，乘車時將頭探出車窗，對騎車的我們大聲加油。兩年後，小海獺有了妹妹，那是 Daniel 和 Maria 的第二個女兒，大家在群組裡紛紛祝賀。

人們與克羅埃西亞單車生態影展的緣分不只存在於影展期間，影展結束後，你會想知道大家之後怎麼了，你會看到對方與自己的變化。之後，我偶爾會在別的影展遇到參加過的導演，大家都對這裡印象深刻。

讓人難忘的原因，可能是我們都從「旁觀者」變成「參與者」了吧！一群臨危授命的參與者，由影展主辦一家人、影展志工、入圍導演、相關親朋好友若干、臨時抓來的街坊鄰居，還有我，所組成。克羅埃西亞單車生態影展就是那樣特別，因爲「騎腳踏車去放電影」遠比「看電影」還重要！

由於科斯塔伊尼察小鎮太荒涼，居民太少，又四散在各處，如果只在某處放電影辦影展的話，根本不會有人來。所以，克羅埃西亞 Daniel 才會跟學校或機構合作，讓影展長在腳踏車隊伍上，直接登門拜訪，將電影送上門來。影展單車隊伍第一天就騎了一百公里，停了兩站放電影。第二天騎了七十公里，停了三站，但有一站被放鴿子，學生都已經回家，教室裡沒有人，白騎了。第三天騎了六十公里，加速趕路兩站，因爲一站在克羅埃西亞、一站在波士尼亞。第四天騎了五十公里，只去一站，終於結束，最後騎去烏娜河游泳慶功。

這麼多公里，現在說起來輕鬆，當時真不知道是怎麼做到的。

我其實辦不到。我從來沒有這樣騎過腳踏車，雖然大家跟我說沒關係，不用全程參與，跟小海獺一起坐車就好，不用勉強，可是這樣，有什麼意思呢？

一起騎車的感覺有多好，很難形容。每個人的過去都不重要，今天幾點要騎到哪裡才重要。因爲觀眾正在等我們，我們一定要到，不能讓主辦人 Daniel 一個人孤單主持。明明才剛認識，卻要共患難地完成每一天每一站的放片任務，一種特殊的氣氛在彼此間生長，燃著同一把默契之火，逐漸成爲新的螞蟻團體。

我這隻肉腳螞蟻，拒絕坐車，硬是要在單車隊伍裡。我非常努力地踩，本來是坐著用腳踩，但最後力氣用盡，只好把胸口壓在龍頭上，用整個上半身的力量將踏板往下踩。非常滑稽。

但是沒有用，騎不動就是騎不動，換一百個姿勢都沒有用。

我永遠都是單車隊伍的最後一個，只看得到大家的屁股，大家的屁股都很厲害，一下子就離我遠去。

時間｜二〇一七年，夏

地點｜烏娜河這一側——克羅埃西亞

拍下烏娜河大合照的那天，行程很趕，要跑兩個放映點，雖然都在河邊，但距離科斯塔伊尼察小鎮很遠。

第一個地點在河的這一岸，仍屬於克羅埃西亞，是一座地方圖書館。他們說這裡以前很恐怖，在克羅埃西亞獨立戰爭時期被殺紅了眼，曾經橫屍遍野，但現在已經長滿翠綠的樹，蓋好光潔先進的圖書館，無線網路訊號好、速度快，多媒體放映中心的冷氣又涼，桌上還備有餅乾與果汁招待大家。我一抵達就馬上仰頭灌了兩杯柳橙汁，由於太累，休息很久才有力氣張開嘴巴把餅乾放進去咬，補充體力。

第二個地點必須跨越到河對岸，屬於波士尼亞，是個環境保育單位，但好像就跟波士尼亞獨立戰爭沒關係了。Daniel 叮嚀單車隊伍千萬不要遲到，因爲當地來了很多關心環境的專員，想要和我們交流；也叮嚀大家一過波士尼亞的海關，就不能再騎腳踏車了，必須牽著車走到環境保育單位，因爲波國法律規定騎單車一定要戴安全帽，而我們都沒有。

「大家辛苦了，今天我們很早就出發，跑完這兩站之後，下午應該有空去烏娜河玩，克羅埃西亞這邊有一塊河畔很漂亮，我們晚點再彎去看看。」Daniel 在早上出發前這麼說。

河之邊界，長長的國界，南斯拉夫分裂後，烏娜河變成不能任意跨越的河。不過三十年的時間，長長的河架上許多橋，設立海關，唯有出示國際認可的紙張，才可以進入或離開。

「如果你在海關之外過河，是犯法的，但如果你不『過』河呢？如果你在河中央呢？那會怎樣？」我問當地人。「如果這兩個國家的人談戀愛，想約會的話怎麼辦？每一天都要出國嗎？如果只是想要親一下，還要跑去海關蓋章才能見上一面嗎？多麼煞風景！可以約在河的中央嗎？游泳到中間集合？或是划船到中間集合？可以嗎？」

他們笑我，說可以，不要上岸就沒事！

回答我的當地人，很多便是克國與波國的組合，這種組合非常多，畢竟不過一河之隔。分屬兩國的情侶交往時其實對生活影響不大，但結婚以後，兩人到底要住在河的哪一岸？哪個國家？或者，要不要直接搬走，遠離烏娜河？這才是他們真正煩惱的問題。科斯塔伊尼察小鎮會變得如此荒涼，連一塊麵包都買不到，是因爲這裡經歷了兩次重大的人口外移。

第一次外移是一九九〇年代的克羅埃西亞獨立戰爭時期，因爲身處戰區，多數居民逃離科斯塔伊尼察，躲到首都札格雷布避難後，就沒有再回來，留在他鄉重新開始，之後隨著國家策略從事觀光服務業至今。第二次外移是二〇一三年克羅埃西亞成爲歐盟國，克國人不再受限於工作簽證，只要是歐洲，哪裡都可以去。在戰爭時期沒有離開科斯塔伊尼察小鎮的居民，這次直接離開國土，德國是最熱門的選擇，即使是勞力打工，也讓人躍躍欲試。

所以新婚夫妻的選項比較不是爲娜河的此岸或彼岸，而是要出發去西歐嗎？還是留下來就好。

決定繼續留下來的，多選擇住在波士尼亞。

波士尼亞已經申請加入歐盟，但還沒有通過。既然大夥都走不了，各行各業正常運作，生活機能之齊全，竟遠遠超越河彼岸的科斯塔伊尼察小鎮；此外，由於波國不使用歐元，整體生活費用也較低。他們跟我說，最好的例子就是石油，就算是不住在波國的克國人，也寧願開比較遠的車，跨越邊界去加比較便宜的油。

當人斤斤計較，就是處於比較受制於現實、必須爲自己想辦法的時刻。

在克羅埃西亞單車生態影展的每一天，我常常感到震撼。這樣的荒境邊緣，這樣的人去樓空，每一個人都經歷過戰爭，走過大風大浪後，平靜地侃侃而談，分析著利與弊，接受無奈。活生生的在地真實就在我眼前，我那時常常在想，如果我正在拍攝他們、正在製作紀錄片的話，他們都是很好的受訪對象吧？

但那三年來我沒有拍攝任何的訪問，朋友們問我：「爲什麼不把這些內容拍成紀錄片？」

因爲我沒有力氣。

不是體力上沒有力氣，是我，整個人都沒有力氣。跟克羅埃西亞人一樣往西歐去的我，也正努力地活著，站好，走向遠方。我的力氣是拿來給我自己用的，我沒有力氣敍述他人的人生。

我的訪問變得隨性，甚至漸漸分不清此刻的我是在採訪還是閒聊，我不想證明我自己了，我想融進此時此地，因爲這也是我的此時此地。我就記在我的腦裡，看能記多少，我用眼睛仔細地看，沒有相機，沒有機器，我們都是平等的，我記住他們，也被他們記住了。

不過，我倒是有力氣慢慢地騎到每一個目的地。我不知道我到底騎多慢，我全心全意地騎，慢在其中。

每次當我終於抵達，單車夥伴們都會跑出來迎接我。他們會大叫：「Joyun！你成功了！你好棒！你真的好堅強。」好好笑喔！我每次聽到歡呼都覺得很害羞，叫他們不要吵啦，然後趕快把車停好，跟他們一起進場放電影。坦白講，我不知道他們到底等了多久，有時候他們身上衣服好像很乾，那應該是等很久了，有時候他們忙著喝水，呵呵，看來我沒有落後太多嘛。

克羅埃西亞單車生態影展是不是帶給我久違的團體生活呢？團體生活能給人一種歸屬感，一種被需要、一種一起做到的成就感，這應該就是團體的迷人之處吧？如果你認同這個團體的話。

拍下大合照那天，我在前往第二個地點的路途中，落單了一段很長很長的時間。太久了，我擔心要是在哪個岔路轉錯彎，就完蛋了！尤其當我往克羅埃西亞邊境騎去，我的法國電信公司竟然誤判我已入境非歐盟國家的波士尼亞，就非常現實地不再支援3G，不能導航了！好殘酷啊！我想我如果是波士尼亞人，一定會時時刻刻感覺自己被歐盟看不起，因爲所有的好處都沒有我的份，明明就在隔壁，明明都是人，爲什麼我就不是你們。

你們了不起呀。

不知道波士尼亞人怎麼想呢？那裡是伊斯蘭教國家，坐在街上喝茶的普遍是男性，他們抽著水煙，聽著喇叭大聲放送流行音樂，看著我們牽車走過。影展夥伴裡有三位年輕的克羅埃西亞高中少女，她們教我如何分辨波國與克國的流行音樂。兩國的音樂其實很像，重節奏，歌手扯著喉嚨唱，但重點在尾音，如果尾音拉長並且轉來轉去、最後的抖音一直一直往上爬的話，那肯定是波國音樂沒錯，她們還示範地唱給我聽，很鬧，吵成一團。

單車隊伍裡有克羅埃西亞人、塞爾維亞人，可惜沒有波士尼亞人，沒機會認識到他們。如果未來還能再拜訪前南斯拉夫，我很想以女性爲主題，把已經分裂的七個國家都走一遍：從波士尼亞開始，然後是蒙特內哥羅、馬其頓、斯洛維尼亞、塞爾維亞、科索沃，然後再回來克羅埃西亞找朋友。真想再多了解一點。

未來的旅行就先不煩惱了，那時的我還在前往波士尼亞的小路上奮力騎車。

雖然在不熟悉的國家裡騎單車，一個人、大路癡、沒 3G 導航，卻完全不會害怕，可能覺得遠方有朋友在等我吧，我正在他們踩過的路上，很安全，我相信他們。但什麼是朋友呢？不過是一群一起騎了幾天腳踏車的陌生人嘛。影展之前，我們的人生根本沒有交集，此時的交集，也只是交流彼此拍過的電影、閒談各自的價值觀，就這樣而已，說到底，我們還是陌生人。

怎麼會有這麼難得的緣分呢？

騎車的當下好像非常樂觀。通常在這種時刻，腦中應該要湧起一些人生感觸，但我只是一邊騎一邊欣賞風景。而風景其實沒什麼好看的，除了零星的鄉間人家，沿路盡是荒廢的房子，非常多、非常舊，長滿雜草，或是崩塌。之後，當地人才跟我指出：「這裡有彈孔喔，那裡也有彈孔。這個窟窿是炸彈炸出的痕跡，你看這個方向的裂痕，當時炸彈是從那邊炸下來的。」

烏娜河的兩岸，先是經歷一九九一年到一九九五年的克羅埃西亞獨立戰爭，再來是一九九二年到一九九五年的波士尼亞獨立戰爭。二戰過後，他們和其他五個國家一樣，急欲離開南斯拉夫獨立，成爲巴爾幹火藥庫。

在他們跟我解釋前，我一直把沿途的戰爭遺跡當廢墟美學在欣賞，我甚至一直被一種身形很大的鳥吸引，覺得牠好眼熟，很像卡通影片的送子鳥。牠們在塌掉的屋頂築上又大又重的巢，堅固的巢與巢內新生命，跟底下的廢墟形成強烈對比。當地人說這種鳥叫白鸛，有個地方最多，靠近亞塞諾瓦茨集中營。在更早的一九四一年，南斯拉夫除了必須抵抗外來的納粹德國，內部的克羅埃西亞人、波士尼亞人與曾經是南斯拉夫核心的塞爾維亞人，他們個別信奉天主教、伊斯蘭教、東正教，夾雜著民族與宗教的仇恨，也順勢徹底撕裂。二戰期間，約一百七十萬南斯拉夫人喪生，其中九十萬人死於族與族之間的自相殘殺。

我真的非常後知後覺。

忘記到底騎多久了，我終於趕上隊伍，遇到正排隊等候通過波士尼亞海關的大家，牽車上橋，準備護照，等蓋章，閒聊。突然，某位影展夥伴指著橋下的烏娜河喊：「哇！看啊！好多的魚喔！這種魚很大，用煎的就很好吃喔。」

這條魚是波士尼亞魚還是克羅埃西亞魚呢？

時間｜二〇一七年，夏

地點｜烏娜河那一側——波士尼亞

第二個放映點是位於波士尼亞的環境保育單位，我們真的騎超遠，累死我了。所有人邊擦汗邊喝水地走進會議廳，我趕快找位置坐下，屁股一陣痠麻。

放片前，主辦人 Daniel 先跟環保單位介紹當天要放映的短片，然後請單車隊伍成員走到台前來一一介紹自己，有來自克羅埃西亞、塞爾維亞、烏克蘭、保加利亞、德國、西班牙、英國、澳洲……還有台灣的我。當大家一字排開時，我突然覺得這個時刻很可愛，我們共同代表著一件事，於是當 Daniel 介紹完畢、眾人準備下台時，我請大家等一下，跑到隊伍最前面快速地自拍一張合照。明明此刻應該要認真嚴肅地放電影，但我卻自顧自開心地自拍，還真是完全不管台下的專員呀。

這張自拍團體照不是我要說的大合照，這張沒什麼，就是所有人看著鏡頭微笑，甜甜的，一位也在塞爾維亞辦生態影展的夥伴，還抱著 Daniel 的小海獺女兒，我們就好像一家人。

放映結束，我們準備回到科斯塔伊尼察小鎮。跟一大早 Daniel 預計的流程一樣，時間還早，我們可以去某一處的烏娜河畔玩。但我的力氣已不知不覺用完，中途，我又騎不動了。騎不動了，大家看著我，然後看看西班牙 Daniel。

西班牙 Daniel 拿出一條繩索。

他曾在影展第一天一百公里長征時，在最後三十公里用繩索救了完全騎不動的我。那時的我趴在地上不停咳嗽，全身發抖，連呼吸的力氣都快沒有。西班牙 Daniel 默默向當地人借來一條繩索，把他的車尾跟我的車頭有間距地綁在一起，然後，他在前面一邊騎一邊拉我，我在後面一邊被拉一邊騎，才終於完成第一天的行程，回到科斯塔伊尼察。

大家都笑說：「這就是友情啦！」而我則說：「這是友情的臍帶啦！」

多虧了那條臍帶救了我。

所以，當那天我又要不行時，大家心中都有個默契：快點使出絕招吧！請 Daniel 再拉 Joyun 一次。好丟臉，我本來不願意的。可是大家很想去看那一段烏娜河，沿途岔路多，不能丟下我，一定要一起行動，我也只好配合。

那天其實沒騎多少公里，除了我之外，其他人都不累，Daniel 拉我也不累，大家還在半路起了玩心，開始拍片！

去了這麼多生態影展，每一個影展都在比電影，比誰更好，誰最好，誰是贏家，誰是大贏家。到了克羅埃西亞單車生態影展，雖然也在比，但坦白說，這個影展小得可憐又偏僻得要死，根本沒有人要來。比，比什麼呢？沒有觀眾的比賽，意義是什麼呢？

我想，如果是之前訪問的那些大導演、大老闆，還有在台上談論國家媒體策略的長官，會願意跑來這裡、親身下海騎腳踏車嗎？會願意看這些無欲無求、不討人開心、不叫人感動的獨立電影嗎？嗯，我想他們根本不會來，他們絕不會來。來這裡參加影展的人都很奇怪，大家都拍過片，都在社會努力過一陣子，但是不願意合群、不願意當那隻以衆人之志爲己志的小螞蟻，所以從各自的國家裡跑出來，來到這裡，背著投影機、背著電腦，哪裡有牆，就放電影。

這些夢是如此輕盈。

在前往烏娜河畔的路上，我們邊騎車邊拍片。

原本一直兵分兩路的開車組和單車組終於不再趕路，一起慢慢回去，真的很慢，慢到像怠速的推軌鏡頭，只爲了拍攝單車隊伍。想拍片的人全部上車，擠到車窗旁，手抓著機器探出來拍，拍開心的、驕傲的、累死的、正在騎腳踏車的影展夥伴；又或是乾脆把車門打開，憋著氣、撐著腰讓機器貼近柏油路拍，拍滾動的輪胎，拍踩下踏板的腳。大家是那樣自由自在，甚至爬到車頂上去拍。

西班牙 Daniel 用繩索拉我是大家都想捕捉的畫面，友情的臍帶被四面八方的鏡頭包圍，我跟 Daneil 大做鬼臉。最好玩的一個鏡頭，是有人拍到 Daniel 雙腳離開踏板、八字狀張開，假裝被單車拉著跑，滿臉驚恐地往前衝，而我在後座也把身體往後仰，嘴巴張大，作勢尖叫，兩個人像是乘著風，快要飛起來一樣。

大家把自己身上能夠拍攝的機器全部拿出來，想拍什麼就拍什麼。

我在影展第一天，曾經爲了減輕背包重量跟上車隊，把單眼相機與鏡頭都放在飯店房間裡，只帶一台最輕便的 Gopro 跟一條頭帶，想要邊騎車邊把 Gopro 戴在頭上錄影，本來怕看起來很笨會被人家笑，可是真的好想錄，就不管了。果然當時一戴，馬上就被發現，大家還熱烈討論 Gopro 每一代的優缺點，以及如何用最土炮的方式將它改造到最好，然後誇我真聰明，現在就是用 Gopro 與頭帶的最好時機。之後我沒事就用 Gopro 錄影，甚至在不騎車的時候還會偷錄大家聊天打鬧的樣子。漸漸地，我把器材又全部背回來，寧願騎車時負荷加重，也不願意錯失記錄這些美好回憶，有時甚至連手機都抓出來補畫面，拍不夠啊！好想拍！

那時的我，與過往在紀錄片工作中的我完全不一樣，我不在「我應該」的時候拍攝，而在好多「我想要」的時候拍攝。這些畫面被拍下時，我內心沒有任何預設，甚至不知道這些材料將來要被我用在哪裡，可是，我好想記下這一刻，哪怕它們最後只存在我的硬碟裡。

我拍了好多人的臉，也拍了好多烏娜河，和最後一天的河中之島。島，被烏娜河環繞，在夕陽逆光下好溫柔，我讓鏡頭慢慢輕撫著草的末梢，花朵有點重，被撥動後一晃一晃的。

一切是那樣快樂，我把檔案妥善存在硬碟裡，備了好多份，但更多是存在我的記憶裡，我的頭腦裡，任何時間，只要我想，我就可以回到那個時空。

二〇一七年以後，當我在歐洲再遇到任何的困難，這些回憶都可以保護我。

玩完拍片後，西班牙 Daniel 把車騎得很快，我們大概是前三名抵達目的地的人。這段烏娜河畔真的很漂亮，有一塊明顯的河堤，公路旁邊是草地，草地有土坡，攤出一塊凹形空間，土坡過去遍地石頭，外圍的石頭最大顆，越往深處，石頭就越小顆，走到最後，就能摸到烏娜河了。

大家陸續抵達，把單車停好，每個人依著自己的好奇心，在河畔不同的位置走來走去，或坐在土坡上休息，身體往後靠，像倚著一塊長長的靠椅。我逐漸將視線看遠，才發現這段烏娜河的流速很快，跟在科斯塔伊尼察小鎮裡聽到的流速不同，這裡有樹、有垂柳、有石頭、有土堤，每一個元素都野野地交織在一起，然後烏娜河就這樣唰地溜過去，發出好聽的河流聲音。好好聽，我當時應該錄了兩分鐘的河水特寫，坦白說，要我錄一百次都可以，烏娜河每一段的聲音都不一樣。

我從河邊退回土堤，跟大家一起坐著休息，影展夥伴 Marijana 和男朋友 Vladan 也在旁邊相依偎地看著河，他們是塞爾維亞人。塞爾維亞裡的貝爾格勒是過去南斯拉夫的首都，一直有著老大哥的管理者風範，在藝術與文化的累積上也相對深遠，因此似乎也比較驕傲，比較有優越感！塞爾維亞與之後想獨立的六個前南斯拉夫國家都不合，也許是不願意放手吧，過去握有軍力和權力的他們，下手也真的沒在客氣，製造出很多悲劇。

不過，歷史能讓這兩個塞爾維亞人承擔嗎？當然不行。

只是當克羅埃西亞人談論獨立戰爭的歷史時，塞爾維亞人都不會插嘴，不會表示意見。

三十年前的事情還很近，那麼要到多久以後才是遠？

我很喜歡這對塞爾維亞情侶，尤其是 *Marijana*，她之後成爲我人生的朋友，不過在那時的烏娜河畔，我們才剛開始展開對話。她年紀和我差不多大，個性很拘謹，但有時也是滿三八的。也許是想知道她有多三八，我便試著鬧她一下：摘了很多的小花，想插滿在她的頭上。

我把遮陽帽抓在左手心，右手則忙碌地搜集土坡上的小黃花，小黃花很嬌小，看起來很有氣質，但是非常脆弱，需要兩手輔助，才能穩固地插在頭髮裡。我忙著來回奔跑，摘花、抓帽子、拿花，還要把花插在 *Marijana* 的頭上。等到終於忙完，*Marijana* 的頭上終於布滿小黃花，她說：「好啦，謝謝你 Joyun！」然後我們拍了一些照片做紀念。她沒有生氣，但似乎也不覺得好玩，我才驚覺自己實在太無聊了，而且好像很失禮。正想說糟糕玩過了頭，連忙把手上的遮陽帽整理戴上，速速逃去看烏娜河，才發現，這根本不是我的帽子！

我一陣驚慌，我的帽子呢？怎麼會變成這個？這是誰的？

這時 Marijana 跟 Vladan 大聲問我：「你是不是在找這個啊？」

他們的臉充滿笑容，像父母在看小孩胡鬧的那種笑容。他們說，從我開始玩插花遊戲後，就專心在自己的世界裡，帽子亂丟，經過 Marijana 身邊還隨手拿走 Vladan 的帽子，而且一直抓著，沒有放開，忙到結束。

太丟臉了。

他們一直笑，我趕快去把自己的帽子拿回來，並且把頭埋進帽子裡。

我完全打開了心房，在他們的面前。

等到所有人都到齊了，等到所有人都看夠這一面的烏娜河，準備離開的時候，我特別把大家都集合起來，並且一一指定誰要站在哪裡、誰要往哪邊看，再叫西班牙 Daniel 到我指定的地方、用我指定的角度、拍我想要的畫面。

我們錯落地站成一橫排，烏娜河部分的水痕流竄在我們其中，主要的支流在後方閃爍。有人站在溪水上，有人站在石頭上，有人站在土坡旁，有人遠遠跑過來一站，只看到一顆頭。

時間｜二〇一七年，初夏

地點｜烏娜河中之島——兩國交界的中央

結束採訪回到巴黎後，我常常看著那張大合照發呆。那個時刻，雖然不是影展期間裡最快樂的時刻，但卻是最難忘的時刻。快樂也可以分等級嗎？有最難忘的？也有最快樂的？真是奢侈的問句啊。

最快樂的時刻是在影展的最後一天，我們踏上一座河中之島，一座在河面上突然隆起的迷你小島。我們撐著船，從一岸跨進河裡，在河中間停下來，看向另一岸。

河中之島，在烏娜河裡，在兩國交界的正中央。

我們先在河中之島野餐、彈吉他唱歌、曬太陽，烏娜河就像是一個人，而我們到她家拜訪。然後，像是得到烏娜河的允許，我們恭敬地從河中之島慢慢下水，順著水流，或逆著水流，感受她迎來的方向，感受她在每一顆石頭縫隙前進的步伐，我從此愛上在河裡游泳。

在河中之島的我，情緒非常高昂，身體每一個細胞好像都在開懷大笑，大口大口地喝著烏娜河水，大口大口地吃著陽光，那是最快樂的時刻。拍下那張大合照的快樂比不上河中之島，可是在生命的倒數第六天，我卻最想念它。它是那樣令人難忘，一瞬即逝，像一顆水滴，從遠遠他方被推到我面前，然後，又被推到不知何處。

離開克羅埃西亞單車生態影展後，我跟西班牙 Daniel 和 Marijana 一直聯絡至今，與其他人則逐漸失去聯繫。有的人還是一樣，繼續辦影展、繼續拍片、繼續參加其他的影展；有的人改變很大，尤其是教我辨識波士尼亞流行音樂的三位克羅埃西亞高中少女。她們一個離開家鄉去了德國念書，開始遊歷世界；一個隔年就結了婚，在烏娜河旁舉辦盛大的婚禮；最年輕的一個，本來最粗魯、最叛逆、最男孩子氣，後來竟然當選了科斯塔伊尼察的小鎮小姐，每天都貼出笑容可掬的選美照。

有的人不再回信給你了，有的人隨著你沒在臉書按讚之後，演算法讓他消失了蹤影。

不用那麼貪心。

那樣難忘、那樣快樂、那樣真心的回憶，就像是河裡的一顆水滴，在二〇一七年的烏娜河畔，我曾經遇見過。

倒數五天

祕密基地

時間——二〇一七年，夏末

地點——法國，巴黎

我不太敢繼續寫下去，這本書其實在二〇一七年夏天過後就要放棄、撐不下去了。窮到發麻，法國銀行的存款帳戶常常沒有錢，更常變成負數。負十三歐（-13€）是最常出現的數字，可見十三在西方真的不是一個好數字，不知道有多少次，每次都是負十三歐。做劇場服裝設計的朋友對我說，負十三歐算什麼，他們那一行每次買布，如果收入趕不上，卡一刷過去就是負一百歐起跳好嗎！

哈。

唉。

五十步笑一百步。

錢之外，讓我真正想放棄的原因，是我發現「追尋理想的生態紀錄片」的這個想法是一盤死棋，是一場僵局，是不可能扭轉的現實。我看到了最有錢的生態影展，也看到最窮的生態影展；我看到最商業的生態電影，也看到最獨立的生態電影；我看到最討好奉承的生態故事，也看到最無拘叛逆的生態故事。

我，似乎發現了一件事。

電影，不管是不是在講生態，從一個念頭到一道可播映的光線，這之中的距離，始終在為一個難題奮戰：這部片，到底是給觀眾看的，還是給導演看的？到底是要讓出資者突破票房？還是要讓創作者突破自己？

每一次在影展現場，我都會不自主地靠近自己喜歡的導演，訪問他們，跟他們聊天。漸漸地，我發現自己喜歡的大都是創作型的人，擁有很重的作者特質。他們跟我一樣，也窮到發麻，影展其實是他們人生最榮耀的時刻，榮耀過後，他們也要接一堆與創作不相干的工作，才能活下去。

所有人都必須身兼多職。當大家介紹自己時，都會很快地告知對方，我這部片是爲了賺錢，還是，我這部片是在做作品。

也許有能將兩者合而爲一的人，但那是一種特殊的人格，這種個性不是中庸，而是他的價值觀本來就在兩者之間，可以洞悉這個世界所需要的，然後再將自己的觀點捏成適合的形狀，放進去。這種話聽起來非常合理，大家都這樣做不就好了嗎？但非常可惜，本性難移，有些人就是只能沉浸在自己的世界，或是有些人的自我感性總是多於外在理性，那就沒辦法做到。

也許就是我。

我活該被社會淘汰。

我以爲是台灣的環境困住我，以爲是台灣的文化不適合我，所以我必須出走，但爲什麼到了國外，不管在西歐還是東歐，人性竟然都差不多。所有三十歲左右的導演，都努力在這個荒謬世界裡打滾，一邊生氣一邊無奈地將自己最初的想法打折、扭曲，然後做出一個讓上位者點頭的東西。除非那個審查者就是你，你得到了百分百的自由，但你必須自籌拍攝資金，你必須自覓宣傳管道；或者，好吧！你不再管主流市場了，你走影展這條路，你走遍全世界大大小小數不清的影展，總會有一個影展欣賞你、頒獎給你，讓你能在履歷加上一筆得過什麼獎的資訊，讓未來的出資者對你多了一點信心，多了一點「因為這個社會喜歡你，所以你的東西可以相信」的肯定。

要這麼悲觀嗎？

我一邊思考著這些問題，一邊在清晨五點出門，今天民宿客人的班機很早就抵達巴黎，老闆同意讓他們先進房放行李，然後出去逛逛，等我打掃完後再回來。我應該昨天就去打掃的，但因為剛從影展採訪回來，長途跋涉，很晚才到家，真的太累了，所以想乾脆延到今天一鼓作氣地完成，還好民宿老闆同意，她能體諒我兼顧追夢與追錢的必須。

民宿老闆是一位大我十歲的台灣女性，到巴黎尋夢學習珠寶設計，之後更跑去義大利進修，最終如願在品牌店裡當珠寶設計師。

這間民宿主要接待從台灣到巴黎觀光的年輕人，或是想省錢的中年人。年紀再大一點的，或是想要享福的人不會來，畢竟是沒有任何服務又必須爬樓梯的套房民宿。

民宿老闆是天蠍座女性，天蠍座女人真的很猛，既漂亮又專注，只要設定好目標，便一針直下，毫不猶豫，誓死捍衛她想要的事物，無論是事業或是愛情。民宿老闆在結婚生子後，決定放棄她的珠寶設計師工作，用存款買下這間小套房，精心布置成民宿，做起台灣人的生意，一邊賺點外快，一邊把房子的貸款付清。幾年後，爲了讓小孩擁有更開闊的成長空間，搬到距離巴黎兩小時車程的里昂，生活較愜意。

這間民宿是她希望仍與巴黎保有一點關係的角落。她每隔一段時間就會從里昂回到巴黎，主要處理民宿事務，或是發展其他事業，對於她的個人隱私，我從來不多問，我知道她是很聰明的女人。

我們偶爾會相約在民宿旁邊的咖啡廳，她會交代我一些民宿的事情。我想她覺得我很乖吧，有時也會跟我分享她剛到巴黎時的經驗，和她努力當上珠寶設計師的種種回憶，鼓勵安靜的我。「唉呀！我的那些器材都已經舊了，堆在那裡，又捨不得丟掉，當初都很貴，努力存錢買的。」「沒關係吧！等你的小孩長大，就可以再重操舊業了啊！或是你先做一點設計，畫設計圖就好！」「心情不同了，現在真的爲了家庭忙到沒空想自己。」

連民宿老闆都關心我的書，不過她不在乎生態紀錄片受到什麼限制，或是有什麼說故事的可能，她就想去大自然玩而已。她比較想知道，去這些國家採訪時，我都在幹嘛？

這才是正常人的邏輯吧！爲何我看不到別人眼中的美景？爲何我往牛角裡鑽？爲何我這樣困住自己？

天蠍座女人拿得起放得下，比起我這個優柔寡斷的天秤座女人好太多了。我一直在衡量，把這個拿上去，把那個放下來，我要讓秤子兩端維持一個精準的平衡，我一直在斤斤計較誰多誰少。這兩個秤子裡面，到底擺放了什麼呢？真的只有理想跟金錢嗎？應該沒有這麼簡單吧。

和民宿老闆的珠寶設計器材一樣，我的攝影器材隨著時間流動，也漸漸變得又舊又慢，有些甚至開始壞掉。每當器材壞掉時，我都很憤怒，不過它們又為何能永生呢？

所有東西都有期限，包括我的生命。

民宿老闆把小小不到五坪的民宿弄得既溫馨又舒適，裝潢雖然不是高級貨，但所有的布置都有意義，我常常一邊打掃，一邊細細閱讀整間套房，每一個擺設都能深刻代表背後的她。打工半年之後，我才發現老闆有經營部落格與粉絲專頁，每一篇文章都寫下她對巴黎和藝術的感觸，複雜地，努力面對。

我在巴黎面對的遭遇，雖然在我的世界裡是驚濤駭浪，但對所有身處巴黎的異鄉人來說，再平凡也不過。每一個人在巴黎的境遇，其實都不只是因為巴黎這座城市，而是那個人長久以來的人生困惑，藉著巴黎，全部釋放。

我的痛苦在於我對台灣生態紀錄片界的不知所措，想到巴黎找希望。之後，我遇到一位來自澳洲紀錄片界的朋友，他沒有要突破什麼，只是想試著在花花世界般的巴黎找到一席之地。他除了做自己的紀錄片之外，也接婚禮攝影或其他拍攝工作，他在巴黎和倫敦有很多澳籍朋友，英語溝通順暢，很快就有新的連結、新的機會。

我不敢告訴他我現在在民宿打掃，我不再拿攝影機了，而是拿菜瓜布。台灣的朋友聽到我的近況也都覺得很奇怪，叫我趕快去接婚禮攝影的案子。「至少還是在拍東西啊！爲什麼不拍了呢？」

說不上來，我的確應該這麼做的，某次陪伴朋友去看婚紗的時候，被一位在巴黎開店的中國老闆詢問能力，他說：「欸！你拍照的，什麼風格？亞式還是歐式？」我聽不懂，婚紗店老闆緊接著又問我的器材、我的經驗、我的價碼，只想殺到更低。不過再低，都不會比在民宿打掃來得低。我爲什麼不願意花時間在那些已知並且確定的幸福呢？所有的新人都笑得那麼甜，我爲什麼不願意幫他們記錄幸福一下，然後把錢賺到口袋裡，讓自己也幸福一下呢？

應該，都是有原因的吧？

當人的固執到達別人無法理解的程度，也許他本人也不知道爲什麼，那是一種身在迷霧走不出來的感受。

巴黎，真的好繁華啊！

所有東西都金碧輝煌，所有藝術都聚集在這裡，大聲叫著：「看我，看我，看我。」

在巴黎說自己是生態紀錄片工作者，其實很荒謬，這裡哪有生態呢？我來這裡找生態紀錄片的可能，怎麼可能呢？從克羅埃西亞單車生態影展回到巴黎後，我才驚覺這個事實，我不僅離生態紀錄片越來越遠，我也離生態越來越遠了。

我爲什麼這樣虛晃時光呢？

我真的一無所獲嗎？

像在克羅埃西亞無意識地踩腳踏車一樣，民宿也提供給我一個喘息的機會，讓我在無意識的清潔工作裡虛晃人生。

民宿老闆往往跟我電話一講就半個鐘頭，只爲了找到讓浴室玻璃看起來更亮的方法，和討論爲什麼有些鈣質水垢就是清不掉呢？又或是廚房裡的不鏽鋼流理台上，爲什麼還是會留下幾道水痕？明明才剛刷過，但是看起來更髒了，客人會以爲我們沒有掃。

一次清晨，當我又趕往民宿幫早到的客人開門時，在街上看到一個穿著連身工作服的黑人，他提著水桶、刷子、菜瓜布，正對著一間公司大門上的金色門把，一次又一次地重複抹拭。金色門把一點也不髒，但是亮還要更亮！我匆匆經過，兩人對看。

我懂他。

我逃避在這些一下子就可以看到成果的任務裡。

沒有拍片的時光，我還是有拍照，我盡量拍底片，這樣才能夠慢得不驚動我那樣站不住腳的靈魂。

我想我要放棄了，但我也不知道我可以做什麼。

我可以打掃，很安靜，沒有人煩我。

民宿工作最大的趣味是：在有效時間內，逐漸研發出一套打掃路線。比如先攻下床位，把舊床單全部抓起來，把新床單趕快包下去，打一打、拉一拉、尾端凹進床墊底下，看起來就會很高級，像在飯店一樣。然後，把所有要洗的床單都塞進大袋子裡，搬到樓下街上的自助洗衣店。老巴黎公寓的樓梯又小又陡，必須先把角度算好，不然就會開不了門、關不了門、轉不了身、下不了樓。巴黎的古人難道沒用過大袋子這種東西嗎？我常常懷疑著。

啓動洗衣機，選好排程，在這裡按鈕，在那裡投幣。四十分鐘！在這四十分鐘內我必須跑回民宿，完成打掃，再衝回來烘乾床單。往返洗衣店之間的打掃步驟很重要！備戰狀態有兩個階段：先是房間，乾的；再來浴室，溼的。

乾的攻略是地心引力。擦拭牆上的畫框時，要讓灰塵彈到地上；清理窗戶底下的窗框時，要讓碎屑飛往窗外；整理廚房裡的櫥櫃時，每一個動作都要從上而下，讓不知道是什麼的小東西掉出來。最後，用吸塵器一網打盡！每次聽到吸塵器發出稀哩呼嚕的聲音，就覺得很有成就感。

溼的策略是絕不重來。每到這個階段，就要特別注意下半身。如果是冬天，我會脫掉外面第二層褲子，將剩下的內搭褲捲到膝蓋以上，才不會被水沾溼。如果是夏天，就直接脫掉褲子或裙子，穿著內褲打掃。

剛開始擔心只穿內褲會被鄰居偷看，還花時間關窗、降下窗簾遮起來，但之後發現這樣做不僅無法讓地板透氣風乾，最後還要再重新布置窗簾。想想，被鄰居看到內褲又怎樣？送你們囉！想看就看囉！

我通常會從門口開始擦，路線要規劃好，不能擦已經擦過的地方，木頭地板是個有點詭異的材質，在未乾的情況下，只要赤腳踩過，就會留下腳印，爲了避免到底有沒有打掃的無聊紛爭，還是謹慎一點好。接下來，我會陸續擦完廚房區、吧台區、床鋪區，到最後剛好擦到浴室時，就順勢開始打掃浴室！

民宿面積雖然很小，但每個步驟都經過我精心實驗，非常滿意。不過，一年半以後，當我要離開時，本來想好心傳授方法給下一個人，對方卻聽得一愣一愣，追不上我的敘述。嗯！我想每個在這裡打工過的人，都擁有自己專屬的祕笈吧！

浴室清潔是最煩人的地方！因爲民宿老闆超級在意，但其實很簡單。

首先，要瘋狂地用防黴噴霧將淋浴區噴一遍，把那些看不到、我懷疑根本就不存在的小黴菌們全數殺死。

在等待它們被殺死的時間，我便開始清潔洗手檯，將檯面跟洗手槽全部噴上清潔劑與除鈣劑，整個刷洗一遍，在這個過程中，我的上衣往往會被噴溼，更別提這些水會跑到地上，不僅兩腳會弄得溼答答，地板磁磚也會又溼又滑。有時我懶惰，抹布擦一下就結束了；但如果知道老闆下個禮拜又要回巴黎，就會認真地用清潔劑加水刷洗一番，我不懂巴黎洗手檯下的地板爲什麼不挖個排水孔，每次放進多少水，就要拿出去多少水，一堆泡泡，抹布來來回回擰了又擰，至少要清五個回合，相當煩！

最後一關是淋浴區。開始前，我都要先出去吧台喝個水，坐一下，喘個氣。此時，木頭地板的溼氣大概已經乾了。喝完水後，我會拿出一個小垃圾袋，戴起手套，準備把淋浴區排水槽內的毛髮弄乾淨。

民宿老闆不知道哪來的技術，將排水槽做了一個特殊的小型施工，很像安裝一個小飛碟藏在排水槽裡，小飛碟能讓水流出去，毛髮留下來，阻止水管堵塞。

滿聰明的，但，真的超噁心！跟小飛碟見面前，我一定要先休息，才有足夠的勇氣清理。

入住民宿的多是女客人，小飛碟裡的頭髮總是纏纏繞繞的，很長，清的時候常常很難拉出來，又很難放進垃圾袋，黏黏糊糊地卡在手套上，真的好想吐。最難忘的一次，是一位男客人單獨來住宿，本來心想這次總該輕鬆點了吧！哇！結果他的頭髮竟然塞滿了小飛碟，是所有客人裡留下最多的！我當時還驚訝地叫了出來，心想他之後可能會禿頭吧。

在民宿工作時，我都會想到朱少麟《地底三萬呎》裡的一個角色——帽人，一個收破爛的邊緣人。他因爲接收整座小鎭的垃圾，變得很會從垃圾去了解一個人的生活與爲人。

垃圾，真的留下太多祕密了。

我清理過不同類型的客人住過的房間：喜愛採買名牌的小姐，留下許多大型紙袋和紙盒，害我得一直拆一直折才能搬下樓送去資源回收；經營美妝團購的人，留下好多試用品，整整齊齊地排在梳妝台上，要送給我嗎？還真不錯，有的很高級，我到現在還沒用完呢！

比較好玩的是某次客人離開時，留下一條日文字樣的保養品，我猜應該跟洗臉有關，包裝非常漂亮，捏一捏裡面量還很多，我就好心地放在浴室，留給下一組客人使用。但經過兩、三組客人退房後，竟然都沒人使用那件保養品，想說怎麼這麼沒銷路？拿起來再看一下，啊！才發現這是情趣潤滑液，赫然想起那組客人好像是一對很有型的男同志！

哈哈！雖然不是愛情賓館，但是有這麼貼心的產品，不知道客人怎麼想？

人在巴黎，離鄉背井，民宿工作讓我遇到很多台灣人，有時候很溫馨，有時候也讓人生氣。

有的人東省西省，想要優雅地吃到米其林餐廳，但卻留了滿馬桶的屎給我清。有的人問東問西，嚮往文青咖啡店或是爵士小酒館，但月經卻沾滿床墊和沙發。最煩的是，有人住到一半說房間有問題要我趕過去處理，我最不喜歡這樣，因爲我不想當傭人。

但也有遇過對我滿是稱讚的客人，走的時候還留下歐元給我，說自己用不完給我當小費；或是才剛 check in 放下行李，馬上就拉開行李箱拉鍊，捧出一大盒鳳梨酥送給我，說我一定很想念台灣味吧！

什麼人都有。

清完小飛碟以後，我就會把淋浴拉門關上，進入全面潮溼的階段！我開始瘋狂地刷牆、刷地板、刷拉門，泡泡一球又一球地淹滿我的腳，有時候我刷得太過認真，會重心不穩地滑倒，甚至出現要摔不摔的滑步，滿蠢的，有時候自己還會笑出來。淋浴間很狹小，笑聲產生迴音，有一種特別的感覺，說不出來是孤單還是什麼。

如果這裡是自家浴室，當把泡泡沖乾淨，等水退去，其實就可以收工了，但爲了服務客人，就必須達到亮晶晶的程度，我覺得非常無聊。

我曾和老闆研究過好多種方法，到最後發現這樣最有效：先拿塑膠刮刀，用力把水刮掉；然後，拿一塊布，把表面的水吸乾；最後，出動一塊標示「細纖維」的布，搭配穩潔，單一方向地擦拭磁磚、玻璃、把手、不鏽鋼邊條，達到毫無水痕的透亮。但不知道爲什麼，我時常在最後的打亮階段，不小心推到水龍頭開關，水就會「嘩」一下地沖出來，一切弄溼重來，我總是被自己嚇到大叫，然後開始自言自語罵自己。

想起來其實都滿好笑的！

我竟然會在倒數第五天，鉅細彌遺地寫下清掃民宿的細節，想必是很爲自己驕傲吧！當我最後一次工作時，還帶了兩台攝影機與腳架，從各種角度，把這些厲害的招式拍下來！

然後，又在最後一個步驟不小心推到開關，淋了自己一身，錄下自己大叫的樣子！

雖然做的盡是這些勞力工作，但習慣以後，我常常在清潔時想事情，想我的書要怎麼籌到錢，想我的人生和未來，或是，慢下來，告訴自己不急著弄完，反正做一整套（接待客人 check in、打掃、送走客人 check out），全部加起來就是六十歐元的酬勞，我盡量在六小時內完成，保障自己仍是在巴黎基本時薪的十歐元就好。其他時間，我其實非常自由，在那個空間裡。

天氣很冷的時候，我會把暖氣開到最強，一邊伸手取暖，一邊看窗外的藍天，雲在上面飄，很漂亮。天氣暖和的時候，我會倚靠在窗邊，吹著天井裡的微風。整棟建築是個「回」字，每一層圍著六個住戶，古代的門房住在正中央，但現在那裡也租人了。民宿老闆在窗台種了一些很堅強的植物，我好像從來沒有澆過水，但它們都活得很好，有時候長新芽，有時候開小花，很可愛。

民宿工作其實給予我一種私人的空間感，它不屬於我，但又好像屬於我。

我在這邊暴露了我的身體，也暴露了我的心情。

剛從影展採訪完回到巴黎，往往是我情緒起伏最大的時候，感覺自己像是過了午夜十二點的灰姑娘，變成一個只會打掃的人。不管採訪順不順利，我似乎都有理由在民宿裡嘆氣，有時太傷心，我會一進門就躺在床上哭。

這張床，不知道躺過多少對巴黎充滿期待的客人呢？

我曾經也是這麼期待巴黎、這麼喜歡巴黎的人，但我現在卻被它擊潰，全全然然地被擊潰了，只能躲藏在民宿裡。

在反覆刷洗的工作中，耳朵裡常會響起很多在影展裡聽到的話。

參加匈牙利格德勒自然影展時，有位來自俄國莫斯科的女導演 Virginie，很不認同電視紀錄片的拍法。她說：「旁白一直說一直說是爲什麼？畫面自己會說話，不用講這麼多，這樣不是藝術。」

我很喜歡 Virginie 的電影風格：穩定、冷靜、不急不徐、理性分析。她拍俄國偏遠山區裡的青少年，努力用自己的力量修復廢墟、種小麥、做麵包，開車送到山裡僅剩的一些人家，努力發展地方觀光，吸引俄國人來拜訪傳統文化。Virginie 的紀錄片好美，她甚至也有接時尚服裝主題、博物館展覽主題的案子，她沒在分生態不生態，拍片對她來說都一樣，都是她的作品。

第一次見到她是在匈牙利影展的 VIP 帳篷裡，一群無趣衣著的男導演中，卻出現一個帥氣的女生，戴著俏皮的黑色禮帽，穿著中性西裝小外套、八分西裝褲，露出腳踝，踩著螢光橘色運動鞋，有夠搶眼！我走到她前面，忍不住一脫口就說：「你好酷喔！」像是一個傻學妹崇拜著學姊。Virginie 笑嘻嘻地說，她覺得這樣穿很好玩。

之後跟她越來越熟才知道，她爲了找尋自己的風格，在電視圈工作一陣子之後，又跑回學校念藝術，然後，開始創作影像。專注，毫不懷疑自己。她看起來那樣新潮，卻已經是兩個小孩的媽，先生就是她的攝影師，兩個人因爲拍攝工作，常常帶著小孩到處旅行和探索。

我們在影展期間各自看片，然後互相討論，她喜歡就喜歡，不喜歡就不喜歡，喜好分明，像她的服裝風格那樣簡潔有力。如果遇見令她非常感動的作品，她會毫不吝嗇地給予讚美，她會跟我說：「喔，那一幕，真的好美啊！你有機會可以看看那個導演是怎麼描寫情感的。」寫到這裡才想起來，她雖然穿著一身黑，可是那雙大眼睛裡的光，是不是就像她那雙螢光橘色運動鞋呢？在那樣的正式場合裡，驕傲地穿上螢光橘色運動鞋，代表著什麼樣的堅持與不妥協呢？

受到 Virginie 影響，我有一陣子很在意自己的穿著，因為我想要跟她一樣，充滿自信地追逐藝術！我會刻意穿得很漂亮來民宿打掃，然後看著浴室鏡子裡的自己說：「我只是來賺錢，我還是沒有忘記我想做的事情。」

我也在民宿裡回了很多克羅埃西亞朋友的 WhatsApp 訊息，甚至毫不避諱地拍下我包好的床單、發亮的浴室、整潔的民宿，傳給他們看，並開玩笑說我現在很會打掃，快來聘請我。他們是唯一知道我在民宿工作的人。

清潔結束後，我會趕快跑回自助洗衣店，把洗好的床單用力拉出來，啊，真的好重啊。然後將床單扛到旁邊的烘衣機裡烘乾，八分鐘一歐，我會讓機器轉三個回合，利用這二十四分鐘去附近的高級超市，購買要給客人喝的茶包、用的衛生紙、不同規格的燈泡，以及更多的清潔用品。如果時間還夠，我會在高級超市裡逛衣服、試穿，覺得自己很漂亮，然後再放回去。

我不會在高級超市旁邊的麵包店裡買千層派，因為那裡要賣三歐元，但如果回到民宿小巷裡的麵包店，那裡的千層派比較大，但只要兩歐元。我每次買都覺得自己好聰明！有時候我買千層派，有時候是閃電泡芙，有時候是可頌，有時候是巧克力麵包。

當一切都結束後，我會帶著麵包，扛著熱呼呼的床單上樓回民宿，折好放進櫃子，一切就緒，等待客人大駕光臨。

客人來 check in 的時間不一，有時候很快就到了，一切都很趕，當然也不會買麵包吃；有時候很晚才來，那就是我最喜歡的時刻，我會把剛剛買來的麵包打開，小心地吃，避免掉出麵包屑，犒賞自己。然後，拿出電腦和資料，繼續沉浸在我的寫書夢裡。

我好像清楚記得哪一個月分，又或是哪一個階段，在民宿等待客人的時間裡，我做了什麼。

訪問完匈牙利影展後，我在民宿裡研究匈牙利的歷史，尤其是奧匈帝國茜茜皇后的故事，似乎是坐在地板上查到的。訪問完克羅埃西亞影展後，我在民宿裡研究前南斯拉夫的歷史，分裂後的國家到底是哪些、它們的相對位置、它們分裂前後的差別在哪裡，好像是站在吧台旁做筆記才終於搞清楚的。

之後，我竟然去了德國當影展評審！時間很趕，我利用客人來之前在民宿看影片。我設計了一種評分表格，用分項百分比以示公正，獎項爲海洋教育獎，總共有四部決賽電影，我反覆比著，還發表了第四名到第一名的評語。決審前，我寫信和其他評審討論，他們一個是生物教授、一個是綠黨政客，我用我認爲聰明的單字，說聰明的意見，覺得自己真是個有用的人。

比較可惜的是，某幾部電影裡的人物訪談講得好快，我看了很多次，還是有些細節不太懂，寫信去要英文字幕，被對方覺得很奇怪，爲什麼要有字幕？聽不懂英文嗎？收到信時，民宿客人即將抵達，心裡覺得不太高興，但又要對客人笑，有點累。

之後，我去了塞爾維亞綠色文化影展（International Green Culture Festival GREEN FEST），和一個讓我太過衝擊的法國影展。再之後，我竟然又開始拍紀錄片了。我利用民宿不用上班的時間衝去瑞士拍片，交到朋友，證明自己，然後又回到民宿打掃。再之後，臥病已久的奶奶去世了，我向民宿老闆請假趕回台灣，她馬上答應我，找了自己的朋友代班。當我回到巴黎復工時，她甚至多給我二十歐元表達慰問。再之後，我逐漸開始在巴黎接案，每次跟業主約時間開會，如果遇到民宿有班，我都會說我有事情，但不會說我要去民宿打掃。

我又開始化妝，我又開始拿攝影機，但是，我還是會回來打掃，接待客人，送走客人。

民宿陪伴著我在巴黎的成長，直到二〇一八年的春天，台灣文化部選中了這本書的企劃，給了我十五萬的創作補助，這本書真的有機會完成了，最後的四個影展就在眼前，等著我去，我才向民宿老闆提出辭呈。

離開前那陣子，我常在民宿錄影，甚至邊錄邊介紹民宿，發表心情，那時的我，不知不覺地又回到喜歡創作的自己。

民宿從來沒有欺負我，我也從來沒有辜負它，它是我在巴黎的祕密，也是我的祕密基地。

我和民宿老闆最後又在咖啡廳見面，把鑰匙還給她的時候，我說了很多感謝的話，並且深深地抱緊了她。

我想在那個時刻，我也抱緊了民宿。

倒數四天

海邊的鬣狗先生，以綠之名

倒數四天之一——海邊的壞人

時間｜二〇一八年，以綠之名影展第二天（頒獎典禮前一天）
地點｜英吉利海峽

Till 雙手握拳，坐在電腦前，沒有辦法拿滑鼠，也沒有辦法看螢幕。他低著頭，眼神渙散，反覆地說：「怎麼可以這樣？哪有人這樣？」桌上有一張紙，草率地寫著決選名單，我尋著片名，在影音資料庫裡點開檔案，電影播放，映照著兩個失落的人。

我們在法國北方的一棟別墅裡，窗外是英吉利海峽。Till 脖子上掛的名牌寫著「德國基爾海洋影展（CINEMARE Int'l Ocean Film Festival Kiel）主辦人」，我的則是「台灣生態紀錄片工作者」，我們是國際評審，正進行最後決選。當時的我們終於知道，這是個醜陋的生態影展。

我曾經很害怕說出這段回憶，擔心它會影響我在法國職場上的發展，但是寫到今天，如果我的生命只剩四天，難道就這樣算了嗎？就算不講，法國社會裡也沒有我，唉，還是容許我不寫出真實名稱，就稱它為「以綠之名影展」吧。

該怎麼寫呢？很多事情我不記得了，遺忘是最好的保護機制，當人沒辦法承受失望時，最好的方式就是遺忘。記憶裡只有海，英吉利海峽，法國北方，與英國相望。沙灘平直整潔，很長很長，每一步都是度假別墅，聽說這裡是法國右派的大本營，賽馬場、賭場和名牌服飾，應有盡有，又稱做巴黎第二十一區，因爲地產幾乎爲巴黎人所有。

以綠之名影展爲期三天，頒獎典禮在第三天，Till 將全程參與，但我必須在第二天提前離開，因爲羅馬尼亞環境與人類影展（Festivalul International de Film despre Mediu si Oameni）的開幕日與以綠之名影展的頒獎日撞期，我選擇了羅馬尼亞。

羅馬尼亞是我在匈牙利認識 Eva 後一直想拜訪的國家，羅馬尼亞環境與人類影展又以黑海爲主題，非常吸引我，早就被我規劃要寫入書中。相較之下，以綠之名影展與我的書並無關係，它不是10＋1裡面的選擇，我從未想過會寫它，它只是一個我在現實人生裡的工作，所以，當我一知道行程日期，就馬上告知主辦單位我會提早離開。

可惜，我的行程，以綠之名影展的主辦人似乎永遠都聽不懂。

請讓我稱他爲鬣狗先生吧。鬣狗先生是以綠之名影展的靈魂人物，凡事親力親爲。他先用高亢的情緒寫群組信，歡迎評審團，再附上一個影音資料庫連結，所有的入圍電影都在裡面，請大家登入後，在電影旁邊的空格填上分數，便完成任務。可是，對於今年的獎項有哪些？評分的標準是如何？以綠之名影展的精神是什麼？卻沒有說明。

郵件群組名單很長，數不清的評審，來來回回的群組信，沒有人提出問題，沒有人討論電影，只有熱情的打招呼和問好，說著真是太高興又可以參與了。

Till 也覺得奇怪，我們在群組外私下聯絡。

「嘿！他們有跟你講你是短片組還是長片組嗎？你是什麼獎的評審？」Till 問我。「什麼也沒說耶，他只說要趕快進到資料庫給分，但是我按下連結後卻無法登入，寫信去問，鬣狗先生只回覆『太早』兩字，沒有開頭也沒有結尾……」「這個程序很有問題，我這邊有二十部長片，類型都不同，不知道要從何評起。他們似乎沒有做初選，怎麼會這麼不專業？我哪有這麼多的時間看片，怎麼會這樣分配呢？」Till 用影展主辦人的眼睛審視著。

我不知道標準程序是什麼，這是我第二次當影展評審，上一次就是在 Till 的海洋影展，那時的我們非常謹慎，頒獎當天還上台講評，負責到底。雖然心裡覺得奇怪，但我還是在規定時間內完成評分。在按下送出前做最後確認，只求不辜負所有入圍者。只是問題來了：評分就這樣結束了嗎？「影展第二天就會離開的我，有可能錯過最後決選嗎？」我立刻寫信給鬣狗先生，此時距離以綠之名影展開始還有四個月。

鬣狗先生沒有回覆我的問題，只關心我要住幾天，因爲他正在處理訂房程序。以綠之名影展在離影展別墅不遠處，又包下了一座高級飯店，作爲回饋評審的酬勞（評審工作不支薪，也沒有車馬費），群組信裡開始忙碌著房型怎麼選？最後頒獎典禮要吃什麼？

好似一趟員工旅遊。

我回信寫下飯店入住天數，並再次請他注意我只待到第二天，並且是第二天中午，如果需要，請調整決選時間，以免我錯過，整段文字框上粗體字與底線。

鬣狗先生仍然沒有回應我的顧慮，只宣布我和大家都一樣，到影展開幕那天才會知道住在飯店的哪一間。

我是有這麼想住高級飯店嗎？影展還沒開始，我已經出現一種不好的預感。

鬣狗先生的群組信總是充滿直述句。他會在信件主旨寫下：「快點！」打開來看，說就剩你還沒評分了，還不快點。但我其實已經完成評分了啊！好奇怪？再仔細一看，原來這是寄給所有人的催促信，嚇唬用的，告訴大家一定要在哪天前評完。然後，又再一封主旨寫著「救命！」的信。打開來看，信裡說影音資料庫出現問題，所以有些人會看不到電影，沒關係，那就在頒獎那天前趕快看完。這到底是什麼？這怎麼來得及？

我從未見過鬣狗先生，只能從他的字裡行間想像，驚訝怎麼會有主辦人這樣做事？那三年，在與10＋1個生態影展聯繫的經驗裡，大家都是客氣合理、效率行事，從來不會有人用這種方式寫信，用這種方式回信。即便如此，以綠之名影展群組名單裡的人，似乎都不在意。

鬣狗先生給我一種非常熟悉的感覺，巴黎人的感覺，而的確，這個影展是以巴黎人爲主，影展地點雖然辦在法國北方的濱海小鎮，但這只是去租借海景辦活動而已，與當地人、當地文化都沒有關係。是的，我忘記那裡是遙遠的巴黎第二十一區了，迎面而來的盡是巴黎的空氣：集體冷漠，自說自話，絕對沒錯，懶得理你，自己想辦法，還有，滿滿的法文，管你是誰，就算你是國際評審也一樣。

以綠之名影展提醒了我，那些我已經遺忘、急欲逃離的困窘。

在那三年的旅程中，很多人以爲我很勇敢，能以巴黎爲基地，獨自前往那麼多國家做訪問，但坦白說，沒有任何一個地方比起巴黎更令我害怕。寫這本書，說到底是我絕處逢生的自救法，因爲我想掙脫身爲法國次等公民的自卑感，走出去，和大家公平地用非自己母語的英文交談。但，這個自救法，在以綠之名影展不存在。

我不想去了。可是，這份國際評審的工作是Till給我的，他早在一年前就向鬣狗先生推薦我，幫我牽好這條線。他也早就買好從德國飛來巴黎的飛機票，而且，從巴黎前往影展的火車，他的座位還在我旁邊，如果我不去，是不是就辜負他了呢？

時間｜二〇一六年，德國綠色銀幕野生動物影展

地點｜波羅的海

Till是我那三年之中，每年都會見到，不是巧遇，是有計劃想合作的朋友。與其說是朋友，Till更像生態研究室裡面的大學長，比我年長，比我見識廣，比我懂得如何在生態影展界裡生存，或是搏鬥。

和Till的回憶幾乎都是海，各式各樣的海。

最剛開始的海是波羅的海，平平靜靜的海，位在德國北方邊界、靠近丹麥的艾肯弗德（Eckernförde）小鎮。這裡最知名的是沙灘上的雙人籐椅，外型就像太空椅：有屋頂、有坐墊、有踩腳台，遮陽又隱密，看起來非常舒適，海邊度假感十足。德國綠色銀幕野生動物影展的主辦人對我說：「你不覺得這裡就像美國的佛羅里達嗎？哈哈哈！我第一次來這裡時，就想辦影展了！」這是我第一次看到波羅的海，也是我第一次離開法國，開始訪問生態影展。德國綠色銀幕野生動物影展是這本書的第一站，二〇一六年時已經是第十屆。

十年的累積，讓綠色銀幕野生動物影展逐漸茁壯，沿著海邊散步的木棧道上，甚至鋪上該影展的專屬地磚，燙上金字，像好萊塢的名人手印大道一樣。影展期間，只要循著金字地磚，就可以陸續找到四座建築，正依據不同的生態主題放電影。

這是沒什麼好挑剔的影展，生態電影包羅萬象，形式也有各種變化。主辦人以前是拍實驗片的，接受訪問時，會突然瘋瘋癲癲地搞笑起來。不過我看得出來，爲了得到經費，爲了得到艾肯弗德小鎮居民的認同，這十年來他應該做了很多調整。由於他自己就是拍片的人，所以最在乎導演。也因此，綠色銀幕野生動物影展除了放電影給觀眾看，更舉辦許多業界論壇，吸引西歐各國導演參加，大家切磋拍攝技術，或是直接談生意，電視台老闆與投資商都在場，現場更備有口譯，德文、英文同步。總之，一切都做得有聲有色，專業務實。

幾天下來，大開眼界的我已經筋疲力盡，當終於撐到業界派對的那晚，大家更是火力全開、到處交朋友，但我卻害羞地躲在角落，因爲，我不會聊天。

二〇一六年秋天，那是我最菜的時刻，對歐洲一無所知，連對方來自什麼城市都沒聽過，完全不知道該怎麼在公開場合交朋友。只記得自己一直緊緊抓住啤酒瓶，手心都出汗了，或是趕快低頭查手機找剛剛聽到的關鍵字，想知道大家到底在聊什麼。

「台灣人就是很愛用手機的說。」Till 這時候靠過來，用標準的台灣腔中文，笑嘻嘻地跟我說了第一句話。

太驚訝了！竟然可以在波羅的海的旁邊，用台灣國語聊天！

眼前的Till長得很高大，但整個人的顏色卻很淡，這可能與他的髮色和膚色有關。Till總是笑咪咪的，他的笑容很特別，好像看電影到一半突然被暫停，可能是他的眼睛很細長，笑的時候完全看不出會眨眼睛，也可能是他的露齒微笑始終保持在同一個角度，笑容停留的時間很久，然後又不會邊笑邊點頭。第一次看到他的笑容時，因爲好像不會動，我還繼續往上看，注意到他額頭上的頭髮很細，一根一根梳到腦後，紮成小馬尾。

記得當我訪問德國綠色銀幕野生動物影展的主辦人時，他就特別跟我說：「欸，我有一個朋友跟你相反，他去台灣很久了，最近剛好回德國，你們一定要認識一下。」

我與Till的人生像鏡子。他出生在德國，卻喜歡亞洲，定居台灣；我出生在台灣，卻嚮往歐洲，待在巴黎。往東與往西的旅程其實並不平等，我們的人生境遇往不同邏輯發展，身爲西方白人男性的他，在台灣往往會被神化，人們吹捧之餘，也期待他能帶給台灣一點西方魔法，讓台灣人也可以跟德國人一樣強。身爲東方華人女性的我，在巴黎是一個勞力便宜、會煮異國情調料理的外來移民，巴黎人需要我什麼呢？巴黎人想和台灣人一樣嗎？那時候的我不知道，我融入不了。

記得第一次聊天的話題是我們的旅外心情，我說，巴黎人真的好難相處啊。Till說，當然啦，不然法國電影怎麼會那麼厲害，不沉浸在自己的世界裡，哪能創造出自己的風格，你看，像德國電影就沒辦法這麼瘋。聽到時我傻住，盯著他看好幾秒，說不出話。

在之後的三年旅程裡，我一直記得這句話，真的，哪怕我已經逃離巴黎好遠好遠了，遠到人在非洲旁邊的加那利群島環境影展（Festival Internacional de Cine Medioambiental de Canarias）裡，最令我印象深刻的電影，竟然還是由法國出品。

我爲什麼會來巴黎呢？不就希望自己能和法國電影創作者一樣，那樣自由、那樣恣意、那樣無所畏懼地開創自己？

我已經忘了，是爲了寫 Till，才想起來。

Till 應該是最期待我寫完這本書、最祝福我能在歐洲生態影展界好好發展的人。他從二〇一六年開始，一路看著我的變化，督促我成長，當然，我也一樣。

認識 Till 那天，他才剛結束他自己辦的影展——德國基爾海洋影展，第一屆。那是他在台灣待了十五年後，第一次回家鄉辦影展。基爾小鎮與艾肯弗德小鎮非常近，距離不到一小時的車程，無論在地緣或主題上，都跟已經成熟的德國綠色銀幕野生動物影展有點競爭。雖然 Till 也很菜，但他老神在在，穿著基爾海洋影展印製的周邊 T 恤，來綠色銀幕影展宣傳，做公關，開發人脈。

我問他基爾的海也有沙灘跟雙人籐椅嗎？也像佛羅里達嗎？他說基爾是運輸量僅次於漢堡的國際港口，和艾肯弗德的度假氣氛滿不一樣的。的確，一年之後，二〇一七年秋天，我收到 Till 的邀請，再次來到波羅的海，在基爾海洋影展擔任海洋教育獎的評審，那時的我會聊天了，會應酬了，但是當評審的壓力還是很大，我好像每小時都要去一次廁所，很奇怪，不知道爲什麼尿就是一直來。

爲了抒解壓力，我還抽空跑去基爾海港，想看波羅的海放鬆一下，沒想到港邊竟然停滿一艘又一艘的郵輪，它們矗立著，好大一棟，幾乎塞滿了我的視線。這是船嗎？還是漂浮在海上的城堡？

巨大、豪華的海上城堡，應該有八層樓吧！每一層的陽台一直伸出來，不知道是想看海，還是想被海看？每個陽台裡放著兩張海灘椅，一樣是雙人雅座，卻比在艾肯弗德的沙灘上更爽，因爲景致會移動啊！移動的海上城堡，從德國出發，將圍繞著波羅的海順時針繞一圈，沿途經過丹麥、瑞典、芬蘭、俄國、愛沙尼亞、拉脫維亞、立陶宛、波蘭，然後再回到德國。

波羅的海是內陸海，我想像這十個國家的人民，如果全部走向大海，站在自己國家的邊緣，波羅的海，將會被數千數百萬個人類身體給包圍吧。

被人類包圍的海，是什麼海呢？

時間｜二〇一七，德國基爾海洋影展

地點｜地中海、挪威海與北大西洋

因爲 Till，我看到了很多不一樣的海。

Till 主辦的德國基爾海洋影展到了二〇一七年，才第二屆，沒有包袱，放映數不盡與海洋有關的電影，好多可能。

我很喜歡 Till 選擇的短片，有的很奇幻，一部逐格動畫短片，講一隻本來在冰箱裡很無聊的魚，當牠被人類從冰箱裡拿出來後，就開始開心地歌唱，唱義大利歌劇，從優雅的序曲開始，到放在熱鍋上，隨著炸油噴濺激昂高歌，唱到最高潮時，被起鍋盛進盤子裡，人類一口吃掉，歌聲乍然而止；有的很詭異，一部結合實景和漫畫的短片，講一隻螃蟹怪獸的復仇記，牠從海邊崛起，滿腹的計謀，準備一關一關殺光人類，每成功一次，牠的身材就變得更大，最終成爲超級螃蟹王。

搞笑、搞怪之外，在影展的重要場次裡，Till 也選了很多難民或移民題材的電影，故事都發生在地中海。

一部在地中海北緣，夏日的法國南部沙灘，躺滿整片曬日光浴的人。突然，一群難民大舉上岸，他們壓低身體，像蟑螂那樣快速爬行，撞翻躺椅、撞翻雞尾酒杯，衆人亂成一團，像是戰爭現場。

一部在地中海中央，小型遊艇上，一對瑞士夫妻正將帆布收起，準備夜宿海上。此時，黑暗的遠方突然漂來一艘逃難船，船就要沉沒，滿船的難民正嘶聲求救，夫妻倆嚇得逃進船艙裡，不知道要救還是不救？

一部在地中海南緣，阿爾及利亞的港邊，一位計程車司機正在背義大利文單字，他夢想有一天能像他所有的客人一樣，搭上郵輪，從阿爾及利亞的這一端，跨越地中海，去另一端的義大利，當一個不一樣的人。

一部在地中海東緣，巴勒斯坦的盡頭，加薩走廊，一群穿著連身防寒衣的人正在奔跑，有老、有少、有男人、有不顧社會禁忌的女人，他們將衝浪板舉高頂在頭上，穿過炸碎的大樓，越過暴露的鋼筋，用力一跳，跳進地中海裡，在已經半毀的城市裡，快樂地衝浪。

基爾海洋影展雖然以海爲主題，但電影裡始終是人，人是配角，順應著海、順應著自然，努力地活著。人與自然種種多變複雜的關係，在每一部片裡展開。

我沒有這樣看過海。

海不只有水，不只有浪，不只是藍。海看似平靜，卻不停移動；海遇見了很多人，比溪去得更遠、挖得更深；海真的漂洋過海，在每一站停留又離開；海周而復始，海浪如步伐，走向每一洲、每一塊的土地，在以地球為名的世界行走。

海，原來是這樣的海。

總是微微笑的 Till，原來是這樣看著海。

在基爾海洋影展期間，Till 總是非常忙碌，我們沒有時間聊天，但我因為他的選擇而更認識他。當年有一個獎項叫「海洋與人」，競爭非常激烈，評審 Lisa 和我聊天時，說有部《島與鯨》（*The Island and the Whales*）是遺珠之憾，雖然輸給那部加薩衝浪客的片，但實力仍然相當堅強，我非常同意。

《島與鯨》是我那三年旅程以來，心中前幾名的作品。它談的是全世界都反對的捕鯨議題，但導演卻不加批評，反倒深入捕鯨人的家庭，靜靜地看他們生活，靜靜地聽他們說話，靜靜地看他們吃下鯨魚肉。

故事場景在法羅群島（Faro Islands），電影一開場的畫面就是黑，很黑很黑的海，隆起一座很黑很黑的島，四周什麼都沒有。看電影時，我一直搞不懂它到底在哪裡，只強烈地感受到孤寂，於是暫時用遙遠的冰島去記憶。但其實法羅群島離冰島還有一段距離，它隸屬丹麥海外自治區，英國與冰島之間，在挪威海與北大西洋之間。它與任何陸地都相隔遙遠，孤立於海上，地質不適合農耕，居民以海維生，鯨魚和海鳥是主要食物來源。吃海鳥還好，因為數量太多，和吃鳥、吃雞的視覺感很像，並不引人注目。但吃鯨魚就不一樣了，獵捕鯨魚的方式、宰殺鯨魚的方式、烹煮及最後食用鯨魚的方式，讓法羅群島以外的整個世界都暴跳起來。

鯨魚的血，湧進沙灘，湧進海灣，《島與鯨》的故事開始於殺戮現場。

島民先是熟練地駕駛小艇，快速用團體戰將鯨魚團團圍住，逼迫它們上岸擱淺，然後，全村總動員，人手一刀，各式大小型號。只見一群小小的人類，就這樣萬衆一心地撲向大鯨魚，跳上去、爬上去、徒手切斷鯨魚背上的主要血管與神經。動物變成獵物，死亡；屍體成爲食物，全村共享。

每一個步驟都快狠準，效率是人類智慧的累積，大量的鯨魚血噴在人的臉上、手上、腳上，到處都是，潮溼的血、濃稠的血、乾涸的血、厚重的血、濃烈的血，伴著浪，在挪威海與北大西洋裡拍打著，畫面已不再是黑，而是低沉的血紅。

我在想，如果鯨魚的血不是紅色，不像人類的血液顏色，而像昆蟲、蜘蛛的體液，像蝸牛、花枝的黏液，或像花朵的汁液，像樹幹裡緩緩流出且會凝固的樹脂，我們會如此感同深受嗎？我們會感覺得到痛嗎？

導演緊接著將故事導進日常，我想他一定花很多時間深入當地，因爲所有人在鏡頭前是那樣自在，毫無防備，暢所欲言，甚至藉著鏡頭大聲說出真心話：「爲什麼不能吃鯨魚肉？我們世世代代都這樣吃啊？鯨魚肉真的很好吃啊！難道要每天吃海鳥嗎？我才不要。」

有些辯論讓人很難呼吸。

「這是我們祖先留下來的智慧，這是我們法羅群島與鯨魚的關係，爲什麼變得罪惡了？國際商人打造超級市場，讓不屬於這裡的食物遠渡重洋運到冰櫃裡存放，耗費資源、耗費電，並且永遠賣不完，我們根本不需要啊！我們只想像祖先一樣，吃家附近的鯨魚，我們一年捕一次，整個村莊分享著吃、珍惜著吃，沒有一絲浪費，到底什麼才是對自然友善？」

有些正義卻讓人遲疑了。

國際知名的保育團體——海洋守護者協會（Sea Shepherd Conservation Society）也在片中出現，先在當地召開國際記者會，反對法羅群島繼續捕鯨，再來便直接出現在捕鯨現場，阻撓獵捕行動中的島民，用自己的肉身護住鯨魚，不讓任何人靠近。像是守著人類的文明。

導演用特寫鏡頭慢慢地拍攝兩組人馬，好像在對照動物特徵一樣。海洋守護者協會成員穿著酷炫設計、印有協會 Logo 的厚帽 T 恤，成員多爲女性，畫著煙燻妝，戴著金屬耳環、合身牛仔褲、細高跟鞋，用優美的修辭抗議，充滿教育氣息，普世救濟。法羅群島當地代表則戴著髒兮兮的毛帽，身上是毫無設計感的厚織毛衣、防水的橡皮漁夫褲、雨鞋，多爲男性，說著土裡土氣的粗話，卽便生氣了，連捍衛自己的論點都讓人覺得傻呼呼的。

我相信像這種對立的場合，在法羅群島的現實生活裡一定出現過好幾次，但導演只挑選畫面上最衝突的一次放進電影，對聰明城市人與野蠻鄉下人，開了個意識形態的玩笑。

壞人，到底誰才是壞人呢？

電影裡有一個科學家角色最令人玩味，他是法羅群島當地人，也是研究鯨魚體內重金屬含量的教授。他證實，法羅群島的鯨魚因爲受到全球海洋汙染，鯨魚肉裡的汞含量非常高，人如果吃下肚，汞會存在體內無法排出，將對腦部造成永久性的傷害。片尾，最主要的受訪者與他的小孩收到檢驗報告，他們身上的汞含量已超過高標，被建議停止食用鯨肉以維護自身健康。

無言鯨魚，是非對錯到底該由誰買單？

Till 的基爾海洋影展代替我說出很多心裡話，我曾經想過什麼是最理想的生態影展片單，應該就是這樣了吧！人與自然的關係是如此複雜，你必須細細地看著它。

我在 Till 的影展裡學到很多，也許是我擔任評審的表現還不錯，後來我們開始結伴去參觀一些生態影展，也會不時交流生態電影的資訊。Till 總像模範生，永遠保持微笑，永遠不道人長短，永遠維持最佳狀態。他會在參加活動前刷牙，把名片整理在最容易拿到的口袋裡，順好全身衣著，平直、無皺痕、得體，每一道線條都非常精準，不會有多出來的支線。我常常觀察他，再對比自己，我怎麼會這麼慌張，一下忘記帶手冊，一下又要補帶一件外套，然後，名片攢到包包底下了，邊走邊掏好久才拿到。

我對 Till 總有一種敬畏之心，或一種壓力，希望自己能像他一樣專業。但與他對話時，我還是會不小心暴露出自己的害怕、擔心、無助、憤怒、懷疑，但 Till 從來不會爲之起舞。當我和他越來越熟之後，我有時會故意激他或是探問他的隱私，爲了想挖出更真實的 Till，不過，他總是聞風不動，我僅是順著溜過那道白開水般的水流。

直到在英吉利海峽，我才終於看到生氣的 Till。

時間｜二〇一八，以綠之名影展第一天（頒獎典禮前兩天）

地點｜英吉利海峽

「你去哪裡了？他們一直說法語，然後就給我這串名單，這是什麼？」以綠之名影展的第一天中午，Till 便皺著眉頭對著我說。我們腳下的紅地毯非常厚，頭上的水晶吊燈閃閃發亮，以綠之名影展的別墅場地很高級，規劃出很多交誼空間，但只有兩個小小的放映室。

「喔？我在這間看電影啊！我剛剛還認識了一個義大利導演，他後天也要去羅馬尼亞環境與人類影展耶，好巧。」義大利導演的電影很幽默，雖然講的是垃圾議題，但用一種日記的方式表現，還讓自己現身在電影裡，像追蹤一場拉鋸戰，我看得心情愉快，沒有抓到Till的心情。

「嗨！Till，好久不見啦！」義大利導演趁我對Till說話時，從我身後溜出來。他身材嬌小，長得很有喜感，很像瑪利歐兄弟裡的瑪利歐大叔！瑪利歐大叔開心地對Till打招呼，生態電影圈不大，如果待得夠久，彼此都會互相認識。

Till一看到瑪利歐大叔，馬上綻放招牌笑容，不會動的燦爛一條線。兩人話家常一陣子，等到瑪利歐大叔離開後，Till才繼續跟我低聲討論。「剛剛鬍狗先生突然召集所有評審，在最裡面那間會議室開會，他們一直講法語，我舉手反應說我是德國人，聽不懂，請說英語一起討論，但沒有人理會我。然後他們突然給我這張單子，這是什麼？」Till手上拿著一張隨意寫下的便條紙。

「喔？這是決選名單嗎？」我仔細看，可是上面只記了關鍵字，連片名都寫不齊。「你可以去問一下，現在是什麼狀況嗎？」Till希望我用法語去詢問，我到處打聽，最後，終於找到一位會說英語的工作人員，我請他對著我和Till解釋，不要再轉述。

「兩位評審好，今天下午五點要開評審會議，請在會議之前登入影音資料庫再看一次影片，勾出比較好的選擇。」「今天？五點以前？我現在要去哪裡看片？要選幾部？選什麼？」Till 認爲程序不合常理，講話開始變得直接。「請跟我來。」工作人員帶我們走進一間附有電腦設備的房間，但電腦數量有限，座位已經客滿，不知道什麼時候才輪得到我們。

「你們怎麼選的？怎麼可以這樣草率地決定名單？評審們爲什麼不討論？你們請我來當國際評審，爲什麼不用英語跟我溝通？」Till 無法接受不合理的安排，他設法釐清現場狀況。「我很抱歉……我……我也不知道，還是請你們去詢問鬣狗先生？」工作人員很機靈，以飛快速度退場，溜走。

留下面面相覷的我們。

等了很久，我們終於排到電腦，因爲遲遲等不到第二台，所以我們乾脆一起看，一人一隻耳機分著聽。但是現場嘈雜，根本無法靜下心來，而且決選名單裡竟然有很多我們根本沒看過的片子，這不是當初仔細評估的初選片單。啊！好混亂，怎麼可以在這個時候直接看直接選呢？到底在選什麼？

Till 才看幾分鐘就不想看了，他坐在電腦螢幕前雙手握拳，非常憤怒，精神打結。「我不懂我之前熬夜把那一大堆長片看完是爲了什麼？爲什麼我們只能看片，卻不能發表意見？他們明明知道我是德國人，邀請我來，卻又在我前面講法語？」Till看著前方，一字一句說著，冷冷的。

我從來沒有看過這樣的Till，印象裡好像什麼事都難不倒他，什麼事都不是大事，沒想到，他也會有無法圓融的時刻。那一刻，對Till而言，像是一種崩潰性的汙辱，但對我而言，竟然湧起一陣原諒，原諒的不是別人，而是我自己。原來，法語霸權對Till也一樣難受。

我決定離開電腦房，直接找鬣狗先生問清楚。

我在影展別墅裡找了又找，終於在露天陽台的人群之中，找到長袖善舞的他。那時的我才漸漸發現，以綠之名影展不僅貴氣，連來參加的人都穿得很體面：全套西裝、絲質膝上洋裝、皮鞋、高跟鞋、皮包、手拿包、公事包，搭配頷首微笑、小幅度的點頭。連服務生都身著齊整的制服，穿梭在貴賓之中，手托著閃亮的銀盤，獻上正冒著氣泡的香檳，以及玻璃盤中的精緻小點心。

貴賓們一群一群聚集，在遠處看著我，但沒有人走向我，他們的眼神在我身上掃描，不知道他們發現了什麼？

我依然一身平民裝扮，Till也一樣。喔不！今天早上在飯店吃早餐時，他似乎在T恤外面又加了件西裝薄外套，可惡！算他聰明！

後來我才知道，圍繞在鬣狗先生身邊的貴賓大多是來自法國電視圈的大官，他們倚在露天陽台的雕像旁，看著海，吹著風，討論如何拯救地球。

「我才不管你有什麼問題，現在大家都是進去影音資料庫裡面看片、做選擇，你爲什麼就搞不清楚呢？我看你根本就完全混亂了吧！拜託，你跟別人又沒有什麼不同，趕快把決選名單給我。」鬣狗先生沒等我把問題問完，就劈頭把我罵一頓。

差太多了吧，剛剛對其他貴賓不是笑咪咪的嗎？怎麼對我就這樣說話？

「嘿！我沒有說我特別不同，我的意思是評審團應該要一起討論吧！或者應該要個別通知，而不是傳話吧！重點是，現在到底在決定什麼獎項？要做什麼選擇？我都不知道。」我冷靜回答，我是來討論的，不是來聽命的。

「趕快給我名單！」鬣狗先生轉頭就走，沒入另一波人群。

下午四點，我和 Till 終於完成決選，其中幾部電影還因爲片名寫不全而漏看，剩下的，只能憑印象挑出我和他之前看過覺得不錯的，用排序的方式標註。只因爲，到底要選出幾部片？竟然沒有任何一位評審知道！大家都怯怯懦懦的，深怕多問一個問題，就會冒犯到鬣狗先生。

還剩一個小時才要開會，我決定再進放映室裡看其他電影。一小時後，下午五點，我離開放映室，準時走進會議室開會，但此時所有評審卻從裡往外走出來，有的人看了我一眼，但仍然沒有人對我說話。

「你又去哪裡了？」Till 沒好氣地看著我。「不是五點開會嗎？」我看錶，時間沒錯啊！「鬣狗先生臨時說要提早開會，大概四點半左右就開始了，我一直找不到你，只好先進去。然後，他們又一直說法語，舉手投票，最後……」Till 的臉上已經沒有任何情緒，他手上又多出一張紙，這次字跡更潦草，可能是他自己註記的。

「又一張名單！」我完全傻眼，不是已經決選了嗎？

「剛剛我旁邊有一個人比較好心，翻譯討論內容給我聽。這次要在每個項目裡，選出第一名。」「什麼？」「明天下午，會再開最後一次會。」「但我明天要搭中午的火車離開啊！」

Till 知道，我想鬣狗先生也知道，之前已經寫信告訴他好多次我會先離開了，所以，我勢必無法參加最後決定。

爲什麼都不好好講呢？爲什麼都是他說了算呢？爲什麼所有人都頭低低地奉命行事，沒有任何人有意見呢？

我和 Till 不再生氣了，我們清楚，我們上了賊船。

倒數四天之二——以綠之名

時間—記憶的夾層
地點—台灣人的海、歐洲人的海

我很喜歡海。

身爲台灣人，身爲島嶼人，海是再常見也不過，總是在那裡。

在台灣的時候，就算看不到海，也大概知道海的方位、海的方向。包圍著台灣的海，各種起伏，各種樣貌，連著天連著地，連著廣闊的心情。從小在台北長大的我，搭乘不到一小時的捷運，就可以看到海，走向前去，如此自由自在。

台灣雖然被海包圍，但台灣人卻不常下海游泳。在社會開始流行衝浪、潛水前，我們傾向遠觀，這是許多歐洲朋友聽到都覺得訝異的事情。島嶼，對多數歐洲人來說，是充滿度假氣氛的名詞，想到島嶼就想到海，怎麼可以這麼浪費，只待在島上看海？

「因爲很危險啊！如果突然漲潮怎麼辦？」「那就小心啊！從小就要學會看潮汐表，懂得跟海做朋友！」「可是危險的不只是潮汐，台灣每一面的海都不一樣，不只有沙灘，還有礁岩、珊瑚礁、泥灘，有些海岸線很陡峭，海浪侵蝕的力量很大，海面下的地形常常突然陡降，危險啊！因爲是島，天氣變化快，預報不比歐洲大陸恆定，真的不一樣呀！」「那就更要做好功課，更了解海的知識，去自己可以負擔的地方啊！」

Till曾經在閒聊時對我說，已經在台灣居住十五年的他，無法理解台灣人爲什麼不跳進海裡、台灣人爲什麼不買船到處遊歷？我不知道怎麼反駁，只能一直想著：真的嗎？我們真的太怕海了嗎？可是那些海邊事故要怎麼預防？難道那些罹難的人都不懂海嗎？太傷人了吧。

長年以來，我們的祖先與海形成這樣的距離，一定有原因的吧！

我記得自己生活在台灣時，仍有跳進海裡的時刻，那必定是夏天，必定是炙熱的海。處於副熱帶與熱帶交會的台灣，空氣蒸騰，細沙熱滾滾，皮膚在吸飽三十度的陽光之後，唰一聲地，彷彿冰鎮，潛進色彩繽紛的珊瑚礁海，數不盡的暖色調，那是台灣南方的海，與法國北方完全相反。

剛來法國時，英吉利海峽總是冷冷的、陽光很微弱，像抹上一層灰，跟我印象中的海很不一樣。我曾經試著在夏天跳進英吉利海峽，老天！好冷！只有二十幾度的海是什麼海？風也好冷，太陽好高好斜，曬不到啊！這算什麼夏天？完全沒有去海邊的感覺！我冷到一直發抖，倉皇上岸，包著大毛巾，只想喝碗熱湯，被大家懷疑問道：「欸！台灣不是島嗎？你怎麼沒辦法在海裡游泳？」

非常難以解釋那複雜的心情。

過了很多年以後，我買了簡單的潛水防寒衣，不畏海邊所有只穿比基尼的人的目光，重裝下海！因爲只要穿了防寒衣，就不怕冷，就可以感受法國的海了！屬於我身上副熱帶與熱帶交會的血液，不可能來到歐洲就被更換。

也許是被 Till 影響太深，二〇一七年結束基爾海洋影展的評審工作後，我也想試著在台灣辦一個生態影展，應該說想辦一個拍生態影片的工作坊。我想邀請自己在歐洲影展認識的導演好朋友們，來台灣與當地人一起拍片。但在忙了半年之後，因爲人事與經費不足，也認爲自己還不夠了解當地文化，不想空運外國人來台灣干擾、指導當地步調，決定放棄。

整個過程 Till 都看在眼裡，每次我們聯絡時，他都問我現在進度怎麼樣，當二〇一八年的我們再次見面，在以綠之名影展的海邊散步時，我告訴他我決定放棄的原因，他能夠明白。

Till 也與我分享他很久以前在台灣辦影展的失敗經驗：他沒辦法接受台灣人做事的步調和習性，數不完要拜會的大官、數不完要關照的教授和老師，還要搞清楚派系關係，千萬別得罪，他光想就覺得累。Till 尤其討厭台灣人很喜歡帶領群眾一起大聲呼口號，例如：「愛不愛台灣？愛！喜不喜歡這個影展？喜歡！」他覺得很蠢，特別是他身爲外國人，常常被活動主持人請到台上，用麥克風宣布自己愛台灣，他感覺自己像個猴子被人耍。

我能夠明白，我向他解釋：對台灣人來說，這不是在耍你，而是一種自卑的民族性，渴望被肯定，尤其想被強勢文化認可。他聽得懂，但在他血液裡的德國文化與習性，仍讓他無法接受。

「那麼你要回德國嗎？」他沒說話。「那麼你要回台灣嗎？」我也沒說話。

英吉利海峽，靜靜看著兩個漂游他方的異鄉人。

時間｜二〇一八年，以綠之名影展第三天（頒獎典禮當天）；

羅馬尼亞環境與人類影展第一天（開幕晚宴當天）

地點｜多瑙河三角洲

我按照原定計劃提早離開以綠之名影展，往歐洲的最東邊飛去，抵達羅馬尼亞。

羅馬尼亞環境與人類影展在多瑙河三角洲旁邊的小鎮圖爾恰（Tulcea）舉辦，據說搭船沿著多瑙河三角洲航行直到盡頭，就會進入黑海。黑海，好神祕的地方啊！真想看。

雖然舟車勞頓，但我的心情真的很興奮。從巴黎到羅馬尼亞首都布加勒斯特機場，需要四小時的航程，影展派車來接我與其他入圍導演，接下來，又是四小時的車程。沿途，是荒蕪的土地，地勢多顛簸，上上下下，不像昨天在法國北方那樣平坦。車窗外，農民仍倚賴牛與傳統農具耕田，抵達圖爾恰小鎮後，商店櫥窗裡的人型模特兒與服飾風格，彷彿時空倒流，如祖母級的時尚，卻不是刻意復古。

不過一天的時間，不過一次飛機與一趟汽車的距離，卻是兩個世界。

但，我驚訝得太早了！

當天晚上，羅馬尼亞環境與人類影展爲了讓入圍導演與影展人員相見歡，在港口旁的半露天餐廳辦了一場業界聚餐，大家一邊看著多瑙河一邊吃飯，氣氛非常好，但我才剛坐下來，就聽到熟悉的語言——法語。

我以爲自己聽錯了，仔細往聲音源頭看去，沒錯，是一群人在說法語，這其中有人說得很流利，也有人說得很謹慎。法語流利者神態總是很輕鬆，他們在影展期間自在來去，大聲說法語，對任何人說法語，甚至也對我說法語，不說英語。法語說得較謹慎者，面對法語流利者總顯得緊張，深怕自己的法語能力仍然不夠好，他們對當地人說羅馬尼亞語，對外國來賓說英語，他們總是忙碌，他們的眼神充滿好奇。

原來羅馬尼亞環境與人類影展的主辦人是法國人，他已經在羅馬尼亞定居十多年，與他的羅馬尼亞太太一起辦影展，並且空運他的法國朋友們前來助陣，帶領會說法語的當地年輕人，籌劃一個法語廣播小組，每天在影展現場製作 Live 節目，用法語介紹影展電影或羅馬尼亞當地生態，同步在網路平台播放。

嗯，本意很好，很有意義。但，當我知道的當下，我真的要瘋了！

爲什麼！爲什麼又是法國人，真是受夠了！我是來看羅馬尼亞人辦影展的，不是來看法國人怎麼教羅馬尼亞人辦影展的啊！我爲什麼要千里迢迢地從巴黎跑來羅馬尼亞聽法語，而不是聽羅馬尼亞語。

我努力忍耐，我努力克制我的偏見，我不能因爲自己在巴黎不順遂，就一面倒地討厭法語和法國人，可是，好難，真的好難。我努力把嘴巴閉得很緊，不能表現出來，我的頭好暈，好不容易拋在腦後、想要忘記的以綠之名影展，如海嘯般襲來。

時間︱二〇一八年，以綠之名影展第二天（頒獎典禮前一天）

地點︱英吉利海峽

「你爲什麼要先離開影展？你明明知道你是來這裡當評審的。」當我再次告知鬣狗先生我即將在第二天中午搭火車離開，他用極度冷峻的臉色質問我。

「我在影展前已經寫信請你注意很多次了！我必須前往羅馬尼亞採訪……」

「等一下給我名單。」鬣狗先生再次不聽我講完話，拂袖離去。

以綠之名影展的行銷力強大而驚人，他們在文宣品上放了我的照片、印了我的名字、列了我的履歷，我和眾多行政大官、導演、文人雅士都被收在一本又厚又全彩印刷的精美手冊裡，影展網站上也有我的資料，影展的臉書專頁甚至寫了一篇短文介紹我，並且謝謝我的參與。

所有浮在海面上的浪花是那樣晶瑩剔透、光輝燦爛，但現實中的我卻被這樣對待。謎底終於揭曉，鬣狗先生從頭到尾就沒在聽我說話，我不懂他邀請我來當影展評審是爲了什麼？因爲我是僅有的亞洲女性面孔嗎？可以增色他的評審團是如何國際化？

那天中午離開前，我和 Till 再次走進那間鬧哄哄的電腦房，又是一人分一隻耳機，把那份奇怪的名單看完。那是我看過最糟糕的生態電影、生態短片、生態廣告，不可思議的虛假、噁心、人定勝天、拯救世界，每一部片到底想說什麼呢？我只看到各式各樣的贊助商 Logo，等著在片尾展現。好，我更正，不是百分之一百，名單裡仍有幾部電影是可以的、不錯的，我努力捍衛那些有價值的電影，但其他的一堆爛蘋果、已經長蛆的爛蘋果，到底該怎麼選？

我和 Till 每看完一部，就會對看，然後，抱頭。說怎麼會有這麼無聊的東西，這要怎麼選下去？

他說他可能會選 A 電影，但 A 電影極度人類自我中心，我票投不下去；我說我可能會選 B 電影，他說可是 B 電影的生態意義完全錯誤，他也投不下去。這兩部片根本就不可能進決賽啊！我們看著周圍的其他評審，大家面帶笑容，繼續去拿香檳與小點心吃，看海，吹風，只有我們一直嘆氣。

當我還想再看第二遍，選出蛆比較少的爛蘋果時，Till 說他不行了，他要出去走一走，透透氣，但他想知道我的決定，如果我願意，我們可以交換看看各自的選擇。記得他離開時，是滿臉的沮喪。我說好，隨卽陷入最後的苦思，當我終於做好決定，簽下名字，再度抬起頭時，才發現火車時間真的快要到了。我背著行李走到大廳，遇見義大利導演瑪利歐大叔，我們因爲擁有很多共同的影展經歷，很快地變熟，尤其當他知道我最有感觸的影展是克羅埃西亞單車生態影展時，他也去過，早我幾屆，也興奮地向我分享他和主辦人一家以及烏娜河的回憶，他甚至跟我使了眼色，靠近我小聲地說：「跟這個影展很不一樣，對吧？」

我很驚訝，但我沒有回話，這樣混亂的評審經歷我可以說出去嗎？難道大家都知道以綠之名影展就是如此嗎？如果知道，怎麼會來呢？

我禮貌地向他告別，相約之後在羅馬尼亞再聊。

說再見的同時，我也遇到其他新認識的朋友，大家笑我怎麼這麼傻現在走，正要去吃好料呢！我們又站在那塊厚厚的紅地毯上，互留聯絡方式，好險這趟還是有點收獲。透過豪華的落地窗，我看了英吉利海峽最後一眼，晴朗的天氣，灰色退去，天空變得非常藍，讓原本冷色調的海水也暖起來，然而，就在此時，鬍狗先生向我大步走來。

「你說你要提早離開，但你卻可以跟大家去吃午餐？那代表你其實可以出席下午的評審會議，不是嗎？」「我沒有要去聚餐啊！」「名單給我！」「我等一下就給你，現在我要去找 Till。」「為什麼要和 Till 討論？難道你不能自己做決定嗎？」

鬍狗先生這次沒再掉頭就走，他靠近我，逼近我，斜著眼，歪著頭，盯著我。他的臉既蒼白又瘦削，布滿了很多老人斑；他的頭髮花白，雖然起床時一定有梳整齊，但是現在已經紊亂；他駝起的背，比心臟還高；他的身高中等但很清瘦，褲頭皮帶與上衣之間仍有空隙；他穿著有品牌的橫紋 Polo 衫，但應該已經穿好幾年了，織紋變得老舊；他穿著粉橘色休閒褲，很好的絨布質料，他穿著高級皮革裁製的皮鞋，一雙至少要三百歐元。

我不想開意識形態的玩笑，但我眼前的他，像極了一隻身著華服的鬍狗，迪士尼版本《獅子王》裡面那種小混混鬍狗（抱歉，鬍狗，你是無辜的，我不應該汙名化你，但他真的太像你了，像在動畫裡已被反派角色化的你，我會稱他鬍狗先生，那與真實的你無關）。

鬣狗先生瞪著我，擠眉弄眼，但是，他的眼珠好藍，是豔陽天的海；鬣狗先生露出獠牙，流著口水，滴進英吉利海峽。

時間｜二〇一八年，以綠之名影展第三天（頒獎典禮現場）；
羅馬尼亞環境與人類影展第一天（開幕晚宴現場）
地點｜英吉利海峽，多瑙河三角洲

「嗨，你想喝什麼？」羅馬尼亞影展工作人員好心地招呼我。此刻我人已在多瑙河三角洲，心卻仍無法脫離英吉利海峽。

羅馬尼亞環境與人類影展的第一晚，也是以綠之名影展的最後一晚。當我在羅馬尼亞參加開幕晚宴的同時，手機傳來 Till 的簡訊，他正在以綠之名影展參加頒獎典禮，同步給我最即時的現場狀況。我一邊低調地看著手機，一邊回應羅馬尼亞工作人員，飲料就在我前面，我馬上自己來，順便也幫他們倒滿。

「謝謝（Merci）！」兩位工作人員親切地用法語向我道謝後，用英語跟我聊天，再互相用羅馬尼亞語說話。羅馬尼亞人平常會用法語說「你好」、「謝謝」，是時髦的外來語，像台灣人會用英語說「掰掰（bye-bye）」一樣。

不過，也不僅止於時髦。他們對法語似乎有著特別的情感，說不上來，像是代表某種社會地位。有人跟我說，在他們祖父母那一代，法語是基本外語，大家幾乎都會說，也不難學；羅馬尼亞語屬於拉丁語系，與法語、西班牙語、義大利語有著同樣的根源，尤其和法語相近。

很容易學啊？聽到時突然覺得有點羨慕。但沒事爲什麼要學法語呢？羅馬尼亞離法國並不近，爲什麼祖父母輩幾乎都會講法語呢？動機是什麼？我想到台灣祖父母那一代和日語的關係，但是，法國並沒有殖民羅馬尼亞啊？人民爲什麼會突然對另外一種語言流利呢？我問了很多人，大家都太年輕了，他們也不知道答案，但有人推薦我影展結束後可以去首都布加勒斯特走走，因爲市中心裡有一座巴黎凱旋門。

「凱旋門？」「對！就跟在巴黎一樣喔！」

後來我去了，真的，就跟在巴黎一樣，小了點，但仿得不錯，連周圍如星狀散開的車道都仿得相像。但是，這是什麼意思呢？爲什麼要在首都裡複製他國？而且只有法國？除此之外，滿坑滿谷的法國麵包店、法國咖啡店、「巴黎早餐」廣告招牌，在布加勒斯特處處可見。之後我才知道，布加勒斯特在二十世紀初甚至被稱做「東方小巴黎」。

唉，就是有這麼衰的事情，我與法國冤家路窄。

我在心裡怪自己怎麼會選這個影展，明明身在羅馬尼亞，怎麼卻又像是到了法國？羅馬尼亞環境與人類影展的網站完全沒提到啊！如果不是親自來一趟，怎麼會知道。選擇這個影展，是爲了黑海而來，也是爲了多瑙河三角洲而來，因爲影展裡有一個特殊的「黑海獎」，並舉辦很多關注多瑙河三角洲生態的論壇，只是，爲了見到黑海與多瑙河三角洲，非得透過法國人與法語嗎？我是那樣渴望聽到羅馬尼亞真正的聲音。

「聽說你住在巴黎，怎麼樣？喜歡法國嗎？」餐桌上一位入圍的德國女導演與我閒聊。她長得好像艾瑪・湯普遜（Emma Thompson），她的電影也像，以一種理性的智慧，討論德國森林狩獵文化，很特別的片，傳統狩獵的優劣只是引子，導演真正要討論的是森林被現代化的過程。我深吸一口氣說「很複雜」，接著我講艾瑪・湯普遜可能會想知道的社會分析給她聽。

手機在此時又收到很多照片，原來以綠之名影展的頒獎典禮與晚餐合辦，依舊奢華，Till 拍下好多一球又一球用塑膠袋完美包裝的液態料理，等待被貴賓解開、享用、丟棄，成爲無法分解的海上漂浮垃圾，以綠之名。

「剛剛頒獎了。」「怎麼樣？我喜歡的那部片有得獎嗎？」Till 的對話框狀態仍在打字中，但我已經忍不住回話。我只在乎那部片，那部是決選名單裡僅有的好片，我很擔心，壞人得勢就算了，但好人不可以被辜負。「有！」「是第一名嗎？」「名次很多，其實那份名單裡的每一部片都得獎了，大家一直上台。」「什麼？那爲什麼還要我們選？那部很爛的片也得獎了嗎？」「得了！」「天啊！」

「其實，沒有任何人知道今年有多少獎項，只有鬆狗先生自己知道，他剛剛頒了一個特別獎給一部核能公司投資的電影，而且還先寫好講評，現在他正在台上朗讀。」「天啊！」我嚇壞了，Till 仍繼續打字，但我沒辦法再讀，我把手機放在膝蓋上，手撐著頭，臉色發白。

「嘿！聽說你住巴黎，幾年啦？」羅馬尼亞影展主辦人剛忙完，加入聚餐，拉張椅子在我面前坐下。「喔，快要四年。你是法國哪裡人呢？」Till 的消息讓我心跳加快，我努力壓抑千頭萬緒。

「×××，啊，那是偏僻的鄉下，不是什麼好地方啦！不像你住巴黎。」主辦人一邊舀菜一邊跟我說笑，在他眼裡，我是巴黎人。「請問是哪裡呢？可以再拼一次給我聽嗎？我想知道。」我拿出手機，想查出地名。法國很大，有十三個台灣這麼大，我真的沒辦法知道所有鄉鎮的名字，但我很願意知道，希望他了解。

「你知道以綠之名影展的最大贊助商是誰嗎？瓶裝水公司！」Till 的訊息又跳出來。

主辦人又講了一次他家鄉的地名，但我記不住，當時的思緒很混亂，我向主辦人說聲不好意思，找個藉口，起身離開，去廁所。但我沒有要上廁所，我只是沒有辦法，坐在那裡。

「我要寫信給國際綠色影展聯盟，要他們把以綠之名影展除名，這種對生態有害的影展怎麼可以在聯盟裡，法國人怎麼可以這樣，我再也不想參加法國的影展了！」Till的訊息一直傳來，他非常生氣。「我參加的羅馬尼亞影展也是由一個法國人主辦，他搬來羅馬尼亞已經十幾年，帶領當地人一起辦影展。」我雙手顫抖著打字。「喔，那又另當別論了！」上一秒才說討厭法國人的Till，下一秒聽到對方與自己相似的異鄉人經歷，又馬上改口。「他空運好多法國人來羅馬尼亞辦活動，這裡的人都好崇拜法國，好崇拜法國人，聽到法語一直微笑，我……我頭好暈。」我失去力氣地癱在馬桶上，頭頂著門，天旋地轉。

「你好好照顧自己，以綠之名影展很荒謬，我不喜歡這樣，我不喜歡被當猴子耍！」對Till而言，他是生態影展的主辦人，他以此謀生，他以此讓自己在社會上有價值，所以，他要捍衛國際評審的正當功能，他要確保國際綠色影展聯盟的純正，因爲那是對他自己專業的品質保證。

那對我而言，又是什麼呢？

我不屬於誰，誰也沒擁有我，我是那樣平凡的浪花，好不容易從台灣游到歐洲，然後砸碎在淺灘上，在我努力想要得到國際評審的頭銜之餘，成爲這場荒謬劇的幫凶，以綠之名。

倒數四天之三——那些海，那些人

時間｜記憶的補合

地點｜海

巴黎離海很遠，我再也無法像在台北那樣，搭上捷運就能看到海。但是搭火車可以！雖然需要四個小時。

有次我和同樣來自台灣的朋友起了大早，從巴黎北站出發，就爲了搭四小時的慢速火車去看海。我們在海邊閒晃、發呆、去魚市場買海鮮、去超級市場買白酒。我們面向大海席地而坐、吃吃喝喝，享受手指縫隙的那些腥味、香味、甜味，我們醉醺醺的、黏膩膩的，在整片鵝卵石海灘上看海，什麼話都不用說，然後，再搭最後一班四小時的火車回來。

如此幸福的一天。

看海的時候，總是看到海面上一波又一波的海浪，看不到海面下一團又一團的海流。海流包圍著地球，一團又一團，籠罩世界。每一團海流都有著自己的名字，然後，它們流動，流出一道又一道的方向，有著固定的路徑，在固定的範圍裡循環。記得以前在大學準備海洋物理學考試的時候，爲了搞清楚海流方向，我還特別買了一張單色的世界地圖，徒手在上面畫出海流的旅行，團團道道，彼此接壤，卻不會融在一起。大海，雖然看起來是一大片的水，但在科學定義裡，海流卻彼此分明。當知道這個事實的時候，我很失望，因爲我很希望能有落跑的海流，逃脫既定路徑，在世界環遊。

在巴黎想家的時候，我會幻想自己就是那團會落跑的海流，而我化成海流裡的一顆水滴，跟著其他水滴一起排著隊，從這一道擠到下一道，從這一團擠到下一團，前胸貼後背，像下班時刻的地鐵，等著等著，下一站就會到台灣了。

時間—二〇一八年，以綠之名影展結束後一天，羅馬尼亞環境與人類影展第二天

地點—多瑙河三角洲

我始終沒有親眼見到黑海。

多瑙河三角洲實在太大了！如果從圖爾恰小鎮出發，必須花上一整天的時間坐船，在繁複如葉脈的多瑙河三角洲裡穿梭，最後才能抵達黑海。

三角洲是很奇妙的地形，它乾溼分明，有時是水，有時是地。三角洲，應該是河流吐出的最後一口氣吧！夾帶著泥沙的多瑙河腳步遲緩，落下半水半泥的足跡，成為細瑣複雜的河道，之後，蘆葦生長，樹叢生長，泥成為土，土結成地，地成為多瑙河三角洲。

聽說多瑙河是世界上流經最多國家的河流，從德國黑森林開始，走過奧地利、斯洛伐克、匈牙利、克羅埃西亞、塞爾維亞、保加利亞、摩爾多瓦、羅馬尼亞、烏克蘭，最後，注入黑海，結束漫長的旅程。

羅馬尼亞環境與人類影展的工作人員 Anca 跟我說，她覺得黑海是一個很老的人，因為他這一生的旅程好長啊，好不容易走到我們羅馬尼亞，終於可以休息了，他躺下來，靜靜地、緩緩地卸下全身皺褶、斑紋、歲月的累積，成為黑海。

羅馬尼亞環境與人類影展如網站所言，挑選了很多關於黑海的電影入圍，真的很棒。

黑海雖然位處歐亞之間，是這三年的歐洲旅程中離台灣最近的海，但我對它卻最不了解。我在影展見到來自烏克蘭、土耳其、羅馬尼亞的導演，看到他們鏡頭下的海水、水邊的人，也聽到各種延伸的生態議題討論。然而，羅馬尼亞環境與人類影展的主要贊助商，也是瓶裝水公司！影展現場有取之不盡的瓶裝水，每一部電影放映前，也一定會播放瓶裝水的廣告，坦白說，廣告拍得不錯，很有質感。

我想，Till 如果在這裡，肯定會很憤怒吧！

別提瓶裝水，影展裡的所有餐具都是一次性塑膠製品，用完即丟。

我在羅馬尼亞影展表現得很失態，我想是被以綠之名影展嚇到，沒辦法控制情緒。那時的我陷入迷惑，我應該要把那些瓶裝水、那些塑膠垃圾都拍下來，像 Till 拍給我的照片那樣，因爲這才是有憑有據，這才是改善，這才是改變世界。但我沒有，因爲我也有用，我雖然努力地重複使用，但最後仍然會丟棄。

當一個製造塑膠垃圾的幫凶，或是當一個支持核能電影的國際評審，到底誰比較壞？

那幾天，我一直拍攝多瑙河三角洲，我一直呆呆地看著它，拍它的水紋，拍它的波動。羅馬尼亞的夏天已經開始，柳樹爆開了棉絮，在整個三角洲裡飛舞，像雪一樣，不只下降，還會飄動，像高速攝影的慢動作，在深綠色的場景裡反射著太陽光，緩緩地閃爍，怎麼會這麼美呢！

當地人笑我，說他們最討厭棉絮了，每次都讓人過敏，降落以後，還會卡在各種縫隙裡，很難清啊！

沒關係，我要沉浸在多瑙河的棉絮世界裡，因爲我不想看到那些羅馬尼亞人對法國來賓極爲恭敬的眼神。

當法國來賓倚在階梯上抽菸時，大家會圍著他說：「哇！好法式喔！法國人真的不一樣耶！」當法國ＤＪ在影展派對裡放了一整晚的法國電音與法國流行樂，大家笑著、跳著比誰知道得多，跟著一起唱，樂不可支。當法語廣播小組的節目終於都結束了，所有法國老師們興奮拍合照，卻沒有邀請團隊中的羅馬尼亞組員，而羅馬尼亞組員則癡癡地在旁邊望著他們，不知道自己表現得好不好。其中一個組員跟我說：「終於忙完了，我可以說自己有一點做廣播節目的經驗了，並且還是法語廣播節目，但很可惜，我的家人都聽不懂，我的朋友也聽不懂。唉，我希望我的法語講得夠好。」

我到最後才知道，法語與羅馬尼亞語就算再相近，仍要花費心力地學，只是，此時已不再需要，因爲外交策略已經改變。過去，羅馬尼亞爲了加入北大西洋公約，爲了加入歐盟，已習慣長年向法國靠攏，成爲法語圈國際組織（La Francophonie）的成員之一。無數的法語教育中心進駐羅馬尼亞，人們學習法語，是因爲想去法國發展，法國曾是羅馬尼亞祖父母世代的外移首選。直到此時，也許熱潮已經退去，但羅馬尼亞與法國仍保有關係，我在首都布加勒斯特遇到好多法國觀光團，由羅馬尼亞人帶團參觀；我在影展期間，也曾遇到來自駐羅馬尼亞法語教育中心的貴賓，他們是影展的贊助者之一。時至今日，羅馬尼亞人正忙著學英語，跟台灣一樣，到處都是英語補習班，倫敦取代巴黎，成爲現代羅馬尼亞人最想去的地方。

我難以忘記第一天剛抵達羅馬尼亞影展時，看到一位女學生拿著攝影機跟拍影展主辦人的一言一行，她說自己的工作是記錄影展，邊拍邊露出粉絲般的微笑，既興奮又驕傲。我想如果我人在台灣，爲全程使用英語的國際影展工作，對答流利地接待所有以英語爲母語的貴賓時，我是否也會如此雀躍？

我所習慣的英語霸權是如此天經地義，我使用它，卻不知道英語其實在二十世紀之後才成爲國際語言。在此之前，是法語，從十八世紀開始，法語便一直是歐洲各國爭相追求的聲音，它是美麗、高級、有教養的語言，英語在當時甚至還被法國人嘲笑，因爲不夠有文化。

世間萬物都有自己的語言，目的是爲了溝通，而人類語言的意義卻已不僅於此。

時間｜二〇一八年，以綠之名影展結束後兩天；羅馬尼亞環境與人類影展第三天（閉幕日）

地點｜多瑙河三角洲

羅馬尼亞環境與人類影展的主辦人，與他的羅馬尼亞太太工作量相當，各司其職，我一直都沒有訪問他們，因爲我不知道要怎麼處理自己的情緒。我相信他們都不是壞人，他們把影展辦得很好，努力討論環境跟人類的關係，他們影展的社群粉絲數量是我這三年訪問以來最多、最有人氣的，參與者和志工也都是當地年輕人，非常熱血、團結，大家都好開心。只有我，只有我這個面無表情的人。後來，羅馬尼亞影展寄給我很多張他們偷拍我的獨照，我的臉真的有夠臭，我想他們都覺得我很奇怪吧！

最後一晚，影展在一個山坡上舉辦營火晚會。接駁車開了很久，到了一個地勢很高的地方，可以眺望多瑙河三角洲。

營火晚會辦在一座居高臨下的大花園裡，影展攝影師 George 跟我說，這是他叔叔的家，特別喬出來讓影展辦活動。他們精心布置，在草地上放長椅，在籬笆上掛燈泡，四、五個羅馬尼亞媽媽們擠在廚房裡，正輪流用長柄爲大鍋裡的魚翻面。

夜色來臨，那晚天氣晴朗，每顆星星都非常清楚，多瑙河的水也窸窸窣窣地在山坡下流動。花園擠滿了人潮，五顏六色的小燈泡全亮了起來，掛滿整片高台，大家正忙著把中間的火點起來，聽說越晚會越冷。

影展主辦人和法語廣播小組的法國人圍在一起，我拿著啤酒經過，想加入聊天。他們看著我，繼續用法語和我說話，我回答得不流暢，改用英語回應，主辦人詫笑說：「你不是住巴黎嗎？怎麼不會說法語？」

大家聽到他說的話，一起笑得好大聲。

廣播小組的組長對我說：「你不覺得這幾天很棒嗎？又自然、又影展，大家齊聚一堂，太棒了，連我都想在克羅埃西亞辦一個影展了！」我問：「你在克羅埃西亞的哪裡？」他說他和女友都在首都札格雷布。這時女友從他身後竄出來，她是克羅埃西亞人，兩人都是記者，爲法國新聞業工作。「用克羅埃西亞語報導嗎？」「喔不，用法語啊！」「我去年採訪過克羅埃西亞單車生態影展，我很喜歡克羅埃西亞。」「哪裡？」「科斯塔伊尼察。」

「這什麼地方？」廣播小組的組長轉頭問克羅埃西亞女友，女友湊過來聽到後，說了一句：「很偏僻的地方，沒人要去那裡。」她搖頭。「你的網站裡有這個影展的連結嗎？」他們指著我的名片問。我說自己要去拿點東西吃，很快地離開他們，這種離開方法是巴黎人教我的，我當時恨不得馬上離開這裡，然後回哪裡？回巴黎？唉。

那一晚很難熬。我遠遠看見義大利導演瑪利歐大叔，他正在和別人聊天，我在走去找他的途中，想起這幾天他已經陪我聊天很多次了，而停下腳步。瑪利歐大叔知道以綠之名影展的問題，他說這就是真實，我聽到這句話的時候就哭了，我沒辦法克制地一直哭。他平靜地對我說：「所以你要寫下來，寫下來吧，好好把你看到的、感受到的，全部都寫進書裡吧。」

我站在喧嘩的花園裡，環伺四周人群。我不想講話，只好裝忙，我拍了星空，我拍了多瑙河三角洲，我拍了美麗布置的花園，我拍了隨著音樂扭動的大家，不過，最喜歡的場景，還是在廚房裡忙碌的羅馬尼亞媽媽們，真想和她們混熟一點，可惜今天已是最後一天了。

我注意到有一個人一直看著我，那是影展主辦人的羅馬尼亞太太 Corina。

Corina 包辦了影展開場與閉幕的主持，還有很多需要對外發言的時刻。羅馬尼亞環境與人類影展一直使用雙語辦活動——羅馬尼亞語與英語，就連電影字幕都二者並陳，很周到。我很訝異法語並沒有在影展裡取代英語，畢竟大家是那樣崇拜法國，那麼爲何不乾脆辦一個羅馬尼亞語與法語的影展呢？可能，又有更多考量吧。

Corina 的發言總是簡潔扼要，Corina 的穿著也很有自己的風格，棉質連身短裙、內搭褲，很輕巧，很方便，很俐落。她身材瘦削，可是眼神有力，我感覺她是影展中重要的人。我發現她在觀察我，卻不會走過來找我，她看我的眼神，和以綠之名影展那些大官看我的眼神不一樣，她沒有掃描我，她沒有檢視我，她就是看著我，像看著一隻動物。我想，她也許也感覺到了什麼，但這僅只是我的猜想。

營火終於燒起來，入夜後溫度驟降，真的冷死了。影展攝影師George搬來好多的懶骨頭和毯子，讓大家能舒適地窩在營火前看星星、看多瑙河三角洲。

George介紹他的女朋友Goanga給我認識，他們兩人都爲影展工作，一個靜態攝影，一個動態錄影，很可愛的情侶。他們來自羅馬尼亞的不同城市，跟我講了好多羅馬尼亞的生態、歷史、藝術，我們交換了社群帳號，互相分享對方的作品，真的很開心，那是我整個禮拜最快樂的時刻，開心到忘記好多事情了。

忘記以後，就沒那麼痛苦了。

我舒適地裹上毛毯，伸出雙手取暖，營火那一端，Corina又在看我，我向她揮揮手，她也向我揮揮手，我們互相對看，誰也沒有過去另外一頭展開對話。

營火燒得很旺，很亮，使得營火之外的一切都變得黑暗，看不太清楚。我的左邊似乎有個巨大的東西在蠕動，我搞不清楚那是狗嗎？還是什麼？

「哈，不好意思，是我的兒子。」一位戴著圓圓眼鏡、臉也圓圓的女士，笑咪咪地看著我。她說現在真的太晚了，她兒子想睡了，所以她把懶骨頭拼一拼變成小床，讓兒子先溫暖地睡一下。他們正在等待第一班接駁車，載他們從山坡上離開，回到圖爾恰小鎮，今晚要在娘家睡覺，明天再回家。

我很高興遇到當地人，她很高興遇到外國來賓，我們很快地聊起來。

圓圓眼鏡女人的聲音很溫柔，軟軟的、慢慢的，配著營火的溫度，很好聽。她聽到我想寫書，天真地問：「所以你會把我寫進你的書裡嗎？」我笑出聲，拿出筆記本，請她留下名字，回答：「說不定喔！」我們都笑了。

圓圓眼鏡女士的字跡也圓圓的，她叫 Anton。

Anton 很健談，聊過幾個話題以後，我終於把埋在心中幾天的疑問告訴她，我說自己是爲了想多了解羅馬尼亞和黑海而來的，可是這個影展似乎都是法國在主導，我很驚訝，想問她身爲當地人怎麼想。

「法國？有嗎？我覺得是很國際化啊！」Anton 跟我講了她在這個影展看到的事情，真的都與法國無關。她注意的是來自每一國的導演和他們拍的片，她吸收了很多不同的世界觀，每一部影片都是一扇新的窗，她甚至沒有注意到法語廣播小組的存在。

「你不知道圖爾恰小鎮有多無聊！我們是多麼開心能有這個影展啊！我真的玩得很開心啊！我兒子也是，我們還聽到很多外國音樂，很棒呢！」Anton 繼續述說著她喜歡的時刻，營火還是很溫暖，一晃一晃地照在我們的臉上，溫柔的黃。

「倒是，你喜歡多瑙河三角洲嗎？」換主場發球，Anton 問我。

我喜歡，我真的喜歡多瑙河三角洲。我向她細數我搭的小船，我看到的鵜鶘、蘆葦、烤魚、棉絮，我淋到的午後雷陣雨，我摸到的河水與水草，並且給她看我這幾天拍的照片。

「好美啊！可是……其實……住在三角洲裡面是很苦的，那裡很難住人。」Anton若有所思地一邊講，一邊幫兒子蓋好毯子保暖，兒子應該已經小學三年級了，今天晚上我才看到他和同學全場追逐奔跑。

Anton是圖爾恰本地人，念書時前往羅馬尼亞的沿海城市康斯坦察（Constanta）讀研究所，因爲墜入愛河、懷孕了，便跟隨先生回到多瑙河三角洲裡的蘇利納小鎮（Sulina）待產、養育小孩。她跟我講故事的同時，我們一直用Google Maps溝通，因爲我完全不知道多瑙河三角洲裡還有行政區，真的有人住在裡面，只是不容易進出，需要搭船，但那裡就是他們的家，半乾半溼的家。

「我其實有點忘記夏天的樣子了，看到多瑙河三角洲，我只記得好冷。你知道多瑙河三角洲的冬天有多冷嗎？那個風真的很恐怖！連我是圖爾恰出生的小孩，算是住在三角洲附近了，都承受不住，我很努力地試了，但我真的沒辦法住在蘇利納，我真的受不了。」

Anton多年以後決定離婚，再回到康斯坦察把她當時中斷的研究所念完。

「現在，他就是我的寶貝。」講到這裡，Anton 停了一下，溫柔地撫摸熟睡兒子的背。我沒多問她與夫家的關係，目前小孩歸她，她早已完成學業，繼續留在康斯坦察就業當老師，有時回來圖爾恰。

「你想看黑海的話，不一定要通過多瑙河三角洲，康斯坦察就在黑海旁邊，如果你有機會再來羅馬尼亞，記得來找我玩，我們去看黑海。」

時間｜二十世紀末
地點｜北極海

從羅馬尼亞回到巴黎後，我大病一場，以往採訪結束都要大吃一頓慶祝的我，那次什麼也吃不下。那個禮拜的回憶，其實好多我都忘記了，是爲了寫下這一天，翻出了好多當時的筆記和照片才想起來，但是，還是很零星，因爲連當下的我都不願意面對這些衝擊。

我和 Till 之後就沒有再聯絡了，主要是彼此都忙。三年旅程結束後，我與那 10＋1 個生態影展的關係像是一場夢，我不過是在汪洋中曾經出現的一朵浪花。

最後一個跟Till有關的消息，是在羅馬尼亞影展結束的一個月後，國際綠色影展聯盟的官方臉書，貼出年度大會的活動照片，我看到了一些我認識的、採訪過的、在各個歐洲生態影展裡工作的人，其中一張是Till與羅馬尼亞影展主辦人的合照，兩人肩搭肩地笑著，神采奕奕。

最後一個和義大利導演瑪利歐大叔有關的消息，是以綠之名影展臉書釋出的得獎導演採訪影片。瑪利歐大叔的垃圾議題紀錄片因爲得到某個獎項，也在影片中受訪，他在感謝以綠之名影展後，開始強調他影片所提倡的零垃圾觀。

最後一個和以綠之名影展有關的消息，是某位巴黎記者寫了一個長篇報導，讚揚以綠之名影展的美好，她發了大量的群組信，在衆人面前感謝鬣狗先生給她機會。直到這本書出版前，以綠之名影展仍是國際綠色影展聯盟的成員之一。

最後一件和海洋與鯨魚有關的事情，是我結束第10＋1站——台灣宜蘭綠色影展後，終於回到位在台北的家，並從書櫃裡發現一本日本自然攝影師星野道夫的書《與時間的河約定：來自極地的永恆呼喚》。我對這本書毫無印象，完全不記得自己在什麼時候擁有了它。翻著星野道夫拍下的北極海、露脊鯨、愛斯基摩人，我在一篇〈愛斯基摩人的捕鯨生活 一九八三年〉停了下來。

他詳細敘述了愛斯基摩人的捕鯨過程：

愛斯基摩人用海豹皮製作成皮舟，一船七人，用木筏努力在冰間水道上划槳。他們叮囑星野道夫划槳時要全速猛划，但不可以發出聲音，以免驚動鯨魚。

每年四月，一年只有一次，冰天雪地之中會迸開水道，環遊在北極圈中的露脊鯨，會從水道縫隙竄出換氣，這對生活在極地的愛斯基摩人而言是上天的恩賜，要把握機會獵捕鯨魚。他們全村出動，用人力跟簡單器具與鯨魚較量。星野道夫全書都環繞著一個價值觀：「人與自然的關係應該是對手，而不是敵人。」

這篇文章如果只是如實敘述捕鯨細節，那就沒什麼意思了，很有味道的是，星野道夫發現了一位站在冰丘上、望著捕鯨過程的老婆婆。老婆婆跳起了緩慢的舞，是自古流傳下來獻給鯨魚的舞，老婆婆無視星野道夫的注視，流著淚，跳著舞，她很想再吃一次新鮮的鯨魚皮。

文章結尾是全村的人終於捕到鯨魚，也終於順利將鯨魚解剖分享給全村的人。他們留下了巨大的鯨魚下巴，眾人聚在一起，謹慎地把那塊下巴推向大海，據說鯨魚的靈魂在下巴裡，下巴沉入北極海中，激起美麗的浪花。

「明年還要回來喔！」眾人大喊。

星野道夫記錄的是一九八三年的北極海，《島與鯨》記錄的是二〇一六年的挪威海與北大西洋。不過三十多年，關於捕鯨的方式，關於捕鯨行爲之外的整體世界，已無法估量。人對於自身之外根本無所控制，就連星野道夫雖然在這一篇寫的是純淨的在地故事，但整本書都在記錄二十世紀末的北極海因爲不同人類的相互關係，所產生的種種衝擊與變化。

屬於我在英吉利海峽與多瑙河三角洲的種種不堪，最終我還是忘不掉。

我常常在想，會不會不僅是那一個禮拜？會不會其實那三年根本就是鬧劇一場？鬧的是不明事理的我？鬧的是不合群的我？我在抵抗什麼？我在維護什麼？如果我早一點看到這本書，如果我早一點學習到星野道夫的氣度，我還會去法國嗎？我還會跑這10＋1個影展嗎？我不知道，我不敢想。

可是海，我卻沒辦法克制自己走向海。

馬紹爾群島
吉里巴斯群島
新喀里多尼亞島
琉球群島、九高島
台灣、龜山島
加那利群島、特內里費島
斯堪地那維亞半島
歐洲、亞洲、非洲、大洋洲、
北美洲、南美洲、南極洲、北極地區

你們覺得嗎

人

也是自然的一部分

第三部

臉孔島嶼

閉上眼，我遇到一群臉，與島嶼緊黏
他們乘著海水，在海風中
活生生地

剛開始只是形狀
零情緒
無悲無喜
是因爲恆長
在幾百、幾千、幾萬年的長如常
才長出了島嶼的個性

再閉上眼，我遇到一群身體，交錯於峽灣間
海水濡上
海浪互濁
不可能有完全純淨的

水面如鏡
映照所有肉身
其實終將逝去
但當下卻無法察覺
一百二十分之一秒、二百四十分之一秒、九十年分之一秒、二十萬年分之一秒
欲望停留
如此短暫
好像不曾存在
卻仍是對世界
斧鑿了一刻小小的痕跡
在舉手投足的時候

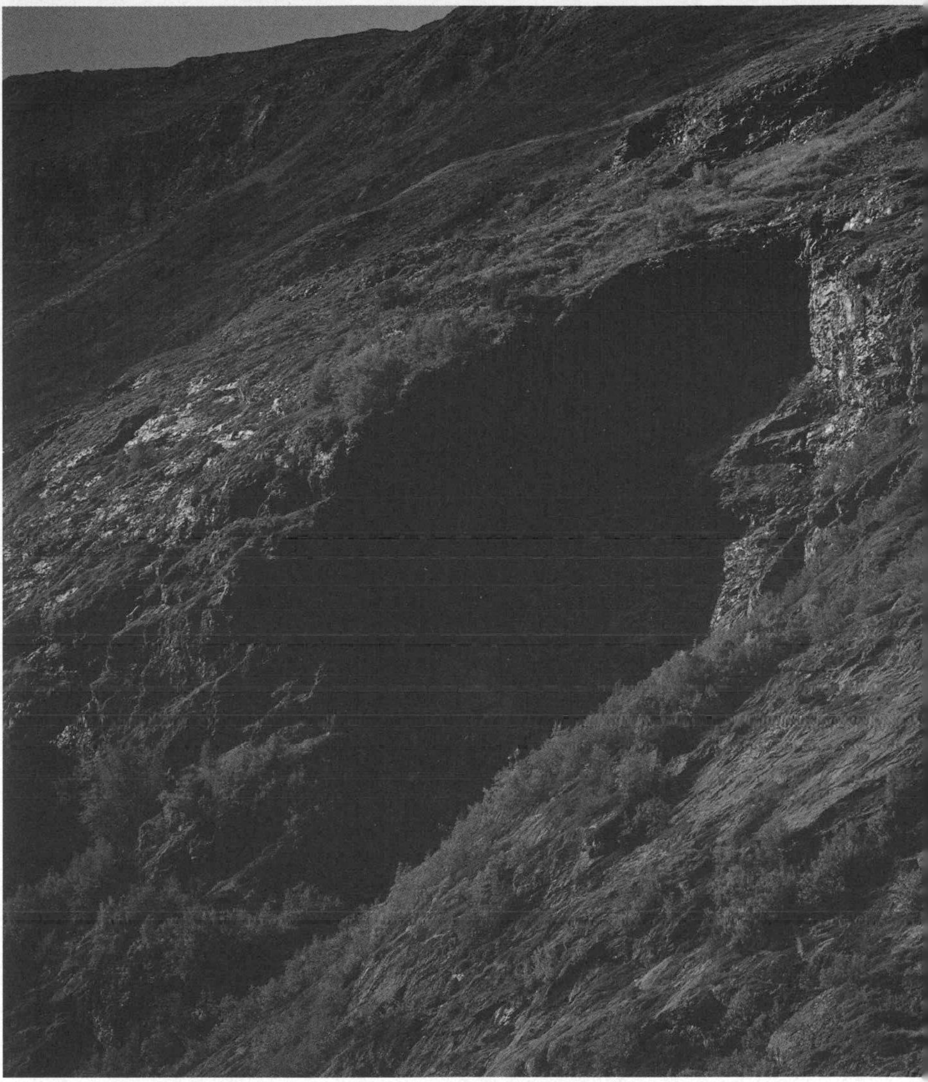

FICMEC20
FICMEC20

倒數三天

島嶼是臉，峽灣是身體

倒數三天之一——凸凹板

時間｜二〇一九年，秋

地點｜台灣，台北

生命只剩三天，整個人變得非常焦躁。

雖然這只是一場假想死亡的寫作設計，三天過後的我當然不會死，但是，一直處在不停失去的狀態裡，寫出來的到底是最在乎的？還是最不想在乎的？

我決定出門散步，邊走邊想。再沒有比大賣場更適合思考的地方了，清潔、整齊、光亮，好像思緒也會漸漸明朗。我看到一塊正方形的凸凹板，塑膠材質，鮮豔的螢光綠，有大有小、有高有低的半圓球，錯落地、不整齊地從板子裡長出來。

每一顆半圓球都有自己的形狀，沒有標準的長寬高，沒有一顆與其他相同，看起來那樣特別，摸起來更有細微的曲面。我被它們深深吸引，拿在手上，打平，抬起至眼前，哇！如果將凸凹板的凸面朝上，真像是一凸又一凸的島嶼！但如果翻到背面，哇！也像是一凹又一凹的峽灣呢！

一凸一凹，一陽一陰，島嶼與峽灣。

凸凹板的邊緣有卡榫，像是拼圖，如果一塊接著一塊，可以拼成一條步道，赤腳走在上面，將會被凸起的半圓球扎得很痛，原來，這是腳底按摩器材！

從笨重、不能移動、顏色暗沉的水泥健康步道，變成輕巧、可攜帶、鮮豔螢光綠的凸凹塑膠板，太奇妙了！我決定帶走一塊，也許可以在上面畫些什麼？生命只剩下三天了，也許我會來不及，只能將它們空白，那就這樣吧，靜靜地看，不再描繪了。

不想再描繪人類了。

啊。我以爲這本書是爲了生態而寫，難道我又再一次地爲人類創作嗎？

難道這就是我的困惑？

我其實認爲人類相當無助。多數人類終其一生庸庸碌碌，在生命時限裡與天地拚搏，像所有的生命萬物，你能叫狼要懂禮節，不去捕食欄牧裡的羊嗎？不可能，這是天性；你能叫苔蘚抬頭挺胸，不要躲在暗處匍匐生長嗎？不可能，這是趨性。

人類畢竟還是忘記自己是動物，稱自己擁有的是人性，難道就無法與獸性／天性／趨性一併討論嗎？

人類爲什麼不能放下領導者的姿態，承認自己做不到，承認自己很無知、很無能，根本不知道該怎麼辦才好，承認自己真的不是故意要毀掉自然的。只不過想活下去，只不過想活得更好，不知不覺中，力量變大了，權力也變大了，所以成爲原罪。

身爲人類，看著人類做盡千萬錯事，但人類難道不可憐嗎？

我是否用理解加害者的心態在看人類？然後不小心開始這趟旅程？又不小心寫完這本書？

生命剩下三天，還有什麼想做的嗎？還有什麼想說的嗎？還有什麼該想清楚的嗎？

我真的，好想知道，我在固執什麼。

倒數三天之二——臉

時間｜二〇一八年，夏

地點｜羅馬尼亞，圖爾恰小鎮

「你是不是宿醉還沒醒？」烏克蘭導演 Oleksandr 一邊忍住笑一邊問我。

啊！昨天晚上，昨天晚上的彩色燈泡還在我腦中閃耀，我在羅馬尼亞人類與環境影展的電音派對上喝醉，還吐了，趴在草地上，一口一口灌溉土壤。吐出來的應該都是水，因爲我沒吃晚餐。地上雜草很硬，當我用力乾嘔時，有幾根鑽進了鼻孔，應該會很癢，但我好像沒什麼感覺。

喝醉的糗事隔天被傳開，不過影展來賓彼此還不那麼熟，多數人只是偷笑而已。不只是我，其他人也喝了很多，羅馬尼亞影展拿到酒水贊助，所有飲料都不用付費，大家開懷暢飲，但好像沒人像我這樣，或者他們掩飾得很好。

我記得喝下最後一杯 shot 時，與我聊天的人是芬蘭導演 John，他手拿著啤酒，輕鬆地聳肩說：「對我來說，去教堂是陪伴我媽媽的行程，宗教對我不造成困擾，《聖經》就像是一部劇本吧！它確實存在，但那是一部人寫出來的劇本。」喔不，那應該不是最後一杯，因爲之後我又拿了兩杯 shot，想要分一杯給義大利導演瑪利歐大叔，但他不想要，所以我一邊聽他說，一邊把兩杯都喝完了。記得他那時似乎在開導我，他說：「什麼樣的生態影展都有啊！都是人辦出來的啊！」

我知道我喝醉的原因，是因爲承受不了以綠之名影展帶來的衝擊，但我沒有告訴大家。

我只是誇獎那個酒實在太好喝，叫什麼呢？啊！Jägermeister（野格利口酒），一定要記住它的名字，太危險了！又冰又涼又甜又厚，很像台灣的沙士，吞下後會回甘出一種辣勁！它又用小容量的 shot 杯裝，一杯接一杯，一口接一口，不知不覺就醉了！

訪問羅馬尼亞影展期間，我借住在一名當地女高中生的家，女高中生青春美麗，每天都刷好捲翹的睫毛膏，穿上時髦的熱褲，在影展裡忙碌當志工，她已經連續參加兩年，說影展太好玩了，她明年還要再來！當我昨晚嘔吐時，女高中生還安慰我，說她上禮拜也是因爲喝了太多 Jägermeister，最後在派對外面吐。「這沒什麼！」她好心陪我坐在路邊等酒醒，拍著我的背，帶我走回家。

真的，很糗！

希望羅馬尼亞影展不要因爲我，認爲每個台灣人都是瘋子。

「爲了謝謝那位美少女的照顧，今天中午我有好好請她吃一頓作爲答謝。」我交代後續發展。「哈哈哈！畢竟要做出一個成年人的樣子嗎？」芬蘭導演 John 說 Jägermeister 真的很危險，他年輕的時候也常常喝到醉。「可是你已經不是青少年了啊！怎麼會這樣！」他挑釁地看著我。

「台灣沒有這種酒，我年輕的時候沒喝過啊！我現在知道了啦，五杯！五杯就要停了好嗎！」「你昨天一定有超過！哈哈哈！對不起，太好笑了！」芬蘭導演 John 抬頭看天空並舉起手指，想計算我昨天到底喝了幾杯。他長得高眺挺拔、風度翩翩，在自己拍攝的紀錄片裡現身當主角，串起劇情，迷煞許多參觀影展的小女生。不過此時，他正不顧偶像包袱地仰頭長笑，笑我。

他的笑聲好大，害我也跟著一起笑，引來土耳其導演 Taylan 的注意，他正在遠方偷瞄我們。Taylan 因爲比較不熟悉英語，一直沒辦法加入聊天的行列，也好，這樣他就不知道我發生什麼事了。

在最後一年的旅程中，我被好多人的臉吸引，我時常靜靜地看著他們，想像這些臉，他們拍過什麼電影？過著什麼樣的人生？在什麼樣的文化和環境長大，到我眼前？因爲這本書，我遇見來自世界各個角落的人，包含我自己，對大家來說也是一個難得的台灣例子吧。隨著情緒起伏，我的外在表現也不太一樣，這10＋1場旅行裡，也許每個人眼中的我都不一樣吧。

我曾經看過一對德國情侶環遊世界的自拍紀錄片《遠方，環遊世界的故事》（*WELT. Die Geschichte von einem Weg um die Welt*），僅靠著豎起大拇指在公路上搭便車，就從德國一路向東直達中國，再搭船，前往日本，再搭船，前往南美洲，再搭船，回到德國。他們花了三年環繞世界一圈，中間還經歷懷孕生子，從兩個人變成三個人，不再容易搭便車之後，就改裝當地小貨車變成行動的家，堅持完成旅程。

兩個小時的電影，看得我好有感觸。一樣都是三年，一樣好多的站，一樣好多的人。影片快要結束前，畫面快速剪接了他們遇過的每一張臉，每一張臉回扣的都是自己在當時的回憶，我看了就哭了。

我在第一年是那樣害怕卻又驕傲，走上未知；第二年伴隨著各種經歷，逐漸安靜了下來；第三年變成什麼呢？變得有點捨不得吧！我捨不得結束，因爲我不知道真正的人生要怎麼走。

電影裡變化最大的是那個女生，記得旅程剛開始時，她的齊瀏海好短，好叛逆，左半邊的頭髮竟然全都削去，剩下右半邊的長髮，我看很久才看懂原來這是一對情侶，原本以爲只是一個男生與一個龐克仔而已！

龐克仔之後竟然懷孕了，身體跟面容產生極大的變化。生產後，在改裝小貨車裡一邊哄小嬰兒，一邊織捕夢網、擺攤賺生活費，她的臉與髮型變得普通，但眼神還是一樣明亮，炯炯地看。

似乎已經有了答案，就畫臉吧！倒數第三天，我就在這塊塑膠凸凹板上，畫這三年來印象深刻的臉。

數了一下，這塊凸凹板總共有五十五顆半圓形，因爲形狀大小不一、排列又不規矩，數了好多次都迷路。

凸面的半圓球面積很小，我想像它們是島嶼，如果要讓島嶼長出臉，只能勾畫特徵，也好，就畫印象最深刻的表情吧。

第一張臉——Oleksandr

時間｜二〇一七年，冬
地點｜烏克蘭邊境，多瑙河三角洲

第一張臉我要畫誰呢？

在凸面的五十五顆島嶼中，最左邊第三列，有一顆比較寬、比較大的半圓形，就在這裡畫烏克蘭導演Oleksandr吧！我想畫他在羅馬尼亞影展的映後座談上，那張自嘲的臉。

那天放映的是《三角洲》（*Delta*），Oleksandr只用一顆廣角鏡頭，拍了一部沒有對話也沒有訪問的紀錄片，講烏克蘭邊境的蘆葦農夫，一樣臨著多瑙河三角洲，卻是羅馬尼亞另一側的故事。

我很喜歡這部片，從頭到尾的鏡頭就是一直動，一直走，一直跑，拚死地跟著當地人，好近，幾乎要貼上去了，那是一雙極度好奇的眼睛，不停地更換到更好的位置，每一個細節都不願意放過。

冬天的三角洲，蘆葦叢沒什麼顏色，色彩飽和度非常低，有時候會以爲這是一部黑白電影嗎？

蘆葦農夫們似乎都已經習慣攝影機，也似乎都不在意了，在冰天雪地裡採收蘆葦的爛工作，有什麼好拍的？傻小子！他們將比人還高的粗蘆葦綑綁成串，一鼓作氣扛上肩，在密密麻麻、又溼又乾的三角洲裡穿梭、搬運、塞滿小船、滿載而歸，開心唱著ABBA合唱團的〈Money, Money, Money〉，期待換上白花花的鈔票，晚上買杯小酒慶祝。漸凍的河水，船難以破冰向前，困住了，得用槳推抵著冰，設法逃脫。滾燙的熱油，在髒鍋子裡煎魚，捏著鍋鏟的手終於恢復血色，不像採蘆葦的時候冷得發白，得不停地用力拍打自己，試圖保暖。窗外下著大雪，多瑙河白成一片。

這些過程斷斷續續在不同時間點出現，並不連貫地剪接在一起，不過，觀眾會自動在腦中將它們串聯起來，變成劇情，變成當地人的故事。

Oleksandr 拍片的方式很簡單，就是他自己拍，機器一扛就衝去了，廢話不用那麼多。

我特別喜歡有一幕他跟著一位當地男士去剪頭髮，冷清的理髮店裡只有男士與女髮型師，店內裝潢非常老式。剛開始看不覺得什麼，就是鄉村的畫面，不過，當女髮型師的身體越來越靠近男士時，兩人之間產生一種曖昧的氣氛，男士害羞期待、要笑不笑的臉，與他在蘆葦叢裡工作時截然不同。接著，女髮型師在某個修剪後腦勺的動作中，讓男士的臉完全埋進她的胸部。

「你故意的！」男士用複雜的表情看著女髮型師。

Oleksandr 在影展期間常常想念他的家人，他給我看他的全家福照片，漂亮的太太和兩個亭亭玉立的女兒。我說：「哇！你小孩這麼大了喔！你不是才大我幾歲？」他說：「你也不年輕了好嗎？還喝這麼多！」

Oleksandr 講話很直接，帶一點諷刺，諷刺別人時會適可而止，更多時候是諷刺自己。他在八年前認識這群蘆葦農夫，只要沒事，只要錢還夠用，就會跑去拍他們。「我不知道，我就喜歡跟他們待在一起。」Oleksandr 在映後座談這樣說。「我終於跨越多瑙河三角洲，來這邊放電影給你們看。」

有人問他：這部片的創作過程哪裡最辛苦？他回答：「和製作人鬧翻最辛苦，先在拍片前被規定寫劇本大綱，真煩！有什麼好寫的，後來製作人跑了，還要自己找錢後製、找放映機會，真的很不爽！」講完後，全場大概空白五秒，主持人與全場觀眾不知道要如何回應。

也有人問他：下一部作品要拍什麼呢？他說：「哎呦，人在烏克蘭不怕沒題材啦！我們和蘇聯共產黨有數不清的恩恩怨怨，什麼戰爭啊、內亂啊，我們都有，哈！我們還有舉世聞名的車諾比事件呢！總之，什麼都可以拍！」講完後，全場又空白三秒，大家眼神互相掃描，不知道現在是可以笑還是不可以笑。

很有趣的人！

他導演，他掌鏡，他很喜歡攝影，之前當過很多年的攝影記者，他相信畫面，因爲畫面是真的，而人的話都很假，他不相信採訪。但他跟我說，他拍片會帶上他的收音師好朋友一起行動，難怪電影裡那些砍蘆葦的聲音，那些船槳的聲音，那些手指、頭髮、剪刀、鬍鬚彼此摩擦的聲音那麼細、那麼美。

他很高興我聽到這些細節，他在私底下聊天的笑容，與在台上當衆自嘲的笑容很不同，不過，兩種都是他。如果要畫他，我還是想畫他在台上的那個自嘲笑容，那是一種保護色，嘴角兩側的弧度不需要對稱，往左邊歪一點，眉毛倒是需要一齊挑高，眼神往遠處看。

第二張臉——Taylan

時間｜二〇一七年，四季

地點｜土耳其邊境，荒漠高原

第二張臉，想畫一直沒機會插上話的土耳其導演 Taylan。

「我的名字念起來很像泰國（Thailand）。對，就是這樣念。」這是他在羅馬尼亞影展期間唯一和我說過的話。真幽默。明明來自土耳其，卻跟我講泰國，害我反應不過來。

Taylan 總是穿著輕鬆的短袖 T 恤，略長亂捲的頭髮，雙眼皮很寬，像卡通人物那樣俏皮，使他偷瞄別人的眼神比較沒有侵略感。他的顴骨飽滿，底下覆蓋著濃密的落腮鬍。

我想我會在凸凹板裡找一顆比較遠、比較隱密的島嶼畫上他的臉，有一點偏向側邊，嗯，就選在中間靠近右側、頂端有點扭曲變形的那一顆好了，因爲這顆看起來好像很溫和，卻又藏了些什麼，就像他的紀錄片《寂靜兄弟》（*Brothers of Silence*），平順之中，壓力卻不停地擴張開來。

這部片的開場非常迷人，一段不知道在哪裡的山中公路，路邊正積著雪，Taylan 將攝影機鏡頭翻到自己面前，緊張地說自己正要回爸爸小時候的老家，那裡已經沒有人住了，但他想回去看看，他想拍點什麼，什麼都好，就當做一個錄像藝術。他想試試看用自己的方法拍電影，如果不行，那就回伊斯坦堡吧！

Taylan 的老家很遠，在山的盡頭，那裡不是小鎮、也不是村莊，僅是規模很小很小的聚落。

聚落裡只有幾棟小房子，一戶是 Taylan 的老家，早已搬空；其他戶則住著 Taylan 的兩位表哥，卽是《寂靜兄弟》的雙主角——一對聽障兄弟。一位已經當祖父了，另一位的兒女也正值青春期，兄弟倆應該都不年輕，但因爲住在氣候惡劣的高原裡，更顯蒼老。一望無際的高原，什麼也沒有。用石頭砌成四道牆，蓋上鐵皮屋頂，就是房子了，不用擔心會冷死。走進房子裡，先把裡頭的草搬走，再把泥土清一清，搭起木台，一個平面拿來揉麵團，一個瓦斯爐拿來煎餅，一個水壺拿來煮茶，就是廚房了，不用擔心會餓死。最後，鋪上毯子，生起火，就成了客廳，同時也是臥室，不用擔心會累死。

房子逐漸變成家，耕種作物，畜養牛羊，人與動物相依爲命，大家都瘦巴巴的，每一個動作只是爲了活下來，因爲隨時可能會死。遠離都市的純自然並不是夢幻的鄉居生活，無論是土耳其的高原或烏克蘭的三角洲，人是那樣渺小得可憐。

看完這部片後，我花了很多時間找資料，才知道拍攝地點遠在土耳其的邊境，緊鄰亞美尼亞。這對寂靜兄弟是沒有國家的庫德族（Kurd），除了聽障兄弟比的是手語外，電影裡出現的語言其實不是土耳其語，而是庫德語。庫德族，在土耳其、伊朗、伊拉克、敍利亞之間流浪，說自己的名字像泰國的 Taylan 其實不是土耳其人，而是庫德族人嗎？在首都伊斯坦堡長大、從大學美術系畢業、擅長繪畫而被稱爲藝術家的 Taylan，選擇回去拍與自己差異如此大的表哥們，他在找什麼呢？

我來不及問他這些問題了。

兩位表哥的個性截然不同，Taylan 它用不同方法拍他們。

大表哥的個性古怪暴烈，沒事就罵人，沒事就生氣，和自己的太太、兒子、孫子，甚至和他養的牛、羊、貓都處不好。他常常意識到鏡頭的存在，叫太太不要講他壞話，甚至在生小牛的關鍵時刻，叫 Taylan 關機，不要拍了，快點來幫忙。Taylan 幾乎都用標準鏡頭遠遠拍他，我想是可進可退吧。

那樣顧人怨的大表哥，卻有一個很動人的特寫：在安靜的夜晚裡，大表哥忙完一整天的農務後，半臥在屋裡的床榻上，深吸著菸，想著事情。那滿布皺紋的臉，很圓、乾燥、黝黑，藏著沒人能了解的心事。

相較於大表哥的孤僻，小表哥樂於穿梭在人群中，Taylan 用很多廣角鏡頭貼在他身邊，記錄他在高原裡賣牛時，冷靜地與批發商人議價；開車去城市購物時，會和所有店家老闆們握手寒暄；走進深山小學裡幫忙修東西，老師很自然地請教他要不要加裝暖氣的小問題。

小表哥的臉寬寬長長，下巴很厚，時常抿著唇微笑，他的任何動作都很小、很輕，總是溫和有禮。但有天他卻發了很大的脾氣，因為已經應徵好的臨時工作被放鴿子，而他非常需要這筆酬勞。

即使流浪到邊境，荒涼如世界的盡頭，人仍會為錢愁苦。小表哥的女兒生病住院了，需要錢支付醫藥費；大表哥的孫子們在根本沒有人煙的山裡玩耍，卻因為沒有小皮球可以玩而大哭大鬧。除此之外，當地農作土地貧瘠，無法自給自足，他們仍需要購買食物和生活必需品，才能活下來。

Taylan 用四年拍攝這部片，記錄兄弟倆順應著季節，搬家遷移的遊牧生活，當然，也記下了家家有本難念的經。

大表哥與兒子長年意見不合，無論是播種的方式、接生小牛的方式、販賣牛羊的講價技巧，全部都不合。大表哥因爲聽覺障礙，只能發出吱吱嗚嗚的吼聲，讓兒子更感到厭煩，兩人無論用什麼語言都無法溝通。兒子自己也生了兒子，三代同堂，一家之主的權威該由誰掌控？

某天傍晚，暴風雨即將來到，大表哥的兒子在忙碌一整天後已經累了，而大表哥卻堅持要他去很遠的地方將小麥收完，兩人發生激烈的爭執，大表嫂走過去勸架，卻被兒子一把扛上肩後丟到旁邊，叫她不要吵。之後，更直接拿尖銳的長叉農具攻擊大表哥，父子對打，無論哪一方占上風，都會使另一方致命。

那場架，不僅是親子衝突，更包含人在嚴苛生活下所累積的痛苦。我驚訝的是，身處現場的 Taylan 仍然繼續拍，沒有用聲音勸架，也沒有放下機器上前阻止，他甚至剪接出來，在所有人的面前播放，他是怎麼通過大表哥那一關的？他是如何向他的庫德族家人交代，讓家醜外揚呢？

這是否是 Taylan 吸引我想畫他的原因？

創作可以那樣誠實嗎？我選的那顆島嶼頂端有點變形了，臉畫在上面的話，雖然會使 Taylan 的寬眼皮變得扭曲，但也會使他的顴骨更加寬闊，我不記得他嘴巴的形狀了，但我會細細地把他的鬍子畫滿整片下巴。他臉上的所有器官，似乎都有觀看的功能，不僅眼睛。

第三張臉——Kathy

第一個身體——吉里巴斯準媽媽的二頭肌與肩膀

時間｜二〇一七年，夏

地點｜馬紹爾群島，上升的海平面

還想再畫一張臉，不過，倒不是一張親眼見過的臉。

是張在紀錄片裡的臉，厚厚的嘴唇，正念出一首堅定的詩，一個穿著太平洋島原住民服飾的女性，她是 Kathy Jetn̄il-Kijiner，來自馬紹爾群島（Marshall Islands），是芬蘭導演 John 紀錄片《給未來的小黃靴》（*Little Yellow Boots*）裡的受訪者之一。

坦白說，我並不喜歡這部電影。雖然在影展期間，我喜歡和 John 往來，我們聊了很多的天，我喜歡他那股悠然自得的態度，但是，他的電影卻使我充滿抗拒。也許是這個原因，我竟然不想畫 John，而是想畫他電影裡的受訪者 Kathy，即使我根本沒遇過她。

John 讓自己擔任主角穿梭在電影裡，半演半訪問串場。《給未來的小黃靴》是他想像在六十年後，他未來的曾孫女將因爲海平面上升，處處積水，而必須時時刻刻穿著小黃靴。他想寫一封信給她，讓她了解六十年前，尚未淹水的過去，就是現在。

這封信像是一部公路電影，記錄他如何從芬蘭前往美國參加氣候變遷大會，拜訪一路上的所有人與所有事。他先搭乘跨國火車，從芬蘭抵達莫斯科，再坐飛機前往馬紹爾群島，最後抵達美國。

出發前，John 先在芬蘭家中訪問自己的太太：對她來說，氣候變遷是什麼呢？這問題換來太太的白眼，說：「這有什麼好拍的？幹嘛問我？」他繼續問：如果從一排到十，她的人生排序最前面是什麼？「當然是我們的貸款什麼時候才能繳完啊！」太太皺著眉頭說。

之後，從芬蘭到莫斯科的路途上，他一站一站訪問火車裡的乘客、工廠裡的員工、遊行裡的抗議者，無論凡夫俗子或專業人士，他詢問每個人爲了在社會上活下去所做出的選擇，也詢問每一個選擇對未來的地球，也許會造成的影響。有人認爲開發是理所當然，不覺得自己正在破壞地球；有人認爲現在的選擇是逼不得已，但未來的人類一定會有更好的解決方案；有人認爲世界末日已到終點，再不改變行動就會成爲葬送地球的幫凶。

坦白講，現在想起來，我還是覺得這部電影設計得很好，但很多時候它還是讓我失神。難道是他用太漂亮的柔焦鏡頭拍自己，把自己拍得太帥了嗎？難道是他形容擔心失去恆定氣候的感覺，就像小時候突然失去父親那樣傷痛，落下淚來，讓我覺得太煽情了嗎？尤其是他請一個金髮小女孩當臨時演員，穿著要價不菲的北歐小黃靴，在黃昏時刻的沙灘，襯著浪漫的配樂奔跑，那一幕，真的……說服不了我。

但是當電影回到真實，真實的 Kathy 出場後，氣氛驟變，我瞬間融進劇情裡。

我看到一個嬌小的身體，鎮定地走進一座巨大的國際會議廳現場，那是國際氣候變遷大會。她走上講台，對著麥克風，一字一字地念起詩來。她濃密的黑髮，編成長辮子放在左側胸前，身上的原住民服飾是蔚藍色的，她帶來一整片真實的海洋，正逐漸淹沒馬紹爾群島。

馬紹爾群島位在太平洋上，在夏威夷與菲律賓之間，屬於美國領土。它是在地圖上小到幾乎看不到的不知名島嶼，是 Kathy 與族人的家，是過去核爆測試的實驗地點。此時，核廢汙染尚未解決，海平面又正在上升，島上的臨海公墓已在海水之下。Kathy 以氣候變遷受害者的身分前來，面對無辜又淒慘的馬紹爾群島，Kathy 的詩卻那樣美。

她寫詩給她七個月大的女兒 Matafele Peinam，就像 John 拍電影給他未來的曾孫女一樣，但 Kathy 的詩多了一種急迫性。在海水即將淹沒家園之前，她得仔細告訴女兒馬紹爾群島的美，但說著說著，她不想只是詠懷這個美，她要捍衛這個美，爲了女兒 Matafele Peinam，她要捍衛馬紹爾群島，不讓馬紹爾群島只存在她們的護照裡，她要它一直存在，就和巴布亞新幾內亞群島、所羅門群島、吉里巴斯群島一樣，是存在的，他們是真實存在的氣候難民，就和天底下大家視而不見的天災人禍一樣，是存在的。她說：「女兒 Matafele Peinam，你好好睡吧！好好長大吧！媽媽和大家會一起努力的。」

Kathy 的詩非常長，她沒有看稿，直接朗讀了三分半鐘，也許是緊張，她有一點駝背，但是雙眼直視現場所有人，雙手在胸前隨著詩的節奏，激動比劃。

我想畫下 Kathy 的一個表情，當她一個一個點名那些無人知曉的島嶼時，眉頭與眼睛相互糾結，厚厚的嘴唇翹起，露出上下排的牙齒，整張臉幾乎要扭在一起，無法理解世界的憤怒。

我不記得《給未來的小黃靴》的結尾了，因爲當 Kathy 在台上點名吉里巴斯群島的那一刻，我的思緒跑去另一部紀錄片《艾諾特的方舟》（*Anote's Ark*），是之前在加那利群島環境影展上看到的。我很喜歡這部片，它讓我認識了吉里巴斯，更讓我知道海平面上升這件事確實存在。

《艾諾特的方舟》有兩條故事線，一條線記錄吉里巴斯總統艾諾特正奔走於各國的環境會議，尋求世界協助，所以片名才會叫「艾諾特的方舟」，像是吉里巴斯的諾亞方舟吧；另一條線比較吸引我，鏡頭跟拍一對平凡小夫妻決定放棄家園，離開吉里巴斯，移民去鄰近的紐西蘭。兩人會做出這個決定，是因爲小夫妻的太太懷孕了，成爲準媽媽，他們想給下一代更好的生活。

吉里巴斯到底是什麼？是國家嗎？還是什麼海島度假勝地？

當電影散場時，我迫不及待拿起手機查詢吉里巴斯，才知道原來太平洋上有這麼多不知名的島嶼，當時內心非常震驚，明明我也是來自太平洋上的島嶼子民，卻對太平洋那樣不熟悉。

當看著 Kathy 糾結的臉與她的厚嘴唇時，我想起那位吉里巴斯準媽媽，她泡在海水裡的二頭肌與肩膀。

在準媽媽與先生尚未搬離吉里巴斯前，總會在夕陽時刻從家裡出發去海邊收漁網。電影記錄他們關上房門後，往下一跳，竟然就是海洋。很難想像，吉里巴斯的海平面已上升到民宅門下。

他們泡在海水裡，游去架網處取下當天抓到的魚，海水一波波，橘色的晚霞映在準媽媽溼答答的頭髮、溼答答的笑容、溼答答的肩膀上。準媽媽的身體黝黑，肉肉的、壯壯的，雖然日子如此潮溼，但他們還是笑笑的。之後，他們成功移民到紐西蘭，開始過起乾燥的生活，換上禦寒的衣物，身體跟情緒被包得好好的，再也沒有露出來了。

我很想畫下吉里巴斯準媽媽在海面上的二頭肌與肩膀，好寬厚，好有肉，好有生命力。

凸面的五十五座島嶼似乎都太小了，可能畫不上去，但是，準媽媽的身體是這樣放在我心上。如果只表現形狀就好呢？

我似乎知道可以怎麼做了。

島嶼是臉，峽灣是身體。

把凸凹板的凸面島嶼翻過來，就是凹面峽灣，我可以剪五十五種身體形狀，置身在五十五座峽灣裡。

在右側前方，有一個看起來像三角形的峽灣，就這裡吧！我要將那位吉里巴斯準媽媽的胳膊剪出來，厚實的二頭肌，拉著網子，取下魚，用這個身體形狀，記下吉里巴斯氣候難民再不回返的記憶。

倒數三天之三——身體
第二個身體——Klaus 的食指

時間｜二〇一六年
地點｜義大利，松德里歐小鎮

我還想剪出什麼身體形狀呢？我想到德國導演 Klaus 的食指。

我想剪一根從拳頭伸出的食指，正不滿地向上指著，就放在中間那排最靠右邊的峽灣裡吧。因爲它很深，裝得了握在一起的四根手指。

這根食指我第一年就遇到，在義大利松德里歐國家公園影展裡，它是德國導演 Klaus 的手指。數一數，在我這三年的旅程裡，應該就遇過 Klaus 和製作人太太 Annette 三次吧，他們的電影總是橫掃歐洲所有大型生態影展的獎項，而我，一直無法忘記 Klaus 提醒我的一句話：「記住，當你伸出食指想要教訓別人的時候，觀衆就會離你而去。」

那時的我很不服氣，我沒有，我沒有要伸出食指！但說起這句話的時候，食指似乎已經伸起。

在往後的影展訪問裡，只要看到我認爲的理想生態電影時，我都會想起 Klaus，很想寫信對他說：「我找到了！可以這樣拍。我找到了！可以這樣講。」但又覺得自己真無聊，是想證明什麼呢？

Klaus 對我講那句話的當下，我正與他爭辯古典生態紀錄片的拍法，我問他爲什麼總是避重就輕？爲什麼只逃避在自然之美？明明拍到北極熊遇到油汙染的現況，爲什麼不追下去，只是稍稍帶過？

縱橫歐洲生態電影圈多年的 Klaus，早已將遊戲規則了然於胸，能怎麼做？該怎麼做？大家只會請教他而非質疑他，而我這個來自遙遠國家的憤怒人，反而使他感到好奇。他都不反駁我的論點，他都覺得我對，不過，他做不到，重點是，他就會這種拍法——專注在自然之美，讓大家愛上自然，而剛好這也是出資者想要的，所以他就越做越好，越做越大。至於尖銳的分析、諷刺的表現或是荒謬的對比，可以啊！但不是他。

他問了我的人生經歷，甚至是我的家庭，我覺得很奇怪，知道我爸爸、媽媽要幹嘛？

他沒說話，繼續笑笑的，然後問：「好啊，那你想拍什麼？告訴我你的故事。」

我講了第一個故事。

他說：「這個動物冷冰冰，沒有感覺，不會有買家！你應該要知道，觀眾就是喜歡大大的、毛茸茸的動物，像是熊，看了就會有感覺。」

我爭辯：「這個動物和人類的關係很重要，應該要讓大家知道！」

他說：「關係很重要沒錯，但你的故事不好，打動不了我。」

我又講了第二個故事。

他說：「這個事件已經過去，你又沒預算重建歷史場景，拍起來不會有感覺，不會有買家，你應該要知道紀錄片就是要有過程，觀眾想跟你一起前往未知，感受冒險。」

我爭辯：「這個事件關係了全世界，大家應該要引以爲鑒啊！」

「引以爲鑒什麼？」Klaus 定定地看著我，不預設任何立場，他等待被我說服。

我似乎在說明引以爲鑒的時候，伸出了我的食指。他打斷我，學我伸出食指，對我說：「你好好想想，再順一次你的劇本大綱，你爲什麼要說這個故事呢？你真正想說的是什麼？你的這根食指，記住，當你伸出食指想要教訓別人的時候，觀眾就會離你而去。」

第三個身體——志工們的膝蓋

時間｜二〇〇〇年左右
地點｜台灣溼地保育區現場

我其實知道我最想講的故事是什麼，但我沒有告訴 Klaus。

它沒有毛茸茸的可愛動物，它已經發生很久成爲歷史，它……更不是一個應該被說出來的故事，因爲它很不識相。它讓我走向創作，因爲我不懂。它困擾著我，讓我成爲很難相信「聲稱自己愛自然」或是「爲自然付出」的人。

在我的世代裡，生態保育鬥士已是一個成熟名詞，保護自然是無庸置疑的社會價值，相反地，每個人似乎都要表現出自己有多愛自然、多關懷自然，這代表自己是很善良的人、很好的人。人類的一生總是一直在尋找能夠理解自己的同類，讓自己的心靈平安，當一群人聚在一起得到安全感的時候，真理就不是那麼重要了。

西元兩千年左右，當我還是學習自然的學生時，我來到一個溼地保育區做生態研究。

會被稱爲保育區，代表當地的自然已經受到危機。那裡本來是一整片溼地，很大，跨及兩個行政區。由於人類有建路的需求、建房的需求，長期下來，溼地的面積越來越小，動植物也失去生活空間，逐漸死亡。保育區，有點像是最後的守護地，把一塊自然區域給圍起來，好的，人類，不可以再用了喔！這裡是專門留給動植物的。

那時候的台灣有很多溼地保育區，我去的那個面積很小，又座落在熱鬧的都市裡，相當衝突。記得每次去的時候，我都騎摩托車，然後將車停在路邊，推開圍牆籬笆後，一座野生大池塘便在眼前！

我研究一種住在池塘裡，長得像雞，頭上一頂小紅冠，全身胖胖黑黑，飛也飛不高、游也游不快、跑也跑不動的水鳥——紅冠水雞。

紅冠水雞非常普遍，橫跨熱帶、副熱帶、溫帶，不僅在台灣，連在巴黎都可以看到，適應力極強。牠的長相平凡，並不起眼，看過就會忘記，不過，我倒是常常被牠的幼鳥嚇到，因爲牠長得好像老鼠啊！每當我在溼地裡穿梭、尋找鳥巢時，就會被驚動亂竄的小老鼠嚇到，喔不！是小紅冠水雞，每次看著牠們，總覺得：天啊！好噁心啊！

我的紅冠水雞因爲行動力很低，只要有一小塊溼地，有得吃，有地方下蛋，就可以存活，溼地面積是大是小，對牠影響不大。但有一種叫「水雉」的鳥就很慘了。牠是會隨著季節遷移的候鳥，不能一直住在固定的地方，當原來的溼地空間越來越少，最終消失不見，代表遷移路線也會跟著消失，牠們總是死在路上，整體數量變得稀少。

水雉有一個外號，稱做「凌波仙子」，因爲當牠展翅、輕拍大翅膀、緩慢地用纖細長腳在溼地草叢中覓食時，姿態優美，像仙女踩著小步伐。繁殖季節時，仙女脖子背後會長出金黃色的羽毛，陽光灑下泛著光，牠是台灣各溼地保育區裡的動物明星。

我去的溼地保育區，其實已經很多年沒出現過水雉了，牠們飛不過來，因爲這一路上的天然溼地都已經消失，它們被困在較北方的其他溼地保育區裡。沒有水雉的保育區，以「等水雉回家」爲號召，命名爲「水雉復育區」，由非營利的生態保育團體經營。設置目的是恢復自然，希望水雉能從他方飛來，最好住下來不要走，在此生育小鳥，如果數量越來越多，就代表復育成功。

我不懂這個口號，因爲這半路上的溼地已經消失，水雉要怎麼飛來呢？而且爲什麼要牠留下來不走，牠是候鳥，爲什麼不可以走呢？學校老師總教導我們不能崇拜明星物種，自然之中，誰生誰死只是警訊，整體系統保持平衡才是重點。生態保育，就是留住自然最原始的樣貌，讓人類退場。

但現實卻與在學校學到的越來越遠，水雉復育區開始出現幾位「老師」，帶領著熱心滿溢的志工大興土木，每天都好忙碌。當我盡可能避免干擾紅冠水雞、安靜觀察自然時，也觀察到一批又一批的人類，在池塘周圍、池塘表面、池塘裡面，大聲嚷嚷地造景布置。先是各式植物進駐，再來出現一對對的鴛鴦，他們說：溼地裡的生物必須激增，爲了增添生物多樣性。

我不懂這個願望。生物多樣性可以人造嗎？我怎麼記得學校老師教我，生物多樣性是漫長時間後的累積，像是地球此時的成果展，是自然開天闢地至今，萬千生物繁複制衡的結果。

老師說錯了嗎？水雉復育區裡的老師又是什麼老師呢？水雉復育區到底是想恢復自然，還是想建立動物園？花園？遊樂園？

之後我才知道，原來這些工程造景是爲了即將到來的記者會。保育故事的結局必須圓滿，政績要給人民交代，水雉復育區決定不要再等了，直接外帶水雉回來吧！聽說他們從遙遠他方抱了幾隻水雉，放進大池塘裡，好的，就從現在開始，歡迎你們住下吧！來，不要客氣，這裡就是你們的家！像是幸運物或是地方神明，水雉開始鎮守水雉復育區。因爲，當民衆來到水雉復育區裡學習生態保育時，怎麼能看不到水雉呢？

我不懂。這些事情，到底是爲了誰呢？

自然到底是什麼呢？對於那些志工、那些老師而言，他們對自然的想法到底是什麼呢？當我不能理解、當我用生態知識與他們討論時，他們好生氣，他們好難過，他們說我怎麼可以這樣說？

「你憑什麼講我們？你有爲水雉復育區付出嗎？你有除過一次草嗎？你有嗎？」志工阿姨們蹲跪在大池塘旁邊，正在處理更新一批的造景水草，她們穿著不透氣的沼澤衣，戴著遮陽帽，拿下墨鏡，一起生氣地瞪著我，汗水不停流下來。

如果要爲這個故事剪出身體紙片、放進我的凹面峽灣的話，可能會剪下很多穿著沼澤衣的膝蓋吧！因爲當她們視我爲異族時，我很害怕，我不敢看向她們的眼睛，一直盯著她們的膝蓋，上面有著溼地的水，還有幾片葉子。

Klaus 會覺得這個故事有趣嗎？我不知道自己是否又伸出食指了？

後來我被禁止再去水雉復育區裡做研究。

因爲這個故事，我從生態轉去念傳播。我總是想描繪自然，卻一次又一次遇到人類，我一直想講人類與自然的複雜關係，我一直想找非人類邏輯至上的拍片風格，但是到頭來，我還是必須得先說服人類才能開始講故事。

而我竟是那麼不了解人。

第四個身體——Marijana 的芭蕾舞姿

時間｜二〇一七年
地點｜塞爾維亞，首都貝爾格勒

這一天過得如此漫長。

死前的跑馬燈就是這樣嗎？我竟然回想了這麼多的臉，也回想了這麼多的身體，還有好多，已經來不及了。這幾天，Marijana 跳芭蕾舞的樣子，一直出現在我腦海裡，我最想寫她，卻又最不知道怎麼寫，怕把她寫壞了嗎？

Marijana 是這三年旅程中和我最親近的朋友，我們年紀一樣，我們對世界的看法很像，我們對自己的期許也很像。我們都曾經在西歐生活，卻因爲自卑與害羞，怎麼樣都學不好當地的語言，而我們都同意那是心魔的原因。

「在德國讀書的時候，我最喜歡去逛大賣場，倒不是要去買東西，而是可以稍微解決寂寞，再也沒有一種空間能像大賣場那樣，進入人群，卻又不需要真的與人溝通，穿梭其中，覺得非常自由。」Marijana 往往一開就是金口，說出讓我覺得很有哲理的話，以上這幾句，是我認識她至今最喜歡的一段，我一直記著。

我其實不知道 Marijana 以前跳過芭蕾，剛認識她的時候，只記得她刻意拒絕各種典型的女性化裝扮，不讓自己陷於壓抑的美感。雖然 Marijana 長得很漂亮，擁有纖細的身材、長過屁股的金髮、深邃的藍眼睛和小巧的嘴巴，直到我去她家拜訪，看到她少女時期練習芭蕾的舊照片，才發現她其實長得就像木製音樂盒裡，扭轉發條，蓋子往上掀後，在中央旋轉的小小芭蕾舞伶。

她說，成年以後，實在沒辦法繼續完成媽媽的期望，她喜歡自己現在的樣子。

Marijana 從小在塞爾維亞的首都貝爾格勒長大，家境小康溫馨，三代同堂住在一棟房子裡：地下室住著祖父母，一樓是客廳與廚房，二樓住著父母，三樓住著 Marijana 和哥哥。還記得 Marijana 帶我走進她家前，指著院子裡的兩棵大樹說，一棵是她哥哥出生時種下的，一棵是她出生時種下的。我抬頭看，兩棵樹環抱著 Marijana 的家，已經比房子還高出好多了。

在克羅埃西亞單車生態影展認識 Marijana 之後，因爲太想了解她和她的國家，半年過後，我特別選在塞爾維亞綠色文化影展開幕前，提早四天住進 Marijana 的家裡，爲了與她朝夕相處。

現在想想，我真是厚臉皮，跑去人家家裡白吃白住。

不過，Marijana 很開心，尤其她的媽媽更是卯起來做準備，我一進門就被請到餐桌前，Marijana 在媽媽的囑咐下，站著，用雙手端著一個精緻的大方盤，盛著一個裝滿蜜餞的玻璃碟子，要我挖一湯匙吃下去後，才能坐下開始用餐，說是塞爾維亞的傳統，給客人接風用的！之後，每天晚餐都盛大準備，每天早餐也極富巧思，特殊口味的沙拉、醃肉、乳酪、親手烹煮的土耳其咖啡、法國吐司、甜點……，只能說餐餐都快逼近過年！要不是我和 Marijana 白天會出去逛一逛，我看她媽媽連午餐都會包下來。

努力吃、努力逛，Marijana 用她的方式，帶我走進塞爾維亞與首都貝爾格勒。

Marijana 在停止學習芭蕾舞後，轉向學習大尺度的都市規劃，比如一座城市應該怎麼使用自然、如何開發建案、如何保留綠地、如何使人類的理想兼具保護地球的價值觀，讓國家走向繁榮。Marijana 很喜歡這個領域，還曾得到獎學金去德國完成博士學位。那年的她已經學成歸國兩年，但一直處於失業狀態。

走在首都貝爾格勒，它是目前塞爾維亞的首都，更是過去整個南斯拉夫的首都，留下許多曾經華麗但現已殘破不堪的建築，大眾運輸網絡建制完備，但車體卻老舊如黑白電影裡的道具，聽說是從捷克或瑞士淘汰後再賣過來的，我覺得塞爾維亞像個落魄的貴族。

二〇一七年的貝爾格勒似乎正努力與中國建立交情，走在街上的路牌第一語言是塞爾維亞語、第二語言是英語、第三語言竟然是中文。一些風景名勝處，都有中文導覽的資料可以拿。Marijana 跟我說，最近正要開通一條從中國到塞爾維亞的航班，免簽證，政府正準備迎接大舉前來的中國觀光客。除此之外，中國手機品牌的巨幅廣告，充斥薩瓦河兩岸的新興開發區，在一樓的櫥窗，在頂樓的牆面，無所不在。

不僅中國，還有杜拜。

在某天 Marijana 精心安排的觀光行程中，我們假裝買主，前往一個由杜拜公司投資的樣品屋，煞有其事地看房。屋裡一切非常時髦，大理石、黑木頭、金色邊條、吊燈、崁燈、美術燈、中島廚房、鏡面餐桌、真皮沙發、按摩浴缸，享樂設施裝潢完備，高科技家具一應俱全，但落地窗外的風景卻看起來很奇怪。原來，每一扇玻璃都貼上河景照片，從日景到夜景，讓客戶想像每一刻的自然。

河景照片背後，窗戶外面的薩瓦河畔正塵土飛揚，到處都是工程圍欄、鐵條、水泥、一包包的園藝用土，以及一包包以顏色區分的花。鷹架和起重機不停忙碌，奔向未來。

不停追趕的貝爾格勒，市區裡有很多二十四小時營業的小雜貨鋪，由鐵皮搭蓋，販售紅牛提神飲料與各種顏色的碳酸汽水。滿街的麥當勞、肯德基、漢堡王，青少年的皮膚看起來都不太好，他們行色匆匆，走進老大廈裡的托福、雅思補習班。

我曾經想好好品嘗塞爾維亞料理，但餐廳裡只賣各式各樣的肉排，價格昂貴，還附上到你桌邊唱歌的巴爾幹音樂，應該是特別賣給觀光客吃的。除此之外，有非常多的小鋪賣著肉片三明治，不然就是摻著肉末的大餅。

肉，到處都是肉，但卻不是好肉，好像只要有肉就可以了。

在塞爾維亞，吃肉是一種地位象徵，似乎只要能吃到肉，就代表獲得某部分的成就，這讓從小喜歡吃青菜的 Marijana 感到很痛苦，因爲她媽媽不能接受她竟然不喜歡吃肉，家裡又不是吃不起，拿大家都想吃的肉來養你，怎麼就不願意吃呢？

我跟她說，如果你在巴黎說你愛吃蔬食的話，那可是很風騷的選擇，不僅要蔬菜，還要有機，背後代表的已經不是你要不要吃肉了，而是你有沒有關懷自然、對地球有沒有責任感，或是，你有沒有知識與能力過上更好的生活。

「那如果在台灣呢？」Marijana 問我。喔，那就更好了吧！畢竟我們的宗教鼓吹吃素，不要殺生。台灣有非常多的素食店，你會有很多種選擇，還會被誇很有愛心。

終於忙完一整天的觀光行程，傍晚，我們坐在一家燈光新潮的美式餐廳裡，圓形鐵桌，高腳椅，聽著流行音樂，聊天休息，吃甜點。

Marijana 和男朋友 Vladan 感情很好，可惜兩地相隔。當我借住在 Marijana 家的時候，她正開心地倒數 Vladan 前來會合的天數，說是再過幾天塞爾維亞影展開幕後，Vladan 也會來看，他們以前都曾是影展志工。

現在想想，我覺得是體貼的 Marijana 犧牲了她與男友相聚的時光，讓出房間來給我借住，不然，Vladan應該可以更早和她會合才是，但她都沒有跟我說，真對她感到抱歉。Vladan和Marijana的氣質很像，都是溫和、冷靜、知書達禮的人，Vladan沒有受過正規的學校教育，但英語卻說得非常好，他在英語教學網站擔任線上教師。當我在克羅埃西亞單車生態影展剛認識Vladan時，他一聽到我來自台灣，馬上跟我講他有一位和他交情不錯的學生，就是來自台灣的雲嘉地區。

他說他學生一家三代全都住在一棟房子裡，小孩成年後，竟然不會搬出來，這和塞爾維亞的文化很像！

我說：「對啊！因爲台灣滿小的，居住空間有限，如果住在同一座城市，爲了省錢，家人幾乎都會住在一起。不過，從我這一代已開始變化，很多人搬出來住了，個人隱私與自由意志逐漸被年輕人重視，但仍然與傳統孝道拉鋸，這是台灣的文化。」

「嗯，那你呢？你跟家人住嗎？」Vladan問我。

「我……因爲不喜歡被管啦！所以……能搬出去就搬出去，我從小在北部長大，但是刻意選南部的學校念書，而現在，我甚至不在台灣了。」記得回答Vladan的時候，我們正在克羅埃西亞邊界不知何處的公路騎腳踏車，四周的房子遭逢三十年前的克羅埃西亞獨立戰爭，已經殘破不堪，但是在炸陷的天花板裡、破牆的彈孔裡，卻長出滿滿的野生植物，生意盎然。

那晚，貝爾格勒的觀光行程結束，和 Marijana 吃甜點聊天前，我終於完成了我來塞爾維亞最大的心願——認識東正教！

我總共參觀了四座不同風格、有大有小、有華麗有樸素的東正教教堂。我先跟著 Marijana 用眼睛看，之後再自己帶相機來，仔細地拍一遍。

東正教教徒一進門，就會低頭親吻玻璃桌墊裡的耶穌畫像，牆上充滿了馬賽克鑲嵌的聖像或過往的歷代君主，一直從牆壁延伸到天花板，人物的畫風、姿勢、手勢都與天主教截然不同。垂掛的大燈、昏暗的空間、深色的木頭、銀色的錫板、金色的金屬物，構成東正教的氣氛。

也許是運氣好，我們遇上了很多場儀式，他們唱禱時沒有配樂，直接吟唱，忽快忽慢，像念經，音階卻屢屢繞轉而上。

我最喜歡的一間教堂，嬌小隱密，位在防禦碉堡裡，裡面的壁畫故事都和水有關，由各種藍色的馬賽克拼起來，好美。教堂裡的角落，有個半開放的小井，信徒可以買聖水回家使用，聽說對生育子女很有功效。來這裡禱告的幾乎都是女性，Marijana 說她的奶奶很常來這裡爲家人祈禱。

「我想我至少要拜訪完世界上的三個大洲以後，才會願意生小孩，進入家庭吧。」Marijana 告訴我她的人生計劃。我覺得好新奇，大洲？常常聽到很多人想環遊世界，但沒聽過有人用大洲來規劃行程。

那時候的 Marijana 正偷偷規劃和 Vladan 去南非旅行，但不能讓媽媽知道，因爲她還沒找到正職工作。真辛苦，住在家裡就是這樣吧。Marijana 對台灣很好奇，她說這次看完非洲，也許下次就是亞洲囉！

亞洲啊！我認識它嗎？爲了寫這本書，我去了這麼多的歐洲國家，卻不了解台灣四周的亞洲國家。世界上有多少大洲呢？亞洲、歐洲、非洲、大洋洲、北美洲、南美洲、南極洲，世界真大。

此時的我，想到那塊凸凹板，它如此吸引我的原因，是不是因爲它很像從海面隆起的陸地呢？面積最小的陸地是島，面積最大的陸地就是大洲了呢。當我在大賣場裡把凸凹板拿到眼前平視時，我是不是看到一塊又一塊的陸地呢？它們離開原本在地球的位置，全部聚集在一起，擠在一起，到我眼前，五十五座島嶼，五十五座峽灣，裡面發生過什麼樣的事情呢？

Marijana 在我訪問完塞爾維亞影展過後的幾個月，完成南非行，她的媽媽果然氣炸了，不過她很開心，她觀察到很多非洲現況，寫信與我分享。

堅定自己喜愛事物的 Marijana，也堅定地愛著 Vladan。在塞爾維亞影展，某天電影放映結束後，我走去找她，只看到她和 Vladan 兩人相依偎地倚靠在椅子上，一起看著散場人群發呆。

我很難忘 Marijana 眼底的那份柔情。

喔，這可能不是最好的畫面，在她家時，發現幾張她與 Vladan 的合照，更令我印象深刻。一座山丘，夕陽西下，從斜後方打了一個狹長的逆光，他們兩人相擁跳舞，那是連續拍攝的照片，只見兩道剪影，Vladan 將 Marijana 的手舉高過頭，旋轉，分離，又合在一起。

也許我該對 Marijana 的那張身體紙片改變主意，不要剪跳芭蕾舞的身體了，那已經不是她了。我應該剪下他們相擁跳舞的身體，放進一座大型峽灣裡。嗯，但兩個身體實在太大，一座峽灣裝不下，好的，那就選兩座相鄰的峽灣，將兩張身體紙片各自放好，卻是相連的吧！

第五、第六個身體——受難情侶相擁的上半身

時間｜一九九九年、二〇一五年、二〇一七年

地點｜南聯盟、孟加拉、貝爾格勒

與 Marijana 共度的回憶都是溫馨美好的，但貝爾格勒卻給我……很猙獰的感覺。

我總是想起那一首歌：「I want it all, I want it all, I want it all, and I want it now.」（我全部都要，我全部都要，我全部都要，我現在就要。）唱得我手指發冷，全身雞皮疙瘩。

我總是想起那一條街：左右兩排的大樓已經炸得面目全非，所有的牆都是破碎的，卻還掛著幾扇僅存的玻璃窗；所有的鋼筋都暴露了，扭曲成奇怪的形狀。

我不知道這些大樓到底有幾層樓，至少十層吧？每一戶的頂樓都不一樣，忽高忽低，已經炸不成形。去過克羅埃西亞之後，我比較看得懂了，這些炸彈應該是從天空投下，邊飛邊炸，用掃射的方式，從街的這一頭炸向另一頭，武力比我在克羅埃西亞看到的還要強大。但我不可能看得懂的是「國際介入」，也就是不在戰爭的甲方與乙方，這是由第三方所介入的武力，爲維護世界和平。

這條街是曾經快要掀起第三次世界大戰的現場，歷史上稱做科索沃戰爭（Kosovo War），從一九九年的春天炸到夏天，長達七十八天。當時的南斯拉夫正在瓦解，斯洛維尼亞、克羅埃西亞、波士尼亞、馬其頓已經陸續獨立成功，科索沃也急欲脫離，但是塞爾維亞不同意，連結蒙特內哥羅強力阻止，稱爲南聯盟。

南聯盟自一九九六年便開始與科索沃獨立軍發生衝突，以種族清洗的方式，大量消滅科索沃境內的阿爾巴尼亞族群，僅剩下塞爾維亞族群，因爲南聯盟爲首的塞爾維亞非常害怕科索沃一旦獨立，就會和隔壁的阿爾巴尼亞結盟，壯大阿族的勢力。

巴爾幹半島上永無止境的民族戰爭，以塞爾維亞最爲強勢，而塞爾維亞是斯拉夫民族的其中一支，一直以來背後有俄國撐腰，也就是說，南聯盟當時如果勝利的話，俄國也會因此得利。世界上的其他強國，爲了阻擋俄國勢力增長，以美國爲主、其他歐洲國家爲輔組成北約（全名爲北大西洋公約組織），以維護國際人道爲由，制止南聯盟在科索沃的軍事活動。

北約曾於一九九九年冬末，在法國巴黎郊區的某座城堡裡，請南聯盟前來參與國際協調會議，但是協調失敗。南聯盟爲首的塞爾維亞，不但拒絕對科索沃放手，更加倍殘害當地的阿族，造成科索沃大量難民外移，很多都跑來巴黎避難；北約爲首的美國（時任總統柯林頓），決定向南聯盟宣戰，國際軍隊以人權之名大舉進攻南聯盟，轟炸首都貝爾格勒的主要幹道，其中還有一棟是中國大使館。

當我二〇一七年拜訪貝爾格勒的時候，有人跟我說：「俄國就像我們的兄弟，我們都來自斯拉夫民族，有著同樣的語言根源，分享著同樣的文化。」也有人跟我說：「唉，俄國與美國，就是兩張椅子，我們能怎麼辦呢？總要選一張坐下去。」

科索沃戰爭裡逝去的生命無法計算，一直是爭議，因爲連數字都是政治的，是阿爾巴尼亞民族死的人比較多？還是塞爾維亞民族死的人比較多？有差嗎？都是平民百姓無辜承受的悲劇。

科索沃戰爭結束後，南聯盟喪失對科索沃的控制，塞族移出科索沃，剩下阿族；二〇〇三年，南聯盟結束，塞爾維亞剩下自己；二〇〇八年，科索沃正式宣布獨立，擁有主權，獲得許多國家承認，但因爲俄國與中國的反對，科索沃至今仍無法加入聯合國。

與台灣的狀況多麼相似呢？

我想起當我準備前往塞爾維亞前，必須先在巴黎的塞爾維亞大使館申請簽證，抵達後，海關給我一張特殊的單子，入境蓋章、出境收走，我的台灣護照沒有留下任何痕跡，因爲塞爾維亞不認爲台灣是一個國家。

光是科索沃戰爭，光是貝爾格勒的一條街，就可以看見世界上三個大洲的故事了吧，歐洲、美洲、亞洲，曾在此爭奪。我比較訝異的是，總是向我持平分析南斯拉夫歷史的Marijana，談到科索沃戰爭時，是另外一種面貌。我問Marijana，當科索沃戰爭轟炸貝爾格勒時，她還有印象嗎？那時的她在做什麼？她說學校停課了，大家都在家裡避難，她不太記得了。凡事觀察入微的Marijana保留了她內心深處的想法，沒有跟我說。

一九九九年的我正在讀高中，人生最大的煩惱是——千禧年的跨年晚會，我要去哪裡玩？我知道柯林頓，但我只記得他的性醜聞，而他的決定影響了整個歐洲，與我的朋友Marijana。

Marijana說她在德國留學的朋友如果來貝爾格勒找她玩，她一定會帶他們來這裡看看，我問：「那你怎麼解釋科索沃呢？」

「科索沃是塞爾維亞的！」Marijana說她在德國課堂上報告時，同學曾糾正她使用的地圖不對，因為地圖的顏色，讓科索沃納入塞爾維亞的國境內。她說她當時花了很長的時間向他們解釋，這才是正確的地圖。

我很驚訝。

我以為關懷社會、學習西方左派思想的Marijana會支持任何爭取主權獨立的國家，但她卻對我說科索沃是他們的？

誰的呢？

塞爾維亞又沒有好好照顧你，你看你身爲知識分子學成歸國，卻無法貢獻己力，國家整體政策只想和有錢人做朋友，大尺度的都市規劃能給誰決定呢？我看著她，我沒有將這些話說出口，我在心裡想著。

Marijana 也問我非常多台灣與中國關係的問題，關於台灣是不是國家，關於獨立的定義，她也花很久的時間理解我的立場。我想，搞不好在她眼中，我也很令她驚訝吧！來歐洲以後，才知道所有亟欲在國際上正式獨立的國家，狀態都完全不同。

塞爾維亞認爲科索沃仍是他們的政治宣傳，在貝爾格勒處處可見：被炸開的廢墟大樓堅持不重建，並且在旁邊設立軍事基地，外牆用大圖輸出貼著年輕人的從軍照；歷史博物館正展出從科索沃出土的歷史文物，強調科索沃是塞爾維亞的發源地，是塞爾維亞祖先的智慧；國會大樓前的廣場地上，放著一座座的立體看板，貼滿科索沃戰爭的照片：烽火連天的城市、滿目瘡痍的屍體，展示給來來往往的行人，無論大人還是小孩。

我們快速走過，Marijana 沒有多作解釋。她對科索沃有一層更特殊的感情，因爲 Vladan 的家族就住在科索沃附近，他們是當地極少數的塞族，在悲劇裡，好像站在加害者的那一邊，卻是受害者。

沒想到爲了剪出 Marijana 與 Vladan 的身體，讓我想起這麼多的事情。也許這些回憶也讓我找出原因，爲什麼當我告別 Marijana 後，卻一直無法專注在影展裡。

因爲整個塞爾維亞，整座貝爾格勒，就像是一部電影，一場夢，一場混沌的夢，說不上來是一場惡夢，因爲與我的人生經歷相差太遠，我置身事外，我遠遠地看，我只覺得戰爭的後遺症仍然在這裡。

塞爾維亞綠色文化影展是那三年以來最特殊的命名，因爲影展主辦人使用了「文化」二字，爲了想建立文化，必須破壞文化，影展想揪出國際上可惡的政治力量，並且予以矯正，以好好發展他們心有所屬的立場。

我真的很不願意承認，Klaus 說的是對的。

二〇一七年的影展主題是時尚，開幕有一場與設計學校合作的走秀，用廢棄輪胎製成時尚晚禮服，多達十件，模特兒走台步，陸續上台，一次又一次地怒視全場。

那年的焦點電影是一部批判快時尚的紀錄片《真實價格》（*The True Cost*），導演在訪問完經濟學家、社會學家、時尚業者、社會企業之後，在片尾，用一左一右的分割畫面，同時呈現二〇一五年美國與孟加拉的狀況，片尾曲〈I Want It All〉在此時響起：我都要，我就要，我現在就要，我全部都要。

右邊的畫面在美國，一間快時尚品牌的旗艦店，店還沒開門，但門外擠滿了人，此時是聖誕節前夕，正展開限時殺喉價。脫口秀主持人笑鬧著：「又到一年一度買禮物的時間，我們又再一次購買我們不需要的東西，送給我們不喜歡的人。」營業時間到，鐵門拉開，所有人衝進賣場，彷彿野獸出籠，又跑又搬又搶，發狠地買衣服，聽說比抹布還便宜。

左邊的畫面在孟加拉，一個服務快時尚品牌的成衣加工廠，門垮了，整棟建築崩塌了，因爲削價競爭，成衣廠接到美國訂單的價錢，只夠租賃危樓。大樓塞進過多的縫紉機與過多的勞工，太重了，即使牆壁已經裂開，發出警戒，仍然逼迫孟加拉人賣命爲全世界的消費者趕班，爲了比抹布還要低的日薪，近千人葬身在塌陷的水泥堆裡，一具又一具破碎的身體被搬出來，其中有一對緊緊擁抱但已經喪命的情侶。

塞爾維亞綠色文化影展的每一部片，都指出世界上每一個人類的無知與錯誤，連名帶姓，鉅細彌遺，絕不包庇。最重要的是，每部電影播畢後都會附上一個官方網站連結，觀眾得以繼續關注，讓聲浪擴大。

影展主辦人對我說：「這是一定要的，這是一定要讓觀眾知道的。」

我的確得到了覺醒，我看到每一個國家都在相互影響著，它們都是不容易在主流媒體曝光的珍貴資料。但我有一個更大的感受：是的，身爲人類，我有錯，我有罪，我該死，我對不起在世界各地邊陲正因爲我的便利生活而受苦受難的人，我對不起這個世界。

在過去，當我在義大利松德里歐國家公園影展時所累積的種種不滿，在塞爾維亞綠色文化影展裡全都實現了，我想要的呼籲世界的真相，這些片都做到了，但是，連我這個機車的檢察官都無法忍受。諷刺的是，這麼多電影，這麼多內容，我竟然一部也不記得。坦白說，當我一離開電影院，我就把它們全部忘記了，因爲太不堪了，我不能記得。

多麼矛盾。我本來是那樣希望把尖銳的真實放進電影，但是當真的這樣做了，卻連我自己都吃不消。我不知道其他觀衆怎麼想，塞爾維亞影展不需要門票，是免費的，無從得知如果必須買票看電影，大家還會來嗎？

我彷彿看到 Klaus 在遠處對我眨眼睛：是吧！我告訴你了！我告訴你不能這樣拍片了！

真的是如此二分嗎？迎向真實？或是逃避真實？這三年，我看到了更多的灰色地帶，不是嗎？

我不想抹煞我的經歷，但在貝爾格勒的那段旅程，的確教了我很多事情，它讓我看到了，我的食指。

倒數三天之四——再一張臉、再一個身體
最後一張臉、最後一個身體——？

時間｜此時
地點｜凸凹板

倒數三天的思緒是如此混亂，寫到此刻，腦中再也沒有誰的臉與身體了，好諷刺，我逃避在這塊凸凹板上，數著五十五顆毫不重要的半圓形，無論它們是島嶼還是峽灣，是臉還是身體，它們竟然都是人，不是動物或植物。

我寫這本書到底是爲什麼呢？

在我成長的千禧時代裡，我到底要什麼呢？我不知道再往五百年後推，或是再往五百年前推，整個世界會怎麼樣？我看不到，以人類的壽命，沒有人能看到。不過，因爲人類的錢財與權力能夠累積，所以比起其他的生命，更多了不死的氣息。

歷史不死，疆域不死，欲望不死。

記憶也是不死。

每一個新生代的人類，都必須比上一個世代聰明、厲害、善於解決困難、邁向光明，

但如果我做不到呢？

我的爸爸是完美主義者，他教導我和弟弟活著必須認真向上，擁有目標，並且完成它，才是成功的人。因此我們從小到大都必須向他說明，我們想要幹嘛，我們如何達成，我們將成爲什麼樣的人。

如此崇拜成功的爸爸，畢生追求成爲英雄。但是他說的，與他做的；他期待的，與他得到的，好像都不一樣。

他不服氣，他不滿意，他更加努力，他總是不開心。

爸爸總是奮力前進，帶領我與弟弟走向光明，我一直走不到光明，直到從科學離開，才在社會學與爸爸相遇。

爸爸的人生與所有人一樣，是歷史與社會的縮影。他有他原生家庭的過去，長大成家以後，成爲我的原生家庭，誰也沒有錯，誰也不能爲誰負責，每個人在有生之年裡，都忙著在人類叢林裡求生存。

人因爲永遠不會被其他生物吃掉，所以永遠不會有即時的生命危險，從生到死的過程中，多麼漫長啊，人類開展了許多欲望，然後，基於經濟和權力的多寡，得以被實現或必須被幻滅。成功，是否是人活下去的成本呢？

成功的懸念讓爸爸無法滿意自己，欲望始終無聲無息地督促他。爸爸，似乎從未張開雙臂，全身放輕鬆地享受人生。

爲了不想重複爸爸的壓抑，自我懂事以來，我就想當一個與爸爸相反的人。我努力追求放下競爭、放下成功、放下完美，想當一個自由快樂的人，想成爲一個不受制他人、自己就能擁有自己的人。

坦白說，這仍是一種欲望，一種不想要這個但要那個的欲望。在我執行這個欲望時，仍身處在人類社會中，我與衆多欲望相見，彼此競爭，根本無力招架。我們是否都被那些欲望給迷惑，我們到底在追求什麼？我們是否能直截了當地承認欲望，然後安然地接受反應，與它一起變化？

不知不覺，我的身體帶著這份欲望，在我所處的時代成長。

我成長於人類開始質疑現代性，開始質疑繁榮發展，開始質疑何謂進步與成功，對身爲人類感到困惑的時代。人類渴望獲得安慰，開始想念自然，卻發現自然已經改變。過去人定勝天的喜悅轉爲虧欠感，以人爲本還是以自然爲本的辯論開始蓬勃發展，人類渴望回歸自然，逐漸形成奉獻自然、回饋自然的價值觀。

我在這種社會氛圍下長大，從小就參加各種非營利組織舉辦的生態教育活動，新價值觀所播下的種子在我身上發芽。

我是生態保育小尖兵，跟著老師拜訪自然，老師說：「這棵樹是什麼樹呢？除了從外觀分辨構造外，還可以聞聞它的味道。」我永遠記得老師摘下一片葉子，放在掌心，搓揉開來，我墊著腳，將鼻孔湊近聞著，一股刺鼻的青草味，一點也不香啊，什麼怪味道。不過，這棵樹和那棵樹的味道，還真的不一樣。

老師也叫我們抬頭看，一隻鳥正停在樹枝的背後。哪條樹枝啊？那條樹枝啊！大家好不容易從一堆長得一模一樣又密密麻麻的樹枝之間，終於找到那隻鳥，然後，聽著牠的叫聲是高還是低呢？看著牠走路的樣子，是邊走邊跳還是一直跳一直跳呢？從行為裡學習辨別鳥種，之後就算看到影子，也會知道牠是誰。

我一隻鳥、一棵樹的名字也記不起來，卻記得了這份快樂。我空手而去，空手而回，但腦袋記憶了，皮膚也記憶了，自然在我的世界裡綻放。

我喜歡任何與自然有關的事情，尤其是跟自然有關的人。我喜歡親近他們，了解他們的內心世界。我認為只要從事自然相關職業的人，就是超好的人，他們不是一般的人類，他們要將自己奉獻給大自然，他們不追求成功，他們不像我爸爸，他們就是我想要成為的樣子。

寫到這裡，發現這種想法真是可怕。

所以，只是補償嗎？

所以，誰都可以犯錯，但從事自然行業的人絕對不可以有錯？所以，誰都可以向現實妥協，但從事生態紀錄片的人絕對不可以向現實妥協？

我竟以如此潔癖的心態看待生態影展，彌補我人生永遠不能夠成功的事情——改變我的爸爸。

我竟是這樣糾結於過去，直到現在都快要死了，還無法爲自己負責？還想怪罪他人？甚至怪罪我的家庭？怪罪我的爸爸？我到底在寫什麼？

我的頭好痛。

我的頭又開始痛了。

這全部，真的是一場空嗎？

在倒數時間的寫作裡，剩下三天，就要死了，未來不會再來了，一切，已經攪和成一團，什麼也看不見了。模糊之中，Klaus 的手指，從遠處峽灣漂來。

他說：「沒關係的，可以的，來，你再說一次，你再順一次你的劇本大綱。」什麼？我沒有什麼要說啊！我已經說完了，我的人生故事竟是如此荒謬。Klaus 搖搖頭，繼續說：「可以的，你再說一次，順著這個結構，你真正想講什麼？如果在這塊凸凹板上，你要怎麼畫你的臉？你要怎麼畫你的身體？」

我？

我沒有想過。

我從來沒有畫過我自己。

「那麼你畫吧，你要畫什麼？你要怎麼說你自己？」Klaus總是直直地朝人眼睛裡看，如此肯定。

不，這塊凸凹板要留給我遇到的人，我已經想好了，我要畫五十五張臉在島嶼上，五十五個身體在峽灣裡。

「你再數一次。」一、二、三……四十九、五十五、五十六顆半圓形！竟然有五十六顆！我一直以爲這是塊有五十五顆半圓形的凸凹板，但竟然有五十六顆。我一直算錯了嗎？

Klaus不見了。

Klaus當然不在這裡，二〇一七年後我就再也沒看過他了，不僅是他，那些放在我心上的人，那些讓我過意不去的人，我再也沒看到了，他們早已離開我的生命，我卻一直背著他們。

凸凹板上的第五十六座島嶼，第五十六座峽灣，是我的臉嗎？是我的身體嗎？我，才是這趟旅程真正的祕密嗎？原來我一直在矇騙自己？我期待的生態故事根本就是我自己——無助的人類。

這一路上所有無助的人都吸引我，我看著他們的無助，想了解他們如何走過，無論結局是好、是壞、是解脫，還是持續痛苦。我追尋滿意的樣本，讓我複製，讓我遵循，讓我解決最無助的人類——我自己。

那些臉，難道是我想要成爲的表情嗎？

那些身體，難道是我想要成爲的狀態嗎？

我不要站了。我要坐著。我要躺下來。我要滾動。我要掙脫自己的牢。

是的，我想了解人類，我想知道我的莫名其妙與不明事理，我想比較我的倔強和不可理喻，我想放過我自己。原來，竟然是這樣，在看遍所有人類之後，我必須看我自己，我必須對自己說：有的，我盡力了，我沒有逃避，我努力靠近，我與它共存，直到生命的最後。我的困惑，就像動植物不能被吃掉的警覺心。

爲了寫這本書，我無意間看到這樣多的人類，走進這樣多的風景，我恰似看到人類彼此牽連的生命網，像自然中的食物網一樣，用經濟、政治、戰爭、愛，緊緊纏繞相繫。生命之網在萬千生命之中，與萬千生命交會，在我有生之年，生命之網永遠都看不完，能看多少就看多少吧！

原來，我不用與爸爸相反，才能得到自己，因爲人無法丟掉原本的自己，人總是在生命之網裡，漸漸形成更新的自己。

生態電影的形式有數千數萬種，人類的形狀也有數千數萬種，專心地看自己吧，就會長成自己喜歡的模樣，與相似或相對的人類相遇，交織成更新的生命之網。

那些快樂、悲傷、滿足、失望、美麗、殘酷……

竟然，都是真的。

倒數兩天

冒煙的樹

時間—回憶

地點—台灣，冒煙的樹

生命剩下兩天，好累啊，真的好累啊。

筋疲力盡。

如同筋疲力盡地活著？

本來是要寫三年的旅程，竟然變成一生的旅程。那是我嗎？是三年旅程的我？還是一生旅程的我？

原來我是那樣誤解我自己。

原來活著並不是最困難的事情。

每個人的內心深處，都有屬於自己獨一無二的欲望，到底要離開家裡多遠，才能夠真正觸摸得到呢？

明天，明天就要死了，而今天，我想寫台灣，我的家鄉。

台灣宜蘭綠色影展是那三年旅程的最後一站，號稱10＋1的1，10讓人感覺完整，1又像是買十送一的紅利。我打了安全牌，很安心。收拾行李準備出發，像過去拜訪十個生態影展一樣，但這次不是飛歐洲，而是飛台灣，回家！十六小時後，腳下的土地從巴黎變成台北。台灣宜蘭綠色影展的地點在台灣的東北部，離台北很近，搭客運就能抵達。這次除了訪問之外，有一件事我非常確定，那就是我很想去看一棵樹。

一棵冒著煙的樹。

它在宜蘭太平山上，非常巨大，卻已死亡，橫躺著，被左右兩旁的小樹架空攙扶，像大衛魔術般，橫躺著，飄浮著，騰空架在山徑之中，在我的眼睛正前方。我必須低頭，彎腰，探過它，才能繼續走，抵達當時的目的地。

那時的我剛入行，擔任攝影助理，我的力氣不大，但會逞勇搬運笨重的器材，證明自己不是文弱的女生。我可以的，沒問題！但在半年後，我的腰椎移位，有時會痠痛，醫生要我不要搬重物，同時，我的皮膚開始對太陽過敏，也叫我不要曬太陽。

怎麼可能？生態紀錄片工作者怎麼可能不搬重物、不曬太陽？

之後我開始訓練自己長肌肉，也開始研究防曬乳與防曬護具。

喜愛健康黝黑肌的巴黎女生可能很難明白，有的地方竟然完全不缺陽光，甚至很容易曬傷，必須在高溫時穿薄外套、戴面罩、狂抹防曬係數五十的防曬乳；喜愛氣質美白肌的台北女生可能也很難明白，有的地方竟然一年只有兩個月出太陽，必須把握機會瘋狂曝曬，驅走憂鬱，再繼續進入灰暗。

不過是溫帶跟熱帶，人得到不一樣的太陽，就對美麗的定義完全不同。

當時我們申請到森林保護區的拍攝許可，進入沒有觀光客的太平山原始神木林。昨天晚上拍攝湖邊的青蛙，今天清晨拍攝日出，然後前往更深的山林拍攝空景，並期待拍到更多的動物。

製作生態紀錄片的過程中，等待與動植物相遇是我最喜愛的時刻，每一個鏡頭都很珍貴。雖然手上有理想的拍攝規劃，但永遠不確定能拍到什麼，只能前往，等待，移動，然後再等待。我扛著腳架跟在同事後面走著，平常吵吵鬧鬧的大家，再怎樣不合，外拍時，都會團結地安靜下來，有默契地用眼神互相示意：現在誰來了、正要拍什麼，一起屏住呼吸，等待動物從畫面的左邊入鏡，再慢慢從畫面的右邊出鏡離開。

那天日出過後，太陽越爬越高，我們一直趕路，試圖捕捉斜光下的山景。整片神木林將清晰可見，山不再是一整塊，而是由一棵一棵的樹建立起來。

記得彎腰經過那棵飄浮的樹時，樹已經死去很久，剩下巨大的樹幹，樹皮極度粗糙，青苔爬進每一個凹處，再向外抬頭，生長開來，露出滿片看起來就會讓我鼻子過敏的長毛地毯。在它旁邊，有一棵又高又瘦的樹，更旁邊，又有一棵，大家扭來扭去，互相纏繞。整體看下來，這邊很像頭啊，那邊很像軀幹啊、四肢啊、動物身上的毛髮。眾樹相連，長成一隻巨大的綠色猩猩，倒掛在天空，跟我一起看著那棵飄浮的樹，它雖然死去，但就像睡著了。

我記住位置，想在收工回程時，再好好看一眼。

那次的拍攝很順利，沒有任何人生氣，大家都很開心，有很多畫面可以用，安全了。

當時的紀錄片正準備收尾進入剪接，由於拍了太多室內布置的昆蟲特寫畫面，整體不夠自然，所以特別加班來拍攝真正的原始神木林，利用交叉剪接，讓觀眾持續相信電影裡的自然世界。

森林美景真的很好用，能讓觀眾的眼睛稍微休息，也能讓我們在沒有邏輯的拼接畫面中，見縫插上口白，老少咸宜的故事才算完成。鏡頭像槍，畫面像獵物，一旦捕獲，便可收工。再次經過那棵飄浮的樹時，已經中午，太陽光很強，從上而下直射，我的眼睛被刺得張不開，本能地往陰暗處看，發現有塊樹皮正在冒煙。

大家陸續彎腰探身而過，我呆呆地站著，看縷縷升起的輕煙。

好奇怪，那是什麼？

煙在逆光下非常夢幻，每升高一點，就扭動一下。我試圖拍了幾張照，但不如眼前的漂亮。我決定用力看，不用相機，只用眼睛，把這個畫面仔細地記下來，然後，也彎腰，探身而過，離開，趕上同事們的步伐。

我在那部紀錄片完成後離職，又進入別的公司，準備進行下一部紀錄片。在查找資料的前製期，研究了寄生植物的知識，才發現那片死去的樹皮上，其實住滿了某種蕈類，而那些煙，正是不停噴出的孢子。

我總是想念那棵樹，想再回去找它，不知道在它周圍，是不是已經開展了滿滿的蕈類？我想像那些小到看不見的孢子，正噴射著，在逆光中，冒著煙。

時間｜每個人的回憶

地點｜每個人心裡的自然

自然到底是什麼？

「大西洋是我的身分認同吧！身爲加那利群島人，孤單地在大西洋上，東邊是非洲，西邊是美洲，而我們是歐洲人，是西班牙人，是加那利群島人。在加那利群島的旗子上有白色、藍色、黃色，中間的藍色就是大西洋。」

「我對大西洋沒有特別的定義，但身爲加拉奇科（Garachico）小鎮的居民，海能讓我分辨方向。我總是會看海在哪裡，然後知道我位在小鎮的哪裡，有幾次我離開這裡去到別的國家，海不再在我周圍，我很不習慣，失去方向，常常迷路。」

「法屬新喀里多尼亞小島上的海好安靜，不知道是因爲沙灘的沙很細，還是因爲地形？當我在那裡拍片的時候，常常會想到我家鄉南澳的海，可能都是太平洋吧！竟然覺得有點相似，而感到很熟悉。」

「在那趟用非洲鼓旅行世界的回憶裡，我最想念印度洋。當我在柬埔寨旅行時，住在海邊，隔壁有一戶捕魚人家，大概只離我不到二十公尺。有天傍晚，天色黑了以後，我們在看不到對方的情況下，隔著海，一起合唱。」

「沖繩的海岸線很長，充滿著珊瑚礁，退潮到底的時候，海會呈現兩種顏色，近岸是淺淺的碧藍色，而遠岸則是深藍色。對我們沖繩人來說，淺海的這一塊是此現世，深藍的那一片是再來世，我們總認爲在這兩種藍之間，是這輩子與下輩子的差別。」

「死後的世界，真是無趣啊！媽媽在臨走之前是這樣跟我講的。我花了十七年，反反覆覆地來這座無人島拍電影，爲的是什麼呢？我想用五感去感受自然：視覺、聽覺、嗅覺、觸覺、味覺，也許，就能明白那句話的意思了吧？啊！媽媽，你看到那道光了嗎？」

「你不覺得宜蘭的山一層又一層，襯著天空，襯著雲朵，太陽被分成好多道灑下來，像畫一樣！坦白說，每一次去祭拜媽媽，爲的可能不是那一塊牌子，而是在開車上山的過程中，看著沿途風景，感覺自己和媽媽越來越靠近。」

「蘭陽溪，像是一位六十歲的母親吧！一位任勞任怨的母親。她辛苦地從南湖大山帶著一塊又一塊的好木頭，順流而下，來到了我們的羅東林場，讓我們予取予求。」

「頭城曾有一片小海灘，現在已經消失，他像一個活蹦亂跳的小男孩吧！你看浪啊，總是跑來又跑去、停不下來的；而礁溪山邊的登山步道，則是一個中年的智者吧！他不動，他沉思著，他沉澱著。」

「南湖大山，它不是那麼簡單的，我曾經在那裡學習第一次登山。你是猜不透它的，它靈性，它不暴躁；它溫和，但不隨和；它活潑，它啓蒙你；它給你任務，讓你願意接受安排；它讓你，學習。」

時間｜傳說

地點｜浦島太郎的海龍宮

生命倒數兩天，我已不再憤怒。

我的情緒好平靜，旅程都是真的，感受也都是真的，收穫竟然藏得那麼深，必須跨越自以爲是的自己。

追逐欲望的時候，未來總是好遠，看不到終點線，每分每秒都很痛苦，爲什麼到不了？但終點，往往在毫無防備下出現，然後，一瞬間，就過去了。坦白說，終點線之前與之後，並沒有什麼不同，人生還是繼續，下一個難關，下一個欲望，又隨之而來。那麼，當人生走到死亡的那一刻，才真的叫結束嗎？

沒有真正是非對錯的人類，沒有真正理想的生態紀錄片，都不重要了。

自然於我而言，竟是一種自我實現與自我挖掘。

寫到了今天，對自然感到抱歉。抱歉啊！這一生對你毫無幫助，原本以爲訪問完10＋1個影展後，就可以讓你的意義真相大白了！就可以讓人類更敬重你了！就可以讓你不要再受到傷害了！但到最後，我其實只是借用了你，好好了解我自己。我是那樣恣意地使用你，從我出生到我死去。

說得好像自然是一個人，並且是一個弱勢的人，而我站在這個人面前，爲他感到不平、悲傷、難過、憤怒。

「如果自然是一個人？那麼他是什麼性別呢？他幾歲？他的個性如何呢？」我在旅程的最後，常常到處問人，但也不是每個都問，因爲覺得這個問題有點蠢，如果和對方還不夠熟，也不太敢問。

年少的人跟我說自然很年輕，年長的人跟我說自然已經老去，所描述的自然都像在描述他們自己。有些人無法具體地將自然化作爲人，只好想像自然，而那些想像多來自他們人生的重大經歷。

印象最深的，有人跟我講了浦島太郎的故事。

某天影展活動結束後，我和大家一起去吃熱炒晚餐。啊！熱炒！多麼懷念的台灣味啊！海鮮、肉、蔬菜、水果、炒麵、炒飯，溼的、乾的、鹹的、甜的、酸的、辣的，煎煮炒炸，一個人一個碗一雙筷子，圍在一起，就可以分享滿桌的食物，再也不是一人一份規矩使用的西餐了，一邊吃還要一邊敬酒，並且逼迫對方喝完，什麼隨意？沒有這回事，來！乾啦！

我真的回到了台灣，大口扒飯，站起來夾菜，咕嚕咕嚕地喝啤酒，並且在吞下去後發出「哈」的一聲。

我和兩位日本來賓坐在一起，他們是那年焦點導演大重潤一郎的生前好友，代表出席參加映後座談。

我很喜歡大重潤一郎的電影，很靜、很慢，充滿靈性。沒有糾結的劇情，沒有等待處理的衝突，沒有最後的驚喜，就是在大自然裡，尤其在人煙稀少的無人島裡，透過人類的眼睛，透過人類在自然中如此渺小的身體，感受生命。

大重潤一郎原本是拍典型社會紀錄片的人，針砭時事、提出控訴、改善社會，但是他逐漸覺得無趣，反而離開日本本島，搬到日本與台灣中間的琉球群島——一個原本名叫琉球王國的國家，之後被日本占領，接著因爲戰敗被送給美國，最後再次被納入日本版圖，成爲日本最遠、最南的行政區——沖繩縣。

改名爲沖繩縣的琉球群島據說有上百座島嶼，很多是乏人問津的無人島，而島上的原住民直到現在仍保有自己的文化和語言。很難想像在日本戰敗後出生的大重潤一郎，在一九七〇年，是如何看破俗世，不顧整個國家的集體主義，不顧整個時代急欲大步向前的價值觀，選擇窩在琉球群島的小角落，拍攝當地居民日以繼夜地割草、生火煮晚餐、全家一起泡澡的平凡生活。

我最喜歡的一幕，是某天夜裡，一向孤寂的深山竟然聚集好多人一起跳舞，原來是日本神道教祭拜祖先的盂蘭盆節，他們相信只要在凌晨時刻跳「盆踊」（盂蘭盆舞），賣力地舞動雙手，就可以跟死去的祖先溝通。

我在影展裡看了四部大重潤一郎的電影，喜歡他少少的口白，不解釋畫面，把觀眾當朋友在閒聊，沒有修飾，每一個字都是實的。在那個仍然使用底片、拍攝機器很大台的年代裡，大重潤一郎願意這樣耗費資源、耗費生命，想必有一顆非常確定的心吧！

我好奇他平時以什麼維生？這些電影在當時賣得出去嗎？

他已經過世，我不會知道了，不過，代替他前來影展的兩位日本朋友，似乎也有一種穩定的特質。

我在熱炒餐廳訪問他們，那樣喧嘩、酒酣耳熱的場合，他們卻頻頻放下筷子，一邊想，一邊說，慢慢地，每一個字都很謹慎。我看著他們，心想：大重潤一郎本人，應該就像他們吧。

他們跟我說，對日本人而言，關於海的初次想像會是《浦島太郎》的傳說。

故事是這樣的：「海邊有一位叫做浦島太郎的漁夫，他在沙灘上救了一隻正被一群小孩欺負的海龜，海龜爲了感謝他，邀請他去海龍宮作客。浦島太郎驚喜地答應了，他乘坐海龜潛入海裡，來到從未看過的海底世界，在海龍宮裡開心地吃吃喝喝，甚至受到海龍王喜愛，想把自己的女兒嫁給他。

但不到幾天，浦島太郎開始想念陸地，尤其擔心自己的母親，於是向海龍王的女兒告辭，準備回家。海龍王的女兒雖然捨不得，但也只能答應，並送上一個精緻的木盒，告誡他回家後千萬不可以打開。

浦島太郎再次乘坐海龜，離開海底世界，回到沙灘，但海面上的世界已經全部變了樣，他不認得路，也找不到自己的家，原來海裡的一天是陸地上的好幾年，母親早已不在。傷心的浦島太郎忘記約定，打開木盒，瞬間，年輕的浦島太郎成爲白髮蒼蒼的老先生。」

這個日本傳說對台灣人而言並不陌生，當我小時候聽到時，只覺得這是什麼恐怖故事？海龜是想害他吧？或是海龍王的女兒到底存何居心？還有，爲什麼浦島太郎會蠢到把木盒打開？不要打開不就沒事了嗎？

我跟兩位日本貴賓說：「我一直不懂這個故事想要說什麼。」

一位日本貴賓名叫 Sugee，那日下午才剛完成一場非洲鼓表演，豪放直覺的音樂。

Sugee 在台上穿著簡單的 T 恤和休閒短褲，閉著眼睛，用力拍打，放聲清唱，似乎忘記自己正在城市裡，我好像看到海浪在他身後捲起，趾縫裡充滿細沙。

影展手冊介紹 Sugee 是位薩滿音樂家，當時的我並不知道薩滿是什麼，倒是對 Sugee 在表演前的談話印象深刻：他先誠懇地介紹自己，講他身爲日本人對台灣的想法，並且希望用這場表演爲台灣祈福。

表演音樂給你聽，並且希望這份音樂能祝福你，讓你幸福，多麼好心啊！無法想像這份好心在過去，其實並不被欣賞。

Sugee 說自己與大重潤一郎導演認識的原因，是在某次非洲鼓表演現場，觀眾覺得他的音樂太吵了！這哪是音樂？請他不要再唱，下台！他乖乖暫停表演，走到台下坐好，正感到萬分沮喪的時候，大重潤一郎走過來向他致意，說他的音樂很棒，不要管別人怎麼講。

Sugee 覺得《浦島太郎》的寓意應該是人無法永遠快樂吧。他還解釋，海龍宮在沖繩語的意思並不是一個地點，而是生命的起源，具有某種能量的形態。

另外一位日本來賓名叫 Marty，他過去曾是大重潤一郎的粉絲，之後變成了他的副導演，一直很敬重大重潤一郎。他面露驕傲地告訴我：「導演說等他死後，若遇到了另一世界的守門員，對方問他地球是個什麼樣的地方呢？他會回答：『地球是個吹著風的地方。』他很喜歡風，覺得風一來就有煥然一新的感覺。」

大重潤一郎的電影公司叫做「海」，活著的時候只想拍「島」，死後懷念起這個世界只有「風」，真是我聽過最浪漫的話了。Marty 在導演去世後，持續完成他最後遺作的剪接與放映，就像這次代表導演來宜蘭綠色影展分享。

Marty 是沖繩人，聲音非常溫和，我問他對太平洋有什麼想像呢？他想了很久，先回答自己最喜歡拍攝海浪反覆打碎在礁石上的畫面，雖然也不知道爲什麼。之後，大概又想了十分鐘，肯定地說：「從沖繩看過去的太平洋是一個三百歲的女巫！她無邊無際，很有能力，肚量很大，給人很寬廣的感覺，很有男子氣概。」

這是我聽過最有想像力的自然。

Marty 還告訴我，《浦島太郎》在沖繩還有另一個驚人的版本，那就是浦島太郎其實愛上的不是海龍王的女兒，而是天神。當浦島太郎離開海龍宮，回到陸地之後，海底發生政變，海龍王被斬首，天神也上吊自殺了，而那棵上吊的樹，目前還在沖繩縣的高島寺裡。

也太寫實，連證據都還在，這又代表什麼意思呢？

時間｜二〇一八年，秋

地點｜台灣，宜蘭市

那晚在熱炒餐廳的採訪非常順利，因爲影展請來一位翻譯，讓我跟受訪者能用彼此最熟悉的語言交談，聊得很徹底，而這位翻譯竟然是我的研究所同學。當年在學校的時候，我們一起寫論文，一起拍攝影集，現在他坐在我和受訪者之間，成爲我的翻譯，一起在影展裡工作。學習傳播的我們，我的每一個問題他都能夠明白；熟悉日本文化的他，對方的每一個回答他也能夠明白。

我感到又幸運，又開心，緊緊抱住同學好幾次，真是美好的重逢。

同學已經是台灣電影翻譯界的知名人士了，不僅做電影字幕翻譯，也常主持映後座談。我一邊聽他的現場翻譯做筆記，一邊幫台上的他拍工作照作紀念，於公於私都融合在一起，爲他感到驕傲，也羨慕；但他卻覺得我可以繼續創作才好，不像他得一直工作。

我不知道要怎麼回應，熱炒那晚我問太多問題，害同學加班很久，本來隔天想要買塊蛋糕感謝他，但台灣的蛋糕竟然變得好貴，我買不了。這種心情，說出來是不是很窩囊呢？

當同學結束工作、準備離開影展時，我們道別。看著大家對同學恭敬與感謝的樣子，我才發現自己已經離社會新鮮人很遠了，我已不再是菜鳥，光是影展選片人強尼，就小我快要十歲。

二〇一八年的台灣宜蘭綠色影展讓我的心情有點複雜，因爲當二〇一五年離開台灣後，我就再也沒有拍片了。生態紀錄片像是已經分手的男朋友，而我搞不清楚是我失去了他，還是他失去了我，但我又正在採訪寫書，書的內容是生態紀錄片，那種感覺就好像我是一個非常倔強的前女友，到底還要吵多久？

台灣還是一樣，職場資深者總是頤指氣使、掌握頭銜；職場資淺者總是庸庸忙碌，但連名字都沒有；女性主持人的裙子更短了，在台上說唱逗笑的，還要把掌聲獻給剛剛才到場的大官；只要有人群聚集的場合，就會有政治介入的吸引力，一大堆競選團隊在影展開幕前，用人海戰術衝進現場送面紙、拉選票。

好熟悉的場景，我幾乎都忘記了，也許現在必須改口，不只是台灣，每個國家其實都有自己的招數，只是我不用留在那裡面對罷了。

比較值得一提的是，影展內部兩大單位的意見對峙。

生態影展畢竟跨及了生態知識和電影美學，是跨領域的合作。台灣宜蘭綠色影展的主辦單位是地方環保局，協辦單位是電影公司，對於什麼是生態影展，什麼是自然，他們兩方有著截然不同的想法。

環保局想要藉著影展，提醒觀衆不能忽視自己生而爲人，已經對自然造成無法抹滅的影響，環保議題刻不容緩！於是選了各式各樣廢棄物的影片，呈現世界上的塑料危機，就連在遙遠無人島上的海鳥胃裡，都可以催吐出破碎的保特瓶蓋，人類真的很壞，人類要向大自然道歉，人類要用環保來替自己贖罪。

電影公司沒有質疑環保的重要性，只是塑膠議題已經講多少年了？到現在還是沒有解決方法啊！這部片的口白也太說教了吧？拍攝方式怎麼這樣俗氣？絕對正義的環保論述無法吸引普通人，如果沒人來影展怎麼辦？

電影公司想要藉著影展，告訴觀眾其實生態電影不必那樣嚴肅，人類就是靠著自然在生活，而我們能透過電影的創意表現，體會到人類與自然的種種關係，甚至開發我們從未想過的生活。於是選了各式各樣以自然爲職業的影片：蚵農、海女、遠洋漁夫，這其中沒有人能搞得定自然，自然真的很難，自然高深莫測，自然讓人類知道自己的渺小，必須付出學習的代價。

環保局沒有質疑自然與人的微妙關係，只是環境倫理也太難了吧？到底有多少人能看懂？這部片的節奏怎麼那麼慢？鏡頭怎麼那樣晃？到底要講什麼？孤芳自賞的電影美學無法吸引普通人，如果沒人來影展怎麼辦？

二〇一八年宜蘭綠色影展的選片風格呈現大雜燴，因爲兩方都想將自己嚮往的自然送給觀眾。

隨著我越深入了解他們，就越覺得這樣的意見分歧非常合理。坦白說，從兩方人馬的衣著打扮，就可以看出他們迥異的人生態度。我就以開幕典禮上的環保局長和選片人強尼來舉例吧。

環保局長穿著熨燙整齊的淺色襯衫、深色西裝褲，皮帶顏色低調，但是扣頭上了一層亮面，讓整體變得很有精神。他戴著金色細框眼鏡，得體的橢圓形，不大不小，鏡片擦拭得非常乾淨，長度適中的短髮，只抹了一點點的髮油，用旁分梳了一個很小的高度，就是政治人物的造型。遠遠一看就知道，嗯！地方長官！尤其是還是想升官的！

強尼的官方職稱是影展選片人，但其實不僅於此，他幾乎什麼都做了，為表達敬意，我想在這裡稱他為主辦人。

主辦人強尼穿著高磅數的牛仔吊帶褲和牛仔外套，頭戴牛仔帽。牛仔布雖然已經是全世界最常見的布料，材質百百種，有厚有薄，台灣因為天氣炎熱，很多看起來像牛仔布的服飾，其實只是棉布印刷，或是人工混合纖維，但強尼的牛仔裝是真的，並且極度完整，全身上下都是，彷彿活在西部荒野片裡。強尼的牛仔帽甚至是白色的，非常搶眼，帽子下是及肩而捲曲的長髮。他戴著方形的黑色粗框眼鏡，又穿著白色藍色橫紋T恤，與西部牛仔風混搭在一起，就是日系潮人的造型。遠遠一看就知道，嗯！拍片的！尤其是拍B級怪片的！

這樣的兩個人會合才怪！

我各自和他們聊了很久的天，也順便問他們，如果自然是一個人，那他是誰？什麼個性？

環保局長說自己是非常純的宜蘭人，以身為宜蘭人為榮，他的家族世世代代都住在宜蘭的核心——宜蘭市。宜蘭總共有十二個鄉鎮市，在他擔任公職後，對每個地方都能如數家珍，他講了一堆政績給我聽，真的不容易。

環保局長對「如果自然是一個人」這個問題先感到詫異，然後笑出來，眼前的政治人物變成地方大叔，地方大叔覺得我很天馬行空，不知道該怎麼回覆。我說就講記憶吧，如果在整個宜蘭讓你選一個自然對象物，你想選誰呢？你又想怎麼形容呢？

環保局長選了龜山島，一座在宜蘭旁邊的無人島。

「龜山島是我們的守護神！他很沉穩卻不是內向，他不激進，他有他的步伐，我想他是個五十歲的中年男子吧！對於宜蘭人而言，只要火車出了隧道、重見光明時，就能投入龜山島的懷抱，我們會立刻安心，因為看到他就代表已經到家了，出門在外的任何委屈和思念，在那一刻都會得到安慰。」

我也問了強尼同樣的問題。強尼說他自己是非常純的台北人，是因為要辦影展，才開始認識宜蘭。他最喜歡影展結束後的巡迴放映，帶著電影深入有夠遠的偏鄉學校，放給原住民小屁孩看，他說小屁孩們其實對電影沒什麼興趣，反而對來訪者很好奇，他們還一起打籃球，非常開心。

強尼對「如果自然是一個人」這個問題先感到心虛，然後開始告解，說自己其實是最不環保的選片人。眼前的牛仔潮人變成都市囡仔，都市囡仔說大自然雖然對他來講很迷人，但真的離他很遙遠，比如他很怕水，怕到連在家裡洗澡都覺得自己會淹死，要不是爲了拍攝影展的宣傳片，他根本不可能下到海裡碰到海水。

他想不出來。我說就講親身經驗吧，走進宜蘭、走進自然之後，如果選一個感受來講，你想講什麼呢？又想怎麼形容？

強尼選了太平洋，一片串聯起亞洲各個國家的海。

「我對從台灣看出去的海沒感覺，反而想擴大整個海域，從海上回望台灣。像這次拍宣傳片的時候，我就很想登上龜山島再拍回宜蘭，可惜颱風來了，只好在岸邊拍一拍。這次因爲選了大重潤一郎的電影，讓我知道二戰時期的琉球群島，很多人都會坐著小船偷偷逃來台灣，原來從石垣島到台灣划一天就可以抵達。也因爲選了《漂流遇見你》，一部在法屬新喀里多尼亞島拍攝的台灣電影，讓我知道南太平洋上的原住民語言，竟然和北太平洋上的台灣原住民很相似，有些古老的農具或漁具甚至一模一樣。

大海好像推動了人的流動，不管是南島語系或是其他，講簡單一點，我們好像是同一群人，我們的祖先用一樣的東西。

太平洋呢，我沒辦法把它想成一個人，但我會想到美國民謠歌手 Woody Guthrie 的一首歌〈This Land is Your Land〉（這是你的土地）。歌詞一直重複唱著：『這是你的土地，這是我的土地。』Woody 在一九四〇年時寫下這首歌，當時的美國資本家正開始大肆占有土地。歌詞有一段寫著：他走進一塊地，地上立著一塊告示板，標示這裡是私人土地，不能進去，但是，那塊告示板的背面是空白的，上面什麼也沒寫。空白的那一面才是告示牌，因爲這是你的土地，這也是我的土地。」

尋找冒煙的樹——宜蘭客運站

時間｜二〇一八年，秋
地點｜宜蘭客運站

我在台灣宜蘭綠色影展度過非常快樂的採訪時光，長達十一天，是拜訪天數最長的一次。

冒煙的樹仍然一直出現在我的腦海。雖然與影展無關，但我非常確定，我想去。

但要怎麼去？

我已經不爲任何傳播公司服務了，沒有車子，也沒有入山證，就算都給我，我也不知道該怎麼一個人在山裡走。

我想了很多可能：請朋友開車來載我，順便一起玩？但大家不是要工作，就是要顧小孩。我也找了地方旅行社，乾脆花錢跟團？不僅有導遊帶我進保護區，晚上還能在山屋裡吃大餐、看星星，但太貴了，也太奢華，我只想靜靜地看著那棵樹就好。

終於在影展快要結束的前一天，我查到往返宜蘭與太平山的地方客運，一天只有幾班，單趟就需要兩小時半。我非常興奮，決定搭第一班車去，最後一班車回來，當日往返！

網路車票已經賣完，網站寫著請到現場購買。

我在黑暗中起床，在青年旅館的下鋪床位裡安靜地收背包，然後，在清晨走了二十分鐘的路，早一個小時抵達宜蘭客運站，準備排隊買票，去太平山！

「已經客滿了！沒有位子！你怎麼會現在才來排隊！」櫃台小姐訓斥我的不懂事。

「可是網路寫現場還有位子，可以來排隊呀？」「現場是還有位子，但是你太晚來了，你看旁邊那些人早在兩小時前就來排隊了，你改天吧。下一位。」

怎麼會這樣？

客運站裡好多班次，除了太平山之外，也有前往其他山區或海邊的路線。心情很悶，覺得算了，乾脆隨便找個大自然去一下就好了，不用那麼固執，不一定要太平山，也不一定要那棵樹。

可是我真的好想再看一次那棵冒煙的樹。

我拿不定主意，決定坐著，至少等到上車時間，看到車開走也甘願。

七點四十分，隊伍排得好長，大家陸續上車，都是伯伯、阿姨，沒有什麼年輕人。我靠過去，讓司機看到我。這是我在巴黎學到的，永遠不要放棄，就算櫃檯的人拒絕你了，就算守門的人說不可以，但仍然沒有人可以阻止你靠近，靠近就有機會。

司機跟著最後一位乘客上車，我透過車窗，看到他在車上點人數。不久，他下車，走到候車入口大喊：「去太平山的還有誰要上車？準備要開了！」他就站在我前面，我馬上舉手，說我要去，還有位置嗎？司機低頭掏出腰包裡的車票，完全沒看我，說出票價，等我掏錢。小額紙鈔、硬幣，我都準備好了，不用找錢，快速給他。拿到來回車票後，我用跑的上車，趕快坐下來，深怕下一秒就不是我。

車子真的開動了，車裡很滿，我的心也很滿，不就是幾分鐘的堅持，此刻我就坐上車了！我坐在最後一排高起來的位置，俯瞰人群與所有車窗，前往太平山。

尋找冒煙的樹——宜蘭客運站↓去程客運

時間｜雪隧世代

地點｜宜蘭縣北成國小

兩個半小時的車程很長，我逐漸放鬆下來，欣賞人們口中的宜蘭。我看著窗外一塊一塊呼嘯而去的農地，開始注意哪幾塊種下的並不是農作物，而是水泥與鋼筋。在這十一天裡，我認識了好多在宜蘭出生的人，或是搬來宜蘭的人，他們對我說了很多我沒有聽過的名詞，比如「種農舍」，這個詞是我在宜蘭羅東的北成國小聽到的。

他們曾經以一部兒童紀錄片《雪隧世代》入圍去年的宜蘭綠色影展，導演是一群小學四年級的學童。當年的他們十歲，而雪山隧道啓用十年，也就是說，從他們出生開始，就已經習慣從宜蘭去台北只要四十分鐘的距離。

「宜蘭和台北很近啊！」這是所有雪隧世代小朋友的感覺。

直線距離也許很近，但如果中間隔了一座山，就是不一樣的距離了。

在雪山隧道開通以前，宜蘭與台北的距離是這樣的：必須花一個半小時，坐在會暈死人的汽車上，繞山路而行；或必須花兩個半小時，坐上站站都停的地方火車，沿著島嶼的形狀，在陸地與海洋的邊界而行。在《雪隧世代》片中，小朋友試著不再使用雪山隧道，像以前的人那樣走公路與鐵路，了解宜蘭的輪廓：真的像畚箕！一面是海，三面是山，中間是廣闊的平原。但更有趣的是老師帶領他們翻過山嶺，走古道。

古道很小條，古道很顛簸，古道很難走，爬了古道以後，才知道路是人走出來的。過程中，小朋友很害怕，小心翼翼地克服難關，越爬越高。在每一個關卡時，老師會提醒大家，現在腳下踩的是什麼？然後，「我們已經在隧道的上面了」。

隧道鑿在山裡，是人弄出來的。先有山，才有隧道。我們總是在山裡看著隧道，卻沒看過隧道上面的山，到底長得怎麼樣？

我很喜歡這個想法，所以跟老師相約採訪，想了解更多。見面以後，才知道這個想法只是折衷教育，老師更在乎的，其實是「種農舍」所帶來的影響，已經嚴重危害到宜蘭的生態。

我聽不懂。農舍不是用蓋的嗎？怎麼會用種的？蓋農舍不錯啊！農事不是本來就需要農舍來運作和儲存嗎？

老師向我耐心解釋：雪山隧道開通後，宜蘭的商機湧現，不僅很多觀光客來了，投資客也來了，他們買下農地，假借蓋農舍的名義，其實是蓋下一座又一座的度假民宿，滿足台北都會人的田園想像。

宜蘭的度假民宿在台灣一直很有名，漂亮豪華，各種風情，我也曾經享受過。在知道「種農舍」後，我才開始去觀察許多度假民宿的周邊，還有金色的稻米、青色的蔥、桃色的火龍果。

田園的田，是這樣寫的，四塊方格是農地，方格與方格之間是溝渠，汩汩流著滋養農地的水源，串聯整片田，像一塊大海綿，一起呼吸，互依互存。所有的作物都需要水，當度假民宿蓋下去，水泥傾注進海綿，部分開始固化，原本互通的水源受到阻隔，周遭的田都將會受影響。

太平山的入口處到了，車子開始翻越陡峭的山路，短時間內拉高陡升，我在山與山之間，看到一道河流往遠方走去，那是我今天清晨排隊等車的地方。

河流的河，也是這樣寫的，水，機會的許可。從最微小的水氣開始，在樹與樹的間隙停留，到像微血管般的網狀支流，水滴不停地相遇、匯集、聚合爲有流速的河。河水進入平原，一部分被人類分道、取用、灌溉一塊一塊的田，另一部分再往大海流去。

蘭陽溪，從太平山到太平洋，原來這就是我日夜思念的旅程嗎？這難道是冒煙的樹對我的指示？

當車子爬到海拔兩千公尺的雲霧帶後，氣溫瞬間比地面低了十度，再也不悶熱了，甚至有點冷。樹形從粗壯變成瘦高，樹葉從寬闊變成針尖，像生物課本所說：從低海拔到高海拔，副熱帶闊葉林、針闊葉混合林、溫帶針葉林。
終於抵達，我下車，雲與霧近在眼前，它們連成一片，隨著風，一波一波地飄來，飛進樹梢，或沒入山谷。
吸進鼻孔的空氣好涼爽，不像在歐洲那樣乾燥，細緻的水氣迎向我的臉、我的脖子。我想起從事「半農半X」的品好姊前幾天給我的建議，她說：「抵達太平山之後，可以去走登山步道喔！很容易走，不會迷路，沿途還有詩可以讀。」

尋找冒煙的樹——宜蘭客運站↓去程客運↓太平山入口處

時間—半農半X世代
地點—好糧食堂

爲了更了解宜蘭，我在朋友的介紹下認識品好姊。我刻意離開影展三天，坐地方火車，前往靠近海邊的南澳小鎮，到品好姊開設的「好糧食堂」打工換宿。
但在遇到品好姊之前，發生了一件事：媽媽竟然跑來影展現場找我，因爲，那天是我的生日。媽媽特別從台北坐客運，穿過雪山隧道來給我驚喜，還買了一盒我喜歡吃的甜甜圈，爲我慶生。

我竟然三十六歲了！

我的印象還停在三十二歲，那是我離開台灣的年紀，然後就一直在巴黎失語地活著。我只覺得我一直在老去，不敢去數，常常忘記自己到底已經幾歲。

我很感動媽媽這樣支持我，幫她拍了很多參觀影展的美照，同時她也不忘瘋狂自拍，再火速把現場畫面傳給爸爸看。媽媽一如往常地陪我工作、看電影、吃晚餐，最後再自己搭客運回台北。媽媽，真的是放任我這三年，又或是放任我這一生，當我坐上火車前往南澳找品妤姊的時候，手握著那盒充滿母愛的甜甜圈，內心感到非常愧疚，我流眼淚，卻又馬上擦掉，我不想愧疚，即使心情如此複雜。

抵達南澳時已經很晚，我走上一座很暗的陸橋，過去以後，與品妤姊初次見面。我將甜甜圈借花獻佛，送給品妤姊，她砌了一壺茶，我們吃了一場優雅的深夜宵夜。

品妤姊長得很美，「韻味」是適合她的形容詞，她的打扮、她的食堂、她的住家，甚至是她的田，都充滿著她的韻味。那不是柔美，而是一種力量，非常直接，卻又不在表面，藏得很深。

「你應該繼續拍片！」吃完甜甜圈宵夜後，我們在鄉間小路散步聊天，她聽完我來拜訪她的目的，與這三年的旅程，直接給我這一句。

「以後要寫書、畫畫，或做什麼都可以，但影像就是一種方式，你既然已經會了，就不要放棄。」南澳的夜晚很安靜，品妤姊走在我前面說著。我看著她的背影，背影前面，是掛著好糧食堂小招牌的矮房；矮房前面，是一大片的田；田的前面，是今晚坐車來到的南澳車站；車站前面，是一座又一座黑壓壓的山。

眼前剛認識的品妤姊，是中年女子，是未來的我。她在這裡，過著「半農半X」的日子，也就是生活裡一半務農，一半做自己喜歡的事。她選擇開設一間小餐廳，「好糧食堂」望文生義，是有著好糧食的食堂。我跟著她，感受「半農半好糧食堂」。

半農時：起床後，先去看海，品妤姊騎著舊舊的、小小的機車，載著我在迷你村莊裡轉來轉去，突然就進入一片海。沙灘，是銀黑色的，很細、很綿密，四周都沒有人，海的邊緣繞著山，一道一道。宜蘭的山，爲什麼是靛青色的呢？當陽光還是斜的時候，品妤姊教我除草，教我認識誰是作物、誰是雜草，畢竟在果實成熟前，所有的根莖綠葉真的太像了。

我學習使用鐮刀，先學著握它，但忍不住仔細地看。鐮刀怎麼長得這麼可愛，誰發明的呢？掌心型的小鐮刀，細細、長長、彎彎，又輕又好施力，纖細的刀柄看似柔弱，但鋸齒狀的身材卻能游刃在漫草與土礫之間，我跪在農田中央由衷讚嘆。

我與鐮刀合作愉快，原本到處都是的雜草被我連根拔起，農田變得好乾淨，一株株作物終於出現，芋頭、秋葵、薑、波斯菊、百日草，原來你們長這樣啊。品妤姊要我將雜草鋪在土上，爲作物防曬兼保溼，這是樸門農法，注重自然界的相互關係，沒有誰是特別的惡，必須被完全丟棄。

品妤姊穿著工作服，套著雨鞋，戴著遮陽帽，操作大型除草機器，在農田四周忙碌著。她教我用布把自己的臉包好，跟我說：「我們看太陽大小工作，不用很累，不用勉強，今天沒弄完，還有明天。」

半好糧食堂時：食堂不是餐廳，必須預約才能前來用餐，用餐時也不能點餐，品妤姊會依循時節設計她想要的料理。那天，前菜是樹薯排骨紅棗湯，搭配花生豆腐、茄子咖哩茭白筍、玉子燒菜脯蛋；主菜是馬告蒸鱸魚、紅糟肉；甜點則是成串的芭蕉，用鐮刀直接割下來吃。我很喜歡品妤姊的手藝，雖然她的擺盤很有氣質，但吃起來卻有一種粗獷的感覺，是食物原本的味道。

我也很喜歡品妤姊的態度：銳利，但卻是一把摸起來圓潤的刀子。當客人吃完準備付錢時，想利用團體人數順勢殺價，不配合原本講好的數目，品妤姊酷到從頭到尾沒笑一次，淡然地把證據拿出來，得到應該的費用。品妤姊一直都很確定，她從不擔心做決定，更不擔心客人會不會因爲不高興而不再光臨。

不來就算了。

在打工換宿的那幾天裡，有時會有人來敲食堂的門，想隨時進來吃飯，但品好姊總是很平靜地說：「需要預約，這裡不是餐廳。」在她的半農半好糧食堂裡，她說的算。她說食堂是她的工作室，她想要獨立、自主地創作。她說農田是她的日常活動，沒有規矩，能任意安排，農忙當然會汗流浹背，但不是吃苦，是她自由意志下的選擇。

我常常觀察品好姊，她也觀察我，品好姊也攝影，我們都擁有靜靜觀察他人的能力。三天兩夜太短，在我們聊天時，我沒有暴露太多的自己，因爲在受訪者面前，訪問者往往會退到很後面，把自己縮得很小，爲了想讓受訪者好好表現。但我覺得，品好姊也是這樣想，我們兩個，似乎同時是受訪者也是訪問者，我感受到品好姊也很想了解我。

曾經從事生態攝影、環境教育工作的她；曾經往返紐西蘭多次，最後在台灣南澳定下來的她，一定經歷了很多事。但很多事情，不是三言兩語就可以說盡，品好姊依循著我們當下的狀態，適時暴露或保護自己的過往，我也一樣。

想起和品好姊相處的回憶，語言很少，畫面與聲音卻很多。

在忙完農田與食堂的傍晚，我們騎車到漁港，看快要消失的夕陽。品好姊載著愛狗多多一起去，抵達後，我們兩人一狗馬上散開，雖然是結伴一起去看夕陽，但卻走著不同的方向。天非常快就黑了，我被漁港堤防上那一點一點辣橘色、會跳耀的燈火給吸引，那是發亮的餌，引魚上鉤用的。我喜歡看發亮魚餌被奮力甩向大海的樣子，是一顆顆拋物線飛行的微火。品好姊和愛狗多多在沒有發亮魚餌的黑暗那頭，向我招手，等我看夠以後回去吃晚餐。

睡前，與我隔著一面薄牆的品好姊向我說晚安，檯燈啪一聲地被關起來了，然後是涼被與涼蓆相互摩擦的聲音，品好姊可能在翻身吧。我小心地關掉電風扇，這種古典機型，必須同時按下弱風與開關鈕，啪的聲音才不會這麼大。

幾小時後，模模糊糊之中，窗外開始下雨，由小漸大的雨滴使勁地打在鐵皮屋簷上，好好聽啊！這專屬於台灣的平民建材，我到巴黎後就不再聽到了。我想錄下來，漆黑之中，掏不到收音器材，卻不小心打翻行李，發出好大的聲音，還好，品好姊沒有反應。不知道現在是幾點了呢？之後，屋簷的滴答聲從規律變成乍響，因爲雨停之後，那些還留在樹葉上的雨滴，必須匯集到一定程度，才會瞬間落下。

品好姊喜歡閱讀，所有與自然有關的書，都有「友善」二字，所有與農事有關的書，都有「永續」二字。我發現她正在讀一些老後生活的書。

品好姊也喜歡電影，她會在食堂裡一邊忙，一邊聽 Youtuber 介紹電影。食堂雖然不大，但有銀幕與投影機，品好姊不時還會和其他同好在食堂辦活動，主題跨及食物和自然。

一天晚上，我應品好姊的要求，選了一部與農作有關的紀錄片，放給品好姊和附近的小農鄰居一起看。他們一邊看，一邊大聲交談，對電影農夫的所作所爲發出評語，非常好笑：「原來要甩三下呦！」「跟我們一樣也是用機器嘛！」「竟然可以混著種！」

我都聽不懂，我都不會，但我覺得好有趣。我背對著電影銀幕，一邊用手處理早上摘下來的洛神花，一邊用腳靠近愛狗多多，一邊用眼睛觀察大家看著電影閒聊。那一刻，是我最喜歡半農半好糧食堂的時刻，也是那三年以來，我覺得最活生生、互動性最高的生態影展時刻。

當現實農夫與電影農夫相遇，還有什麼比這個更真實呢？

品好姊過著半農半X的生活，那這幾年的我，過著半影展半X的生活嗎？

尋找冒煙的樹——宜蘭客運站↓去程客運↓太平山入口處↓太平詩路

時間｜動物追蹤師世代

地點｜鳴草咖啡

我一步一步走在太平山登山步道裡，周遭充滿巨大的檜木，都是神木原始林。這條路也叫「太平詩路」，我看到品妤姊說的詩。剛開始，有一首詩讓我印象深刻。

〈與巨木談不朽〉　黃智溶

午後三點零三分　車經白嶺
一團茫茫的迷霧
突然緊緊地困惑著我
停車　借問
一株兩千五百年的紅檜

是否　被斧鋸砍伐截肢
胴割　縱切　橫剖後
再精雕成神廟兩扇大門的巨木
才是真正
永不枯朽的神木

太平山在日治時期後，成爲台灣的三大林場之一，從「森林」變成了「林業」，樹種之於人類開始有了價值的差別。其中一棵檜木，被砍下後，順著蘭陽溪，先被運到宜蘭羅東林場的儲木池裡等待，再順著太平洋，運到日本沖繩縣，成爲琉球王國城堡燒毀後的重建木材。

台灣在一九九二年後終止林業，不可以再砍伐森林，但島上仍有木材的需求，便轉向東南亞或更便宜的森林，造成他國土地的生態危機。因爲台灣不再有林業，念森林系的朋友在畢業之後，幾乎都會轉行，持續做學術研究的人很少。他們告訴我，禁止林業不是解決的辦法，重點是管理，管理森林，投入人造林發展，這是人類爲了使用自然所研發的新智慧。

我看過人造林，非常整齊，因爲是人種下的，排排站，變化不多，有點像罐頭。不知道爲什麼，當我走在人造林的時候，有一種怕怕的感覺，可能太整齊了吧。

如果可以選，我還是比較喜歡原始林，雜亂到好像什麼樹都有，好像什麼形狀和高度都可以，但說是這樣說，當我自己一個人走在原始林的時候，也是會因爲太野而害怕，好不到哪裡去。

在太平詩路爬到一定高度後，檜木原始林步道開始彎來彎去，讓遊客們繞著站定千年不動的神木走。

我一心想找那棵冒煙的樹。

雲霧帶太潮溼了，有些分岔出來的步道被掛上禁止線，因爲步道的木頭毀壞待整修，不可以過去。我望著不會有人經過的分岔步道，想著如果那位「動物追蹤師」在的話，能不能向我解釋這裡曾經發生過什麼事呢？

「動物追蹤師」這個名詞是我在宜蘭一家文青咖啡店裡聽到的，老闆曾經前往美國，學習怎麼當一位動物追蹤師。

老闆非常年輕，才二十四歲而已，他從小就念森林小學，一直用自學的方式過自己想過的生活，人生密度好高！他的咖啡店叫做「鳴草」，我沒有問他原因，但這兩個字組起來，滿像他本人的。他很瘦小，但講話非常清楚，很有條理，邏輯縝密。鳴草咖啡曾是二〇一七年宜蘭綠色影展的公民評審團，以地方自然單位的角度當評審，選出最後的得獎名單。

我問他現在還繼續當動物追蹤師嗎?他說這是要練習的，主要是學習觀察自然，簡單地講，就是忘記自己是人類吧!藉由看著大自然裡動物的腳印，知道曾經發生什麼事。

我聽不懂?什麼叫發生什麼事?

他說，從動物的足跡來看，根據每隻腳踩下的壓力點，就可以評斷牠當時正在害怕、緊張或警戒。牠是要找食物?還是要去喝水?有沒有帶小孩?還是懷孕中?例如，小山豬可能肚子癢癢的，所以在這裡磨蹭一下草叢。所以，動物追蹤師除了要用看的，還要用聞的，像是動物磨蹭肚皮後會留下味道，味道也可以推估這是幾個小時以前發生的事。

太帥了吧!動物柯南喔!

嗚草老闆跟我講了很多例子，但是太難了，我完全不能想像，像是每種動物有著自己特殊的腳爪、腳趾、腳蹄，所以留下來的腳印當然也就不同。每種動物也有自己前行的方式，有的很謹慎，會用後肢踩在前肢的腳印上，所以看起來好像只有兩隻腳而已；但有些就大刺刺地奔馳，四肢拉得很開，所以前後腳印的距離很大。總之，所有的痕跡，都是自然長久演化下來的結果，是生命活存的方式。

我繼續上山，竟然不知不覺走到太平詩路的盡頭了，可以再繼續往上走，但會接到另一條步道，那裡就不再是檜木林，而是別的林相。

我很猶豫，因爲時間好像不夠了，我得留時間下山去等車，我得到此爲止。

我站在半途，被太平詩路的檜木原始林圍繞，應該說，被彎來彎去的步道圍繞。爲了保護原始林，步道與檜木之間都保持一定的距離，距離有點遠，不像當年我在保護區拍片時，可以與樹貼得那樣近。我不可能再彎腰探身而過了，我也不可能再依循樹的生長形狀，時而蹲低，時而跳躍。

步道固定而完整，步道便利而快速，步道隔開了密密麻麻的藤蔓、蕨類、蕈類。步道讓我進入自然，步道也隔開了我與自然。我站在步道中間，感受著良好的人工痕跡，它與長期演化無關，它是如此整潔，我像在規劃良好的公園。

我想起鳴草老闆說他不喜歡步道，因爲那很無聊。他喜歡在無人問津的野山裡，做動物追蹤師的練習，查看動物足跡，徹底使用五感：視覺、聽覺、嗅覺、味覺、觸覺，並且讓自己的身體彎曲著，攀爬著，匍匐著，伸展著。不用人類習慣的方式活動，感受真正的自然。

我做不到啊！

我只是普通的人類而已。

我不知道要怎樣忘記人類的習慣。

冒煙的樹不存在，找不到了，代表剛出社會的我，也結束了。

我繼續站在步道中央，環顧四周，和當年一樣，想用眼睛向原始神木林深深致敬。但是，在致敬的過程中，不停有人請我借過，因爲他們要繼續往山上走，而我擋到路了。除此之外，還有人在等我離開步道，因爲他們想和這片盤根錯節的樹根合照，請我不要擋住鏡頭。

我自以爲是的致敬一直被打斷，不得安寧。步道上的遊客，無論男女老幼，沒有一個不興奮地說話，大家高聲談笑，將身爲人類的壓力，一股勁地往山林釋放。

原本應該要覺得大家很吵、很沒水準的當下，我竟然覺得很孤單，不曉得是因爲明天影展就要閉幕，我的旅程即將結束，還是，我真的很孤單？我到底孤單多久了？

明天就要死了，今天，仍然奮力地想把這些人、這些事寫出來，我突然覺得充滿感謝，想謝謝我在最後一站遇到的所有人，當然，之前也是。

回程時，有一首詩再看第二次的時候，有著不同的感覺。

〈靜心〉　李潼

傾聽

是最玄秘法術

默想咒語

靜心
我們傾聽綠繡眼
從古魯喬遷太平山的消息

靜心
我們傾聽鴛鴦
在翠峰湖滑水的傳說

靜心
我們傾聽落葉
和枝枒道別的叮嚀

靜心
我們便傾聽自己

和昨日爭辯的故事

我一步一步下階梯，一步一步想著最後兩行字：「我們便傾聽自己／和昨日爭辯的故事」。

可以了吧？旅程要結束了，我還要跟自己辯論多久？

尋找冒煙的樹——宜蘭客運站↓去程客運↓太平山入口處↓太平詩路↓太平山入口處旁的咖啡廳

時間｜超十六膠卷世代

地點｜宜蘭綠色影展現場

我低估自己的能力，太早回程，其實可以待更久的，但已經來不及。

還有一個小時客運才會來，我走進遊客中心的景觀咖啡廳，點一杯熱咖啡，找一個能看山、看雲海的位置，坐著休息。

午後的雲霧帶越來越濃，想起以前學習野外觀察時，下午四點就要趕快結束，回到山屋，因爲天黑前將會起大霧，很容易下雨。太平山景觀咖啡廳在二樓，如果用平視的角度看向窗外，是一座座美麗的山體，雖然被濃霧籠罩，但在霧比較薄的地方，仔細看，會透出一點點的墨綠色；如果用俯視的角度看向窗外，是一群又一群的遊客，與一台又一台的小平台車，又叫嘟嘟車，聽說是過去林場重要的交通工具，用來載送剛砍下的木材。

遊客興奮地與嘟嘟車合照，竟然還有一群中年媽媽穿著閃亮的韻律服，用藍牙喇叭放音樂，開始跳流行熱舞。

我一個人，看著眼前的自然與人類，慢慢地喝咖啡。

我想到《雪隧世代》的結尾：「歡迎大家來宜蘭，也請大家好好愛護宜蘭，雪山隧道十歲生日快樂。」

我想到品好姊說：「我不用想像自然啊！我就在自然裡面。」

我想到鳴草老闆說：「這間店其實只是一個十年計劃，而理念適合用咖啡店的形式去呈現，創造一個空間，讓人進來，藉著喝咖啡，彼此交談，互相交流，讓概念繼續生長。」

這些人口中的自然爲什麼令我嚮往，令我安心呢？

我也想到令我不安心的人，應該是害怕，我怕的不是對方，而是從對方身上看到自己，而我很害怕成爲那樣的自己。

當我還在煩惱如何前往太平山的那幾天，我在影展遇到一位憤怒的白鬍子老先生，他是台灣業界有名的生態導演。

老先生有名的原因在於他極度固執，他的生態電影只用底片拍，並且只去野外拍。在野外拍的時候，也不是去去就回來，而是直接住下來，因爲要拍就應該天天拍。他最著名的紀錄，是在離地面將近八層樓高的樹屋裡，持續躲上一個月，就爲了緊鄰五十公尺的另一棵樹上，正藏著一個鳥巢，裡面住著一對熊鷹與牠們剛出生的幼鳥。

老先生陸陸續續地拍，花了十四年，才覺得可以說成一個故事。

二〇一八年初，原本居於幕後的老先生，突然成爲各家媒體報導的對象，因爲他將自己畢生拍攝的生態影像，全數無償捐給台灣林務局。他說：「生態不是我的個人資產。」共計七百捲的膠卷，三十六年孤獨的野外時光。

大家口中的老先生總是獨來獨往，因爲太窮，一口爛牙，連治療的費用都沒有；大家口中的老先生個性古怪，難以相處，堅持一堆，但他拍的東西早就過氣了。

當我在影展現場閒晃時，一眼就認出老先生，我上前打招呼，想訪問他。

老先生的身材竟然非常嬌小，可能只有一百五十公分左右，畢竟他的照片都是孤身在自然之中，無人能比對。老先生的年齡也竟然沒有很老，六十七歲，和我爸爸差不多，他只不過有著滿頭白髮與滿臉的白色落腮鬍。

即便如此，老先生真如外界所說的那般難搞，他從與我的第一句對話開始，就是滿臉的不屑、斜眼，用字也非常不客氣，聲聲是刺。

我其實深刻地感受到，他討厭人。

他討厭的不是我，他討厭人類，只要是人，他都討厭，搞不好他更討厭台灣人，也許在他的過往歲月裡發生了什麼事，而他已經受夠了。

那年影展有一個「膠卷放映」的特別單元，現場請來專業的放映師，架好傳統的放映器材，直接播放老先生當年手工剪接完成的作品。我們在放映前先聊了一下，我用捐贈膠卷事件作爲話題開場，畢竟那是二〇一八年台灣生態界的盛事。老先生沒好氣地回答：「那是因爲他們答應我，捐贈以後會出錢幫我做數位化，給我檔案，讓我免費使用，我大概有八成的膠卷拍完以後就是冰著，因爲我連拷貝的錢都沒有！」

數位化？要幹嘛？

原來老先生的計劃還持續著，他問我知不知道達文西剪接軟體？他正在用，覺得很棒，還可以直接調色！他說他和某個保育單位談好：「給我錢，不准管我，我要剪一百支影片放在Youtube上。」他馬上放給我看，並且要我從頭到尾看完，不能只是看一下而已。那部片講食蟹獴，長得像迪士尼故事裡面的狐獴，深灰色，鼻子尖尖，滿可愛的，一直找溪裡的螃蟹吃，這是我的說法。

就老先生的說法，他自己配音，用朗讀的方式，一句一句說著食蟹獴在生物科學上的分類與意義，再來講述現代環境帶給牠們的危機。老先生一邊放片，一邊跟我講這有多難拍到，一邊問我是不是從來沒看過食蟹獴？他應該是台灣唯一拍到食蟹獴的人！坦白說，那些畫面真的很珍貴，不知道要勘景多久、要守在當地多久，食蟹獴明明很小，但在畫面上卻拍得很大、很挺，想必鏡位一定架得很低，等待動物出現前，不知道蹲得有多瘦。

但是，故事真的很無聊，口白的每一個字都讓人疑惑，並且與畫面無關，讓人思緒渙散，若在Youtube上，我會一秒就關掉。這樣說大師的作品太失敬了，可是，這是我真實的感受。

我再用野外拍攝與室內布景的話題，詢問大師的想法。

他聳聳肩說：「那是因爲我沒錢，我如果有錢，我也想布置造景啊，多好！台灣就是民風保守，解嚴以後，根本沒人懂什麼叫真正的紀錄片，只會崇拜領導者，迷信西方的拍攝方法，反正我沒錢，但我有的是時間，我就去野外等動物，我硬等！」

我問他在拍攝過程中真的看得懂自然嗎？需不需要和生物學家合作？

好像按到按鈕，他立刻開罵：「拜託，很多動物學家也根本不懂好不好，所有人都是一點一點學習自然的，真的要解釋這個動物行爲有什麼意義？那也是人類自己推敲出來的，就算大部分的科學家說是這樣，也不代表真的正確，因爲自然並不會回答。」

他開始批評台灣生態紀錄片界的補助制度，常常在影片結案前，還得通過教授在科學意義上的審核。「教授根本就不懂電影，不懂蒙太奇，一直改我的影片。剪接是一項藝術，我是在說故事，又不是在念課本。」

「我喜歡盡量不要解釋，呈現自然的感覺，但觀衆可以感受到來龍去脈，比如博愛的感受。」

放映時間到，我們中斷了談話，放映師在黑暗中輕巧地操作機器，放映燈亮了，膠卷開始滾動，一幅一幅的底片流動起來，變成電影。

影展放映了二〇〇一年的膠卷作品《朱鸝》，於高雄扇平拍攝。

依然，無聊到爆，這部底片舊片與 Youtube 上的新片，坦白講，差不多。我很驚訝這麼多年來，老先生說故事的方式竟然沒有太大改變。《朱鸝》與《食蟹獴》的故事架構幾乎一樣：字正腔圓的口白，鉅細彌遺介紹生物分類、食性、棲息方式，舉例說明幾個生態行爲，最後，再次陳述環境造成這種動物的危機。還是生物課本啊！還是頻頻解釋啊！老實說，老先生仍然乖乖執行他努力抵抗的形式，在過去可能因爲身不由己，必須服務資方，但他現在已經自由，爲什麼還是這樣呢？

好可惜！他說得很好，想法很棒，但爲什麼作品不是這樣呢？

怎麼又妥協了呢？爲什麼不直接在影片裡說這個有多難拍？爲什麼難拍？直接開罵誰很煩又不讓你拍？爲什麼不可以拍？這麼多的故事可以說，爲什麼朗讀了呢？已經沒有人規定你了啊！

觀眾一個一個離開放映室，因爲太無聊了，只剩下我、放映師和老先生。

終於播完，我看著片尾製作名單，發現有一個熟悉的名字，是當年指導我研究生態的教授。我馬上對老先生說，我也是這個實驗室出來的，我也去過扇平的人工林做過鳥類調查，難怪覺得很眼熟。老先生的眉角突然綻放，大喊一聲：「啊！原來我們是老鄉啊！」

什麼老鄉，在說什麼？我只聽懂他喜歡我的教授，是他認爲好的人類。

他之後花了很長的時間跟我講傳統機器、傳統底片、傳統技術，拍法、洗法、剪法、放映方法，全都是身處數位時代的我想像不到的。他並且強調，他當年是如何聰明選用超十六的機器拍攝，並堅持在數位攝影機出來後繼續使用。現在，膠卷數位化的技術變好，那些他三十年前拍的膠卷轉成數位後，畫質還是贏過現在的一大票人！「不過，頂多再厲害十年！之後就沒用了，現在更新的數位畫面已經超越底片。所以，我要在死掉以前，趕快把它們剪接出來！」

他給我看手機裡的生活照，是他的工作室。簡樸的空間，嬌小的他埋進大型的機器裡。

那一瞬間，我有一個奇妙的感覺，那就是我真心希望他得到自由，雖然他當然也沒有不自由，那僅是我自己的意見罷了。

聊到快結束時，老先生語重心長地對我說一段話：「我是看你的書好像還有點意思，不然才懶得理你。不過，我告訴你，在我眼中，你這個訪問就是混口飯吃，就算書出版以後，也不可能改變社會。人早就已經失去動物的本能了，我們不知道該怎麼去找東西吃，所以只好用錢來買東西吃，爲了有錢，只能工作，爲了有工作，只能虛假。我喜歡動物不是因爲牠們很可愛，是因爲牠們很真實，人類在幾萬年前是跟牠們一樣真實的，但現代人都是虛假一生，虛假就是一種生存策略，真實無法存活，最好天天說謊，謊說得越好，就活得越好。」

老先生說完直接跟我再見，不想再講。他叮囑我去看他的臉書頁面，裡面有資料可以參考，還說等我寫完稿子後要寄給他看，他看到不對的直接幫我改。

我才不要。

我不喜歡這段話。

我沒有討厭他，但我覺得他不應該這樣想，太可惜了！太可惜他的真實了，真實就要真實到底，不然多麼可惜？

尋找冒煙的樹——宜蘭客運站↓去程客運↓太平山入口處↓太平詩路↓太平山入口處旁的咖啡廳↓回程客運

時間｜二〇一八年，秋

地點｜太平山

咖啡已經喝完，樓下的人潮一批換過一批，喧鬧一陣過一陣，雲霧帶突然散開，我又看到了一棵一棵由樹構成的山。

我離開景觀咖啡廳，準備搭客運下山。

影展結束後，我花了很長的時間研究老先生的過去，才知道他拍攝生態電影的原因，是戒嚴時期裡最安全的選擇。那時候的台灣影像工作者如果想在街上拍攝，馬上會引來警察詢問，就算拍的是毫不起眼的建築、人物、事件，仍然必須撰寫詳細的計劃書，通過層層審核。為使計劃通過，當然必須虛假，當然無法真實。

然而，那已是三十年前，已成過去，也許老先生年輕時曾被烙下創傷，讓他失去信任，讓他躲在自己想要的真實裡悠遊，不理會外在世界。

我研究老先生的交友，我研究他平日的活動，我發現他有一些一再重複的關鍵字，是他信奉的價值理念。我看著那些關鍵字，在過去是叛逆沒錯，但到此刻，已成傳統，老先生對世界的真實沒有繼續更新，他在不知不覺之中，已被時代覆蓋。

人類與自然到底差別在哪裡呢？是時代。

時間的流，春夏秋冬，生命萬物擁有的時間是平等的，但是人類有自己無法左右的時代，每個時代有每個時代的限制，沒辦法靠一個人改變，那是時代當下的集體氣氛使然。但是，時代會變，三十年前老先生的時代，和現今的時代早已完全不同，無論攝影器材，無論編劇美感，無論觀眾收看的方式，都大大改變了電影的定義，當然也改變了人們想像所有事物的價值觀。

真實在每一個世代都很困難，所以當真實做到徹底的時候，就能穿透時代，不然，爲什麼我們仍然能被經典電影、經典文學、經典繪畫打動？

老先生的一生經歷我無從得知，我只不過藉著他的憤怒，想著自己。

我想著自己離開台灣前的時代，和我走完三年歐洲再回來台灣的時代，早已完全不同；當時我如此奮力維護的前衛，如今，已成爲理所當然。

什麼是好，什麼是壞，什麼是好有創意，什麼是有夠無聊，一波又一波，一直會有更新的定義；自媒體、跨界合作、虛擬實境，無以計數的嶄新名詞一直長出來，成爲更新的時代。

生態紀錄片早已更加開闊。

在巴黎當外國人的一天，是在台灣當本地人的幾年呢？沉浸在自己世界的一天，又是外在世界的幾年呢？

我突然明白了浦島太郎的感受。

自然是什麼？

自然是載體，人就在自然裡。

在自然裡，每一塊土地上的時代也許不同，但每一個人類，不管你我接受與否，在這時間的流裡，和生命萬物共同前進。

客運下山的速度很快，低於海拔兩千公尺以後，周遭的樹葉從針葉變成闊葉，沒有雲霧帶了，氣溫開始升高，蘭陽溪從一道長線變成一片河床，大大小小的鵝卵石互相堆疊。

我突然意識到我真的三十六歲了，現在是二〇一八年，台灣已經是這樣了，世界已經是這樣了，關於我的追尋，關於我，已經是這樣了。

我不後悔。

這天

峽灣裡的碎形理論

時間｜二〇一八年，秋

地點｜挪威，楊森（Gjendesheim）峽灣今天就會死去。

生命的最後一天，我想重回兩個地方：再看一次挪威的峽灣，再走一次法國的鄉間小路。

這個心願在好幾天前就決定了，應該代表著某些意義吧。

挪威山野影展（Fjellfilmfestivalen）雖然不是那三年的最後一站，之後還有台灣宜蘭綠色影展，但當我全身包裹得溫暖，站在船的尾端，不怕冷地脫掉手套，只爲能盡情地對峽灣拍照，旅程似乎已到終點，一切都結束了。

峽灣，聽起來冷冽孤寂，看起來也是如此，那樣特殊的湖水，那樣特殊的地景，開闊之中，一顆一顆浮起的山體，原來，這就是我喜歡那塊螢光綠塑膠板的原因。

挪威山野影展是唯一沒有獨自旅行的一站，我有朋友語嫣相伴。

其實這並不是太好的主意。語嫣是我抵達巴黎第一年在台灣餐廳工作的同事，她學習劇場服裝設計，好有趣的領域。我們因爲拍攝她的畢業製作而熟識，記得在很短的時間內就達成共識，合作過程很順利。畢業發表會那天，我拍的影片先在台上播放，之後，模特兒穿著她設計的衣服走秀，台下老師評分。

那天我沒有去，我記得很清楚，我其實是可以去的，但我似乎又惹餐廳老闆還是同事不高興，我不想低聲下氣地拜託他們讓我調班，所以選擇連假都沒請，直接缺席那場發表會。

我知道，非常可惜，但那時的我不能失去那份工作，我沒有選擇。

我並不是很想在人生的最後一天寫下關於餐廳的回憶，我真的很討厭那裡，我真的好恨。但，既然那裡是我與語嫣認識的起點，我就繼續寫吧。

語嫣常常在工作上救我一命，救一個如此不適合在餐廳工作的我，餐廳粉碎了我所有的自尊心。我理解得太久，執行得太慢，卻又看得太清楚，分析得太多。我應該要傻傻地跟大家笑過來笑過去，嘴巴賤過來賤過去，人活著其實最需要這些能力。在那間小小的餐廳裡，擠滿來巴黎築夢的台灣人，每個夢都很重，讓人在異鄉變了形，平常在法語世界累積的委屈，在工作時，一股腦地用母語對家鄉人釋放。身處異鄉的同鄉人，似乎是那樣互相需要，也似乎沒有選擇地彼此折磨，再平凡無奇的小事，都可以當成話題來爭執掠奪。

我常常在下班後和語嫣抱怨，雖然她也受到委屈，但卻可以毫不在意，繼續上工。她說：「當你不認爲他們說的是對的，欺壓也就不成立了。」

這句話像一巴掌。

我不能接受。

爲什麼要檢討受害者呢？

像守著最後的尊嚴，我持續用不合群的態度在餐廳裡撐著，爲了不想當認命的勞動階級，爲了不想當紀錄片裡最典型的弱勢團體，爲了想證明這就是階級裡的剝削，而我不同意。

下場當然很慘。有時候也連累了其他人。

我想我應該讓語嫣失望了，因爲她是這樣關心我，而我卻沒有對她坦白，讓她走進我的心裡。

坦白說，我有。

但當越來越多的事情發生後，我真的要瘋了，決定辭職離開。我很早就做了決定，決定好哪一天提辭呈，之後就再也不去，不管老闆說什麼，我就是要走。

但我都沒有跟語嫣說。

直到老闆同意，直到所有人都知道我要走，她才從別人嘴裡得到消息。想必很傷心吧。很抱歉，真的不能跟她講，雖然我是爲了保護她，不想讓她成爲夾心餅乾，但更大的原因是：我不想聽到她要勸阻我什麼。我就是要走，誰也不能攔著我。

這樣想想，我這一生好像都這樣。

離職後大概過了兩年，語嫣才漸漸釋懷，我們的交情再度好轉。坦白說，還是回不去了。我雖然高興語嫣陪我去挪威採訪，但就如同我們在餐廳工作時一樣，個性和態度還是差很多，很多時刻她不滿意我，我也不滿意她。

出發前為了解挪威，查了很多挪威國家極地探險隊的資料，才發現這是人性常態。極地探險隊裡的人雖然都熱愛冒險，努力追求新事物，並且在團隊分工下進行自己的研究，但是，每個人的個性仍是不一樣的，越應該團結的時刻，越容易意見不合。我在挪威探險家的旅行手記裡，看到很多不滿、猜忌、懷疑、指責，英雄氣魄下的真實。

想像一支極地探險隊，帶著國家的期望，終於抵達世界上最荒涼的地方，一個小隊，便是此地僅存的人類，但仍然無法放掉自己的個性，因為外在是那樣不安定，能掌握的只剩下自己，個人特質反而會比平時還要強烈。

身處極地，相互依存的探險隊，如果鬧翻的話，可不是想走就走得了的，坦白說，也不知道能走去哪裡，因為他們正是將未知世界畫進地圖裡的人。

世界的模樣，人類竟然在這一百年才開始明瞭，是仰賴各國探險家用車、用船、用雪橇、用雙腳、用性命，相互競爭、相互較量，才逐漸累積出來的。

再想像當年那支挪威探險隊進入北極圈的時候，北極圈到底是什麼呢？有水道可以航行嗎？還是都已成冰？冰的厚度如何呢？能讓狗拉著雪橇探進北極點嗎？北極點是終點嗎？什麼是終點？終點是人定的，蒼白雪地上，北極點的前後左右根本長得一樣，該往哪裡走？該怎麼繼續前進？從北極點前往加拿大或西伯利亞的路途，竟然比回挪威還要近？地球真的是圓的啊。

世界地圖一點一滴地出現。

探險家造福了世人，讓人類更了解世界，但支撐著探險的決心是什麼呢？也許是自尊心。

一百年前，挪威爲了想脫離丹麥和瑞典取得獨立，藉著征服自然提升全國士氣，建立自信心，先是在一八九三年拿下世界上第一個最靠近北極點的國家；一九一一年，又成爲世界上第一個抵達南極點的國家。當挪威探險隊離開五週後，當年的強勁對手——英國探險隊，才從另外一個方向姍姍抵達，沒有搶到第一，還全數喪命於回程。

挪威出了非常多的冒險家英雄，自然成爲征服的對象，是挪威全國上下耗盡所有力氣，必須拿下的尊嚴。

而我，也是爲了尊嚴而戰嗎？

我沒有想過。

我不再踏進那間台灣餐廳，如果必須經過，一定繞道而行，因爲只要看到它，好多句子就會在耳邊響起：「我們只是開玩笑而已，你怎麼這麼敏感！」「你看起來就是一臉小媳婦的樣子！」「哎呦，你被鐵釘刺到了嗎？那你知道鐵釘的法文怎麼說嗎？」

離職後，雖然不用再聽到這些可怕的話了，但是，惡夢卻找上了我，它們一直來，

一直來，長達半年，當恨變成了怕，很悲哀。之後，惡夢漸漸消失，恨又回到了恨，忿忿不平。過去的每個情境是如此鮮明，無法克制地檢視著、想著，如果當時我不這樣做、我不這樣說，結果是不是就不一樣了？事件早已遠去，沒有任何人在意，但我卻持續懲罰著自己。

最後，是逃避，只要不想，只要不碰，就好像不存在，不存在的話，就不會痛苦了。不知道花了多少時間治療自己，也許這趟旅程其實是一場療程吧，我得到比自尊心更多的力量，比如生命，或是自然的意義。出發前往挪威山野影展前，我決定再次踏進那間餐廳，我鼓起勇氣，讓自己置身在那個曾讓我惡夢連連的小空間裡。

也許是夾帶著極地探險隊的士氣，我想要在踏上挪威之前，和過去告別，和那個受害者告別。

我以這樣的心情來到挪威，搭著遊船，置身峽灣，站在甲板，感到一切正在結束。

那艘船爲什麼會讓我看到終點呢？

我想是看到碎形理論吧。

它講的是，世界萬物其實都來自同一種規律——自我重複。

鸚鵡螺裡的間隔是最常見的舉例，比如一個螺內的間隔數可能有七格，但是第二格會比第一格減少三分之一的寬度和長度，第三格又比第二格減少三分之一，以此類推，間隔尺寸變得越來越小，還能彎曲起來，全數收納在殼裡。再比如樹枝的分岔，每一次都是二分岔，但在二分岔的其中一個分岔裡，會繼續二分岔，然後再繼續二分岔，樹枝雖然是以次方增長，卻不會一字排開，反而將末端收起，開展出一片圓融的樹形，再和諧地成爲一片林。

數學家從自然理解出黃金比例，像是恆定的巧合，但反推原因，其實是這樣最適合生存，所以留了下來。

我覺得碎形理論最好玩的是：大與小，其實長得很像。比如一朵花椰菜，像是一棵小樹；比如一顆石頭，像是一座岩石外露的小山。當我拍照時，常常會對鏡頭裡的畫面，想到碎形理論。

那天，從遊船望出去的峽灣，是一片平靜的水面，好冰的藍、好冰的綠。我逐漸將眼光放遠，看著水面周邊的山體，植被非常稀疏，岩層不停裸露出來，像一座又一座浮出水面的島嶼。

遊船開得很慢，一座又一座的島嶼，從眼前蔓延開來。

我先用廣角鏡頭，沉浸在島與水的壯闊中，直到換成長鏡頭，我才看見真正的峽灣。在長鏡頭的特寫下，我看到峽灣兩旁的山體表面，凹凹凸凸，岩層結構，像是一顆石頭，真想將它放在掌心上好好觀察。閉上眼睛，想到以前曾經用微距鏡頭拍攝石頭表面，紋理之間，像是霧氣裊裊的群山，我也曾想爬進去走走逛逛。

山像石，石像山。從大的形體看到小的世界，從小的形體看到大的世界，峽灣中的碎形理論。

除了碎形理論，峽灣更讓我遇見一位旅人，在我們交談不到十分鐘的對話裡，像是有一道終點線，跨過就結束了。

挪威山野影展是這本書唯一的北歐例子，因爲去北歐國家的採訪成本太高，就算將旅費降到最低，禦寒衣物和露營裝備仍是一筆花費，我籌措了兩年，將它壓在最後一站，期待華麗收尾。

可惜沒有，非常混亂，我們吃了所有的閉門羹。

挪威山野影展是很特殊的影展，官方網站的照片便說明一切：夜裡，一群人在山中，包著睡袋，戴著毛帽，沿著坡席地而坐，目不轉睛地望向最低處的峽灣，峽灣前有一座巨大銀幕，正在播電影。

太浪漫了，辦在國家公園裡的生態影展，天亮時冒險，天黑時看電影，累了就進帳篷睡覺，天地合一，我期待了兩年，準備出發。可惜，一直到出發前，我的資金仍然不夠，要花費的遠比想像還要多。我寫信給影展單位，畢竟這是一個以冒險爲主題的活動，邀請了很多網紅、部落客前來分享心得，我期待他們也會對我這三年的旅程好奇，支持我，讓我用合作體驗的方式採訪，參與一些登山、攀岩、高空繩索、泛舟、獨木舟、SUP水上瑜伽等活動，只要一、兩項就好，讓我能更了解他們的想法。因爲影展的每一項活動都要付費，而且很昂貴，如果我都沒有參加，只能等天黑看電影，白天就等於浪費了，浪費了這座國家公園。

但是影展正忙著做生意，準備這麼多高級的器材，找了這麼多專業的教練，哪是讓我說體驗就體驗？他們請我直接在網站的既有選項裡做選擇，預約付費，沒有別的方法。我修改了參加的要求，提出更多方案，但結果仍然一樣。

印象深刻的是他們的無語，他們不反對你，但他們不回應，這會讓人覺得很冷。風塵僕僕，我們終於抵達影展，終於看到了峽灣，終於包著睡袋在峽灣前看電影，就像那張官方照片，如願以償。但是，也僅是這樣了。

挪威山野影展播放的電影，可能是那三年以來距離生態議題最遠的。電影裡的自然是那樣險峻，不是極地就是沙漠，人類必須突破萬難，打破紀錄，到達遠端，昂首山林。記得開幕片是一部災難片，主角隻身在冰天雪地中，闖過一關又一關，返回文明。當地人驕傲地跟我說，主角是挪威版的詹姆斯·龐德喔。

之後放映的每一部片，幾乎都是冒險家的自拍，說著一個又一個征服自然的故事。語嫣問我：「這也叫生態影展嗎？我沒看到自然的故事啊，反而都是人類的任務。」

我同意，一直到挪威這一站，我才開始思考冒險跟生態的關係。但老實說，我已經去過太多倡導生態教育、伸張生態正義的影展了，然後，也在裡面發現人性無所不在。我突然發現，我更想看看非政治正確的角度，即便是利用自然。

我在挪威山野影展裡，看到人類最純粹的野心：冒險，尤其想與自然較勁。但自然只是看著你，不語。

在每一部的自拍電影裡，我也看見冒險的必要物件：證據，尤其是影像。

我發現現代冒險家的壓力好大，光是與目的地合照已經不夠，還需要自拍影片，要過程，要險，要身體，要置身在那個即將被挑戰成功的大自然裡。

在熱帶雨林的冒險家，到底去哪裡爲機器充電呢？在極地的冒險家，記憶卡用完了怎麼辦？氣溫太低時，機器很容易故障，何況身處極地？還有，這個探險家不是單獨去攀岩的嗎？那他的機器到底是怎麼架在遠方峭壁上？還可以有兩種鏡位交叉剪接？難道他好不容易爬上去之後，還要再下來收機器嗎？

冒險，充滿著詮釋；冒險，因證據而存在。

原來我的冒險對他們來說太文靜了。原來我文靜的冒險，也需要詮釋，才得以存在。

這本書，這十天，各種真實的片段供我選擇，卽便還有更多的真實，都不及我所寫下的真實。

真實過後，是否還有更多的事情等著我們？

語嫣是爲了陪我旅行而來，她不在乎影展，始終一派輕鬆，見招拆招。溝通不成，沒辦法參加攻頂活動，那就自己找路往山上走，走一步是一步，走到不能走了再原路下山，怎樣都比在平地看到的多。一直下雨，反潮嚴重，沒辦法再繼續睡帳篷，那就不要忍耐，找最好講話的人去溝通、去說服、去拜託，意外發現隱藏版的山屋通鋪。

語嫣是獅子座的女人，重點是活存下來，解決自己與他人的差異，再大步地奔跑。路途合不合理、剝不剝削不重要，因爲她早已決定獵物是什麼，而她要得到。

語嫣的魄力在很多時刻推了我一把，讓我在最後一站，終於看到不一樣的風景，就像那天她偷偷買了餐券請我吃飯，不要再省了！花錢，坐進餐廳，吃熱呼呼的食物，甚至點了當地的酒，看著峽灣，慢慢享受。

和語嫣一起從餐廳看出去的峽灣，也讓我終於看懂挪威畫家孟克（Edvard Munch）筆下的《太陽》。

以《吶喊》聞名世界的孟克，畫風是那樣絕望，總是充滿死亡氣息，把人畫得像鬼，垂死之人、將死之人、已死之人，所有的悲傷似乎沒有極限，顏色很野，讓人心煩。

相較之下，孟克的風景畫卻讓人感到平靜。我曾經在巴黎看過，深深著迷於他筆下的山，被雪完全覆蓋。有時是白天的山，有時是晚上的山，那些山其實只是色塊，一整團，好厚，塗得好滿，線條是那樣傻氣。聽說孟克很喜歡去戶外寫生，即使畫雪景也一樣，不知道他穿得夠不夠暖。

我很喜歡孟克的風景畫，卻不喜歡他著名的《太陽》系列。每一幅都好大，快要兩層樓高了，七彩的光芒，瘋狂綻放，好多層，疊上去，抹掉，再疊上去，再抹掉。我覺得太誇張了，太放了，不必要吧，有這樣嗎？

但是，當我真的到了挪威，才發現，孟克他沒有誇張，相反地，他很寫實。

挪威山區瞬息萬變的天氣非常有名，一天之內，晴天、陰天、雨天、暴風雨、冰雹……各種能在天空出現的名詞，都可以經歷一遍。挪威政府提醒外國旅客，登山背包裡永遠都要有防風雨衣、羊毛衣、手電筒、行動糧食、鋁箔製的求救毯，才不至於在緊急狀況下失去性命，請大家不要開玩笑。

當我和語嫣在餐廳欣賞峽灣時，遠處的太陽，正逐漸準備下沉。

接下來的兩個小時，天氣由晴到雨，又雨過天晴。我們看著太陽逐漸移動，穿越天空時而厚、時而薄的雲層，輾轉透出不同顏色的光線，交織成不同幅度的色帶，變化太快，必須仔細盯著，還要記得往下看，因爲峽灣的水會反光，一來一往，才是整體的太陽。

原來孟克看到的太陽是這樣。

原來是這樣。

在孟克的太陽、在碎形理論、在峽灣之中，我遇見那位旅人。

旅人是男人，他說自己來自以色列，我們在遊船甲板上相遇。他對我的書產生極大的好奇，問了很多問題。我說我訪問10＋1個生態影展，跨及歐洲和台灣，介紹它們的不同，變成了書。

他用鄙視的眼睛看我。

我感覺得到。

忘記他又問了什麼，我回答：「我很好奇每個地方的人是怎麼想像自然的吧！我想了解他們的價值觀、他們所處的土地和他們的關係。」這時他的眉頭才鬆開，說：「好，那可以，這才叫書。」他沒問過我，直接拿走我手中的記事本，拿走我手中的筆，寫下他的 email 說：「你寫完書之後，寄給我看。」

我看著他，沒有說話，沒有生氣，真心地好奇，眼前這位陌生人，爲什麼要這樣對我呢？

旅人長得很高，我必須仰著頭才能看到他，所以在他眼裡，我只是個嬌小的亞洲女性？如果我長得很高，比他還要高，換他必須仰視我呢？又如果我的膚色更黃，我是印度女人，或是更白，我是挪威女人，或是更黑，我是剛果女人，他也會對我說一樣的話嗎？又或是我是男性，甚至我再難捉摸一點，我是跨性別，他也會這樣對我說話嗎？

人與人之間很難吧，他不在我的人生裡，沒辦法了解我發生過的事情，沒關係，我也不懂來自以色列的他，他來自以色列的哪裡呢？那裡又是怎樣的地方？

思考的當下，我感受到自己越過終點線，旅行結束了。

時間｜二〇一五年，秋
地點｜法國，梅尼古特小鎮

闔眼前，想再次看到法國中部梅尼古特的鄉間小路——凌晨，一片漆黑，非常安靜，風咻咻地吹進耳朵裡。

那是二〇一五年的秋天，那陣子每天在餐廳都是整天班，從上午十一點半就開始炸炸雞、包便當、送菜、收餐盤、洗碗、煮大鍋燉菜、弄小菜，一直到晚上九點半。

早上八點去語言學校上課的時候，手都瘦得舉不起來，我沒空玩巴黎，因爲必須抓緊時間上班，但還是不夠錢去參觀梅尼古特影展。弟弟看不下去，明明也才剛出社會的他，硬是從台灣匯了歐元到我的帳戶，他說：「不要放棄，錢是小事。」

我迅速買了車票，訂了最便宜的青年旅館，上面寫著距離影展五公里。當時想著，五公里就五公里，走吧，反正走一小時也會到。

到了梅尼古特才知道，那裡不是市區，是小鎮，卻又和台灣的小鎮不一樣，是荒郊野外，從這個村莊到那個村莊只有泥巴路，周圍都是樹林。入夜後，一盞燈都不會有，大家都是開車代步。

我真的不知道。

文化差異這四個字，好像是一個聰明的名詞，但是當你與文化差異相遇的時候，卻無法拿來說嘴。那是一種極致孤單的窘境，整個世界都視為理所當然，但你卻覺得怎麼會這樣；或是大家熟門熟路，但你卻不知從何開始，你努力地想從既有經驗去解決問題，但根本就沒有資料庫，你必須重新建置，即使你仍不知道那是什麼。

法國梅尼古特影展是我人生見識到的第一個歐洲生態影展，很新鮮，數不完的電影和活動可以參加。才第一天，我就在影展看電影看到晚上十點，雖然之後還有其他活動，甚至到半夜兩點的舞會，但我真的太累了，只想回去休息。

可以了，很滿意，我明年會來報考。

但是，我回不去那家青年旅館。

影展跟青年旅館相隔五公里，位在不同的村莊，走了十分鐘之後，柏油路便結束，進入全黑的泥巴路，沒有路燈，周圍都是樹。我將手機的手電筒照明打開，接上行動電源，鼓起勇氣再走五分鐘，但不行，太害怕了，怎麼可能走五公里？一公里都沒辦法！我決定轉身，往回走，再度回到柏油路，在村莊的邊緣來回踱步，打電話給語嫣，問她該怎麼辦才好？

啊，竟然在我死掉之前想了兩次語嫣，好溫馨啊。

語嫣說我真的很誇張，在法國鄉下不可能用走的，只能拜託當地人了。我開始在影展裡尋找好心人。

那時的我才學了半年法語，是不可能溝通的，我又畫圖，又寫說明，只爲了讓大家聽懂我的需求。最後，終於有一個高大瘦削的男人會說英語，並且願意載我，但是他想和朋友再看一部電影，問我：「急嗎？看完後再一起走。」我只好答應，繼續看電影，記得那部片好像和老鷹有關，築巢在非常陡峭的山壁，所有觀衆跟著老鷹盤旋飛行。我看得很不專心，只想趕快回去洗熱水澡、睡覺，還有，肚子好餓，好險我有帶玉米濃湯沖泡包，等等一定要喝上一杯。

高瘦男人和他的朋友看得津津有味，看完後還邊走邊聊天，我們似乎又喝了啤酒，又走去了哪裡，折騰了好久，最後，終於可以去坐車了。高瘦男人的朋友和我們告別，他們緊緊擁抱，好像很難得才見上一面的樣子，之後，朋友便駕車離開，只剩下我和他。我突然發現：慘了，會不會有危險？

還好，高瘦男人沒對我怎麼樣。那晚，他很好心地開車送我回去，半路，發生了一些事，也許是氣氛太好，高瘦男人愛上了我。

高瘦男人是一個擁抱世界的人，沒有設限，自由的靈魂。他像是我嚮往的人，應該會快速愛上他的，但卻沒有，因爲那時候一點心情都沒有。也許是出發前，我才在巴黎開始一段感情，但也很不確定，活得如此恍惚，竟然又送來一個。

大家都說法國男人很浪漫，算我好運，遇到的可能還算不錯吧。回到旅館時，我感受到高瘦男人的眼神已經變化，有一種幻想的成分在裡面。他說：「我就睡在外面的車上，也許明天見囉。」

喔，好啊！

我不太好意思地關上青年旅館的大門，然後，完成我的心願，洗了一場超久的熱水澡，喝了一杯超熱的濃湯，然後，窩進棉被裡，想我的個人網站要放什麼資料，甚至還寫了一點介紹，才昏沉沉地睡著。

睡醒後，整裝待發，準備從青年旅館走路去影展現場。心血來潮，我將收音設備拿在手上，戴上防風罩，戴上監聽耳機，想錄下這五公里的聲音。開門離開的時候，高瘦男人竟然站在門外，他的拳頭舉起，正要敲門。

也太巧了吧！

高瘦男人很開心地說：「哇！真的是這間！你知道嗎？因爲不知道你住哪裡，所以我把每間門都敲了呢！」真是個天真的孩子啊！高瘦男人看到我正準備要去野外錄音，一直說好好玩喔，他也要一起。我們便在青年旅館周圍晃蕩，錄音和聊天。

這間青年旅館強調與生態共存，時常與梅尼古特影展合作，像是我在影展裡認識的熱心女士 Marie-Do，她的工作便是帶影展貴賓來青年旅館辦活動。某次，五十幾歲的影展人員 Marie-Do 邂逅了四十幾歲的蜥蜴專家 Pierre，兩人一拍卽合，相伴直到現在。一個很可愛的姊弟戀故事，Pierre 寫的蜥蜴圖鑑至今仍在我書櫃。

青年旅館有很多設施，我們走到一座五感菜園，高瘦男人馬上跳進去，熱心地向我解釋該如何使用。他教我看植物的外觀，並且摘下一片葉子，在掌心揉開，叫我聞聞看。

高瘦男人一邊向我介紹菜園，一邊講述自己的人生：他原本是一般上班族，但不喜歡都市生活，於是決定把束縛都拋棄，將車子改裝成房子，開始四處爲家，感受人生。他向我細數法國所有的大小鄉鎮，他去過哪裡，怎麼去的，他喜歡哪裡，又不喜歡哪裡。

因爲善於觀察生態，高瘦男人現在的工作和有機汙水處理有關，剛好青年旅館旁就有一個相同的設備。他興奮地向我介紹原理和用途，過去曾經怎樣，現在如何改良，手舞足蹈，滔滔不絕，雖然是艱難的知識，但是我能感受到他說的革命。

也許是我聽得投入，再加上昨晚的相處，讓高瘦男人更加喜歡我，也許覺得我們很適合吧。

導覽結束，高瘦男人說他可以載我去影展，他等一下也有想看的片和想聽的講座。雖然我很想試試看自己能不能走五公里，不過此時陽光開始變得強烈，也許再坐一次車也不錯，我便答應了他的提議。

高瘦男人開心地打開車門，打開音響，像是又回到昨晚那美好氣氛：鄉村音樂，節奏、吉他、直率的歌喉。這首歌非常輕快，高瘦男人順著音樂的節拍，走到我身旁，牽起我的手，我們就在五感菜園旁跳起舞來，氣氛真的很融洽，我順勢轉了一個圈，他的身體離我越來越近，之後就摟上我的腰。在下一秒應該會抱緊的瞬間，我跟他說：「謝謝啦，我們走吧！」

他也紳士地理解我的意思，我們開車上路。

泥巴路到了早晨已經乾涸，變成坑坑疤疤的鄉間小路，車身搖晃，車裡的家當轟轟作響，高瘦男人問我：「你的心裡是不是有人呢？」

我說我不知道。已經有男朋友的我當然心裡有人，但是，那時的心是如此浮躁，不知道自己的人生在幹什麼，不知道雙手為什麼會痠痛，正走向一無所有的人，還有心嗎？

我想再看一次剛認識高瘦男人時，我們開車回到青年旅館前所發生的事情。山太暗了，路蜿蜒，只有車燈，我們迷路到一條開闊的泥巴路上，周圍的樹好瘦長，枝芽不多，隨風搖擺。

在黑暗中越想看清楚，反而越讓人疲累。

高瘦男人問我，既然迷路了，想不想下車走一走呢？那時的我雖然對他存有戒心，但更想下車看看，什麼是夜裡的山？我們沿著泥巴路走著，到處都黑漆漆的，周圍好像有一些農地。此刻，眼睛沒有作用，只聽到樹梢被風吹過的聲音，比較沉，跟白天不一樣。

高瘦男人問我：「餓嗎？要不要吃點什麼？」然後馬上走到後車廂拿出麵包、火腿、起司、紅酒，直接擺在地上，我們坐在比較乾的泥巴路空地，用後車燈打個側光，吃吃喝喝地聊起天來。

我真的太餓了。

高瘦男人了解我來影展的原因後，點點頭，又再去後座拿出一包很乾的方形麵包，爲我的人生困惑加茱。

那時我的內心，其實有一個更大的聲音：我只想創作，報考學校只是爲了在社會上有位置，只是爲了讓別人能定義我，但我更想創作，我可以一個計劃再一個計劃地做，但我只是平凡人，怎麼可能當藝術家。高瘦男人覺得這不是問題，問題是藝術家很無聊，都關在自己的世界裡高高在上，藝術展覽也無法讓所有人看到，觀念無法在真實世界裡流通，但電影可以，無論何時何地，只要有器材，只要播映出來，任何人都可以看電影。

我沒有反駁他，有道理，卻似乎又不是這麼絕對。

高瘦男人的紅酒很難喝，但我還是把它喝完了，他走到後車廂準備再拿一瓶，我跟過去看看，車子裡面到底長什麼樣？

哇，超簡陋的，不是冒險風格的露營車，而是親手改造、從普通汽車變成可以睡覺的房車。他甚至釘了一些架子在車裡，擺放一包一包的家當，很有趣，雖然不精美，但是什麼都有，收拾得很乾淨，沒有味道，不是流浪漢的車。

他對我說：「你不要再待在巴黎了，跟我走啊，有車就有地方住，哪裡都是家。」

我笑說：「你才剛認識我就叫我跟你走，是不是太誇張了？」我沒有笑出聲音，一種介於真笑與苦笑的語氣。他也笑，他當然是開玩笑，他只是要我選擇自己想要的生活。

我們邊笑邊喝酒，不時沉默。最後我們拍拍屁股，準備離開那條泥巴路，再繼續找路回青年旅館。他轉了轉鑰匙，想發動車子，但後車燈卻突然熄滅了。

他說：「等一下喔。」

我們陷入完全的黑暗。

可是在泥巴路的前方，好像有一點亮亮的東西在閃，我好奇地走過去。凌晨的黑到最後會變成深灰色，我的視覺逐漸清楚，在黑壓壓的樹林之中，一塊非常平坦的牧場浮現出來，就在剛剛泥巴路的另一邊，但在吃喝、聊天的過程中，我們完全沒發現它的存在。那時我才看到牧場的邊緣都圍上欄杆，還加裝通電的電線，立著牌子說：「這裡是私人牧場，請勿進入。」原來，我們誤闖他人的土地了。

在這片開闊的的私人土地上，左側被樹林遮住的後方，正在燃燒東西，火苗竄升得非常高，都快跟周圍的樹一樣高了，但火勢卻溫馴，並不劇烈，緩緩地燒著，發出噼哩啪啦的聲音。

我先看到亮處，之後才發現暗處，就在我的正前方，大概十公尺的距離，至少有二十隻牛盯著我看。

黑壓壓的一群牛，每一隻牛都在看我，每一顆眼珠閃閃發亮。之後，牠們朝我走來，走得好慢，溫吞吞的動作，溫吞吞的火苗，也緩緩地照在牠們的臉上，身體上，腳上。在距離通電圍欄最近的地方，牠們停下來，繼續看著我，然後低頭吃草，鳴叫幾聲。

一種說不出來的奇幻時刻，我還記得一旁火的紅色，帶著一點點橘色，閃爍著。

高瘦男人也跟過來，站在旁邊，我們兩個對視之後，互相睜大眼睛，各自擠了一個鬼臉。

無法言喻的時刻吧。我們都沒有說話，站在那裡看了很久很久。

那是那三年最美的時刻嗎？

不。

那時的旅程還沒開始。

那時的我一片未知。

那時的我沒有跟高瘦男人走，沒有過上我也許會很嚮往的嬉皮生活。

我選擇回到巴黎，繼續在人類世界裡奮鬥，之後，前往更多更小的歐洲鄉鎮，看到我從未想過的生態電影，遇到我從未想過的人，感受著我從未想過的自然。

我寫下、我拍下、我畫下，那晚與高瘦男人所討論的種種選項，竟然不知不覺地融合在一起了。

我沒有走向成功，我的困惑依舊，但這些事情成爲了最後的我，結束了我的一生。

復活

欲望叢林

如果生命只剩十天，在假想死亡來臨之前，我不顧一切地寫，旅程，竟以這樣的方式完成了，即便故事是如此偏頗、不客觀、自怨自艾，卻也……如此療癒。

第十天的晚上，剛寫完生命的最後一天，才剛死去，就直接進行編輯會議。我將倒數十天的初稿印出，厚厚一疊，太過私密，完全不敢再看，交給編輯與製作人後，就慌張地跑出會議室，等待結果。

兩小時過後，回來聽結果，但自己心裡明白，就是這樣了，不管他們喜不喜歡，就是這樣了。

編輯說：「自然本來是包容的，對你而言，卻充滿著搏鬥，搏鬥的是什麼呢？現在你知道了。」製作人說：「如果再給你一天呢？再復活一天，你要寫什麼？」我對突如其來的任務充滿抗拒，復活？活了這輩子還不夠？我從未想過復活。

我沒辦法寫，停了一個禮拜，我觀察我的生活，我觀察我的人生，我的復活日到底是什麼？我想起一位德國電影配樂家。

在匈牙利格德勒自然影展的某天早餐時間，我在飯店餐廳遇到一位影展評審，來自德國的電影配樂家：一個大叔，個頭不算高大，頭形圓潤，留著一些捲曲的長髮，微笑時厚厚的雙頰鼓起，法令紋很長，但是眼神很溫柔。

配樂大叔已經開動，看到我踏進餐廳，馬上對我招手示意；之後，等我拿好食物，禮貌地將身旁椅子拉開，問我要不要一起用餐？配樂大叔的所有步驟都非常穩定，不是那種急切地叫你「過來！過來！坐下來！坐下來！」。那是一種邀請，你可以接受，當然，你也可以拒絕。那是一種零點幾秒的感受，卻可以明確感受這個人的特質。

配樂大叔第一次當影展評審，他覺得這趟旅程很新鮮。

他與太太和兩位快要進入青少年階段的兒子，住在德國西部的黑森林。他說城市太貴也太吵了，他喜歡現在的房子，每當創作到一個段落，便會去森林裡散步，感受天地。

配樂大叔沒有問我任何生命經驗的細節，像是我爲何要來這裡訪問，爲何要寫這本書，人生想做什麼。他繼續他輕鬆緩慢的步伐，跟我分享他那邊看到的人生風景，並且也問我這邊看到的人生風景，我們像漫步在他德國的黑森林裡，邊走邊聊。

配樂大叔問我相不相信來世，說他的感觸就像《流浪者之歌》，從悉達多的遭遇感受到人世，也感受到他自己。那時的我還未讀過這本書，沒辦法體會。他說：「也許你有機會可以看一下。」

接下來他問我，能否感受到台灣父親與法國父親有什麼不同？

我似乎花了很長的時間講法國父親的形象，語調輕鬆，說法國男人真是全世界最自由的男人，不用男子漢，不用負責任，不用陽剛，想幹嘛就幹嘛，不用當一家之主，可以拜倒在女人裙下，並且懂得適時裝傻，討女人開心。我覺得法國父親最了不起的就是知道在法國母親憤怒時，獻上調皮一吻，母親總是焦慮，但是一吻過後，就成為融化的女人。

配樂大叔和我一起笑了很久，他說他懂，真的！德國男人就是不會這一套。他嘆氣：「我們就是太壓抑了。」

配樂大叔跟我分享他從小和父親的關係，他不願意像他父親那般嚴肅，總是要擺出一個架子，他真的很想跟爸爸稱兄道弟，但現實上就是不可能。後來他有了兩個兒子，努力做到自己心中的父親形象，但，依然非常困難，他身陷在傳統束縛與自我期待裡，感到疲憊。

他問：「你這樣從台灣跑來歐洲生活，你的家人可以接受嗎？」

我說不行。

他說：「嗯！我們，其實並沒有不愛他們，只是我們仍需要過我們的人生。」

配樂大叔送了一張他的 CD 給我，等我看完 CD 設計，了解完音樂主題以後，才慢慢告訴我這不是配樂工作，是他自己的創作。他說他這次帶的數量不多，但是很希望能夠送給我。

配樂大叔說話的腔調是那麼輕，所形容的事物和感受是那麼淡，彷彿一個半透明的人，但當他談到如何付出愛、如何定義什麼是愛的時候，每一個字卻選得很認真。他創作的音符鏗鏘有力，在大幅跳耀的低音與高音之間，襯著柔和的弦樂。記得我們聊到最後，配樂大叔慢慢地比較他與我使用人生的方式。他說他很喜歡閱讀，他不需要旅行，他喜歡待在家裡，待在森林旁邊，但那是他的家，不是他與他父母的家。

在復活之前，我想起配樂大叔，也許是想藉著他溫柔的聲音、高亢的音符，逐步踏進這多出來的一天吧。

爲了思考復活這天要幹嘛，我的內心非常惶恐……

我真的不想復活。

我思考爲何自己不想復活，我思考復活所存在的時空是什麼？因爲，對於時空裡所有的責任與義務，我已不想再服務，我想要不帶任何愧疚地、快樂地、享受地復活。

那是什麼呢？

我打算一如往常，維持現狀，但是，只有我自己知道我又多一天可活，然後，在半夜零點消失。

太棒了！

我要好好地過這一天！

時間｜復活日早晨

地點｜台灣，陽明山大油坑；加那利群島，琴耶洛火山

復活的這天早晨，我要在家中醒來，爲爸媽泡咖啡，然後，騎摩托車去陽明山寫生。記得某次在台灣進行一件火山噴氣孔的拍攝任務，我和攝影師還有企劃走進一條祕密小徑，來到陽明山上的「大油坑」，準備拍攝硫磺近景與滿山的荒石。

製作結合影片與文字的生態電子書，是我的工作內容。當時台灣許多出版公司都想涉足影音這一塊，我從傳播公司轉過來，突然從聽命行事的小妹，變成全公司最懂影片製作的人。像是導演兼製作人，我可以全心全意地規劃、評估、組織團隊，甚至成爲了組長，底下有企劃、攝影師、動畫師、剪接師，大家都等待著我的指示。同事們都是喜歡自然又喜歡傳播的人，每次出班都很像去郊遊，雖然經費和時間很拮据，但我們同心協力，有很深的革命情感。

選擇很少人知道的大油坑，是因爲我們覺得小油坑太普通了，而且小油坑的步道距離火山噴氣口很遠，沒辦法拍到噴發的細節。雖然用望遠鏡頭還是可以拍到，但是，如果可以靠得更近，甚至可以搖一下運鏡，感覺就會不一樣，這是攝影師的建議，我非常同意。

那次我們總共四個人出發，其實平常只有三個人，第四個人是才剛離職的同事，爲了幫他餞行，我們偷偷帶他出班，一起去看大油坑。

路癡的我，那次在山間找路卻異常順利，因爲要找的不是路，而是樹。那麼，到底是在這棵樹轉彎還是在那棵樹轉彎，必須好好看清楚。曾經有個森林系的朋友跟我說，每棵樹都是不一樣的。

大油坑真的很漂亮，也可以說很荒涼，當我們終於爬到一片小平台時，之後就是直下的陡坡。哇！已經站在這麼高的位置啦，平台下盡是滿坑滿谷的火山噴氣孔，大大小小，各種形狀，應有盡有，一路蔓延到更深的山谷裡。我們小心下降，在斜坡上固定腳架，很好的地點，無論拍廣角或是拍特寫都非常方便。

一個人也沒有，大油坑對面的山，有時會有登山客走過，但遠到比一片指甲還要小。很安靜，只有火山孔噴氣的聲音。

四個人，每個人沉浸在自己的心事裡，有的拍影片，有的拍照，有的記錄，有的發呆。最後我們拍了一張殺青照作爲紀念，四個人分散坐在不同位置，不面對鏡頭，不展現表情，做自己最自在的動作。

我很喜歡那一張合照。雖然之後我和攝影師鬧翻了，只因爲老闆遲遲拖欠薪水不給，他把情緒遷怒於我，而我不願意承受。很可惜，革命情感爲了這點無聊小事結束，但當時不可能不吵。當時的我們，人生都不太快樂，唯一的快樂就是去自然裡拍片，將自己的人生徹底忘記。

會想在復活這天再去一次大油坑，除了很喜歡那裡，也是想起一位在加那利群島環境影展裡認識的朋友。這位朋友雖然看起來也像個大叔，但想一想，他搞不好年紀和我差不多大。

我和他在火山導覽活動的車上認識，他是當地一個火山教育協會的創辦者，那場導覽其實是他主辦的，他帶了兩台遊覽車的學生與對火山有興趣的人，前往九十年前才剛噴發過的琴耶洛（Chinyero）火山。記得當時聽到九十年前才噴發，還沒什麼感覺，後來我找台灣的資料一對比，才知道陽明山大油坑的最後噴發紀錄，竟然是二十到五十萬年前，這也差太多了！不由得被琴耶洛的稚嫩給嚇了一跳！

加那利群島環境影展是那三年以來，與我理念和個性最契合的影展。一向獨來獨往的我，還興起想加入他們的念頭，甚至想住下來。印象很深刻，在採訪結束的那天，我真的很不想離開。

我要怎麼稱呼這個朋友呢？就稱他是岩漿朋友吧！

在拜訪加那利群島以前，我對火山的想像是豔紅的火舌爆炸、竄升、山體崩潰。直到認識岩漿朋友，我才了解火山有很多種，而加那利群島上的火山爆發，就像煮牛奶，或是煮義大利麵。

原本就熱騰騰的火山，到達臨界點後，高溫會將山體融化，變成滾燙、迅速流動的岩漿。岩漿從各種大小的火山孔大量湧出，傾瀉在山的本體，並且不停延伸，留下立體的痕跡，讓山擴張。雖然流動速度很快，但整體來看並不激烈，有一種黏稠噴水池的感覺；也因爲沒有猛爆的火苗，不覺得恐怖，卽使它的溫度仍高到能瞬間燒乾湖泊。

我覺得岩漿的狀態很奇特，它像是樹木被割開後流出的樹脂，剛開始流動速度很快，卻也凝結得很快。它的凝結方式不是突然全部變硬，而是表面先變硬，裡頭仍繼續流動，偶爾會竄出已經固化的外層，繼續向前行。當濃稠的液體遇到山體的凹陷時，會鑽進裡面，無孔不入。岩漿一邊流動，一邊由外向內凝結，一層又一層，最後成爲硬梆梆的固體，足跡淸晰可見。

樹脂凝固後變成琥珀，透明色的，封存了那時的時空。岩漿凝固以後卻是黑漆漆的，與原本的山體融合，成爲新的地形。雖然也封存了那時的時空，但需要開鑿才會知道。一層一層凝固的岩漿，每層之間有時會有中空的隙縫。當地表變動，有時空隙甚至大到像一個山洞，讓多年後的我拜訪，在空隙中走路。用手電筒照著山洞裡的岩漿時，從痕跡便能推敲出這是第一波火山爆發留下、還是第二波火山爆發覆蓋的。岩漿沒有聲音，岩漿就這樣躺著，承載著訊息，怎能如此神祕？

岩漿朋友創立了火山教育協會，也許是想封存屬於他家的回憶吧！

不過這些事情在我們剛認識的時候，他並沒有跟我說。

在去程的遊覽車上，岩漿朋友很認真地了解我造訪加那利群島的原因，以及我書中想探問的問題、我在旅行時所感受到的自然、我遇到的人的各種特性。岩漿朋友發表感言，我們一起分析自然對人所造成的影響。我感覺他是一個反應很快的人，似乎一直在確認我和他之間有多少共通話題。現在回想起來，發現他腦中的想法真是排山倒海，好多好多，他都想讓我知道，然後聆聽我的回應。

比較印象深刻的是，我們對德國導演荷索（Werner Herzog）的想法。

他說荷索之前來過加那利群島之一的特內里費島（Tenerife）勘景，並且找他當火山顧問，他當時覺得「太酷了吧！大導演欸！」，但與荷索見面以後，卻被荷索給氣死：「他真是一個怪人，一下要去這邊，一下子又不要去那邊，每天一直變，大家都要瘋了，很生氣，但好像又有他的道理。」

那陣子我剛好在讀荷索多年前出版的《冰雪紀行》（*Vom Gehen im Eis*），用日記的形式，記錄一段徒步旅行的心情。當我聽到岩漿朋友形容荷索私底下的樣子時，再綜合書中的自述，彷彿自己也見到荷索。我馬上跟他說，《冰雪紀行》最瘋狂的部分是起心動念：荷索幹嘛沒事徒步旅行呢？他忙著拍片都來不及了吧？原來，是因爲荷索敬愛的一位女製片前輩身體不適，可能要離世了，他不願意接受這個事實，便許下心願——如果他可以從他家德國慕尼黑一路徒步，走到法國巴黎女製片的家看到她，那麼女製片就不會死。

哇！要不要三跪九叩呢？沒想到這麼理性的荷索也會許下這種心願。

這本書精彩的地方是，當荷索開始徒步以後，才發現這一切有多麼難、多麼蠢，最慘的是，剛開始沿途還有簡陋的小旅社，有得吃有得住，但隨著他步行至德法邊界，四周變得既荒涼又沒有人煙，不要說是旅社，能看到私人小山屋就不錯了。

所以荷索就闖進人家的山屋了。

他會先觀察山屋有沒有人，然後打破窗戶進去，肆無忌憚地在裡面找東西吃就算了，還在遊記裡抱怨食物怎麼這麼難吃？山屋怎麼這麼破？到底是哪個笨蛋住的？嫌東嫌西，毫不修飾用字與語氣。

「好敢啊！好敢寫啊！大流氓痞子！」我興奮地和岩漿朋友分享書中的荷索，他不停點頭說：「對、對，就是這樣，他就是這樣瘋狂！」我們雖然像在講荷索的八卦，但其實是在讚賞他吧！又或是，很羨慕他吧！

琴耶洛火山好美，我很喜歡。

剛開始的時候要爬坡，陡上，大家努力往上爬，可是腳底的火山卻非常鬆脆，每一步都在滑動。怎麼形容呢？就像踩在一座用早餐穀片所堆起來的山吧！腳底下的土，哪是土呢！比較像是一顆顆岩漿碎屑，踩踏時會發出餅乾被壓碎的聲音。

岩漿停止流動後，由於地底熱氣仍然旺盛，已經凝固的岩漿體會從火山口噴出：體積比較小型、像是穀片大小的，會被噴到離火山口最遠的地方；接下來，比穀片大一點、鵝卵石大小的，墜落在火山口與穀片之間；最後，最大型的岩漿體、像坡塊那樣大的，因為太重了，就只被噴出去一點點，落在離火山口最近的地方。

那趟火山導覽行，我們由遠至近，慢慢抵達火山口，把這三種大小的岩漿體都看了一邊，仔細走過九十年前琴耶洛的噴發日記。

岩漿朋友請了地質老師分三站解說，可惜我完全聽不懂西班牙語，只好觀察大家在幹什麼。

岩漿朋友是主辦者，所以他必須一直控制全場步調，神色總是緊張，逢人就叮嚀。岩漿朋友的弟弟也有來，他倒是很安靜，神情輕鬆，背著中型登山包到處查看，並且一直蹲下來觀察每一塊岩漿，原來他也是地質學家。

參訪結束，在回程的遊覽車上，為了更認識琴耶洛火山，我問了岩漿朋友好多問題。岩漿朋友很開心，滔滔不絕，還在我的記事本裡畫畫，超認真，甚至給了我地形剖面圖，並且介紹相關的學術研究。其中兩篇論文，他說我一定要寫進書裡：一篇是他弟弟發表的，某座岩漿山洞裡的通道成因；另一篇則是他爺爺早在五十年前發表的研究。真抱歉，太難了啦，我還是聽不懂。

我只記得，當他講到他爺爺的時候，眼神盡是敬佩。

火山是二〇一八年加那利群島環境影展某天下午的論壇主題，聽說幾乎年年都有這樣的論壇，因爲影展舉辦地點——加拉奇科小鎮，就位在琴耶洛的正下方。也就是說，當我站在影展現場抬頭看，就可以看到部分的琴耶洛火山。當地人說，每年鎮上還會舉辦賽跑，從小鎮一路直衝到山頂，冠軍好像只花了一小時就抵達。

有一位當地人還跟我說，他阿公在當年琴耶洛火山爆發時，腳還被岩漿燙到。嚇死了，我問：「真的嗎？」對方笑了非常久，才跟我說是騙人的啦！怎麼可能。

住在火山底下的岩漿子民，正安居樂業地辦著影展。

岩漿朋友說，他創立火山教育協會的目的，就是想提醒當地居民必須了解自己所處的環境，規劃良好的撤退方式，並且定期演練，以備不時之需。因爲，大家多少都有一種逃避心態，認爲火山如果真的爆發也沒辦法了，乾脆聽天由命。但岩漿朋友認爲不應該如此消極，也不應該因爲逃避而不去好好認識火山，他正積極向政府申請急救的配套措施，並努力將琴耶洛火山申請列爲世界遺產，但是協會人手有限，執行起來很辛苦。

我比較驚訝的是，加那利群島總共有七個島，以火山地質聞名，是所有觀光客一定會造訪的行程，但加那利群島卻沒幾間專門研究火山地質的學校，大家往往飛去西班牙本土、飛去歐洲大陸，在距離火山很遠的地方，才能學習到火山知識。

岩漿朋友說他是不會離開的，大家應該要過來。

那天下午的火山論壇裡，岩漿朋友邀請了自己的弟弟與一位來自美國的地質學家，和觀眾一起交流。他們還播放了夏威夷火山、秘魯火山的紀錄片，一個是猛爆型火山的例子，一個是岩漿型火山的例子。散場後，我興奮地跑去找岩漿朋友，誇讚他活動辦得真成功。但是，他卻一臉沮喪地向我抱怨，他覺得自己辦得很差，現場怎麼會出這麼多狀況。

我很訝異，覺得他太要求自己了吧！明明就很不錯，怎麼會這樣說自己！

爲了鼓勵他，我決定獻上醜畫讓他笑一下。

那時候的我才剛開始嘗試寫生，我畫粉彩，很喜歡用手指將顏色亂抹一通，每畫一次，心情就會變得很好，雖然粉彩應該不是這樣畫的，但沒關係。

我因爲學習到岩漿的知識，影展期間，在我住宿的房間外面寫生，畫下一座看起來像山，但其實是岩漿爬出來的山。我用不同的顏色，從山頂一路往下塗抹線條到海裡，想表現火山爆發時，岩漿從山頂的火山孔一路衝到海裡的痕跡。我生澀的混色，一道一道的岩漿，有時獨立，有時融在一起。

岩漿朋友看了畫，不僅沒笑我醜，甚至把眼睛睜得好大，說：「太棒了！」

我和他說，也許下次在火山導覽的過程中，他也可以帶大家一起畫，因爲粉彩很輕，攜帶方便，大家抵達山頂後，可以一邊學習，一邊畫畫，把岩漿知識用自己的方式留存下來。

他笑嘻嘻地說好，還問我可不可以照相，他要拍起來放在他的官網上。

好好笑，剛剛不是還氣嘟嘟的嗎？在岩漿朋友拍照的過程中，影展工作人員也都圍過來看，大家先看看畫，然後再看看我，說：「太酷了啦！」

我心想：還真捧場，不就一張醜畫嗎？但是，我知道那張畫的意義不僅是畫。

當所有旅程都結束，我繼續畫畫，除了粉彩，還嘗試更多的媒材，我想這應該與我在加那利群島得到的鼓勵有關。我尤其和一位雕刻師傅變成好朋友，他回家以後，仔細地看過我官方網站裡的所有作品，寫了一封長信給我，發表意見。我說自己只是畫好玩的而已啦！他問我，要把畫放進書裡嗎？我說不知道欸，可以嗎？他說，爲什麼不呢？這是你的書啊！

「爲什麼不呢？這是你的書啊！」

那三年，陸續有很多人對我說出這樣的話。

也許可以引申爲：「爲什麼不呢？這是你的人生啊！」

岩漿朋友拍完那張粉彩畫之後，我問他有沒有空接受我的專訪，他非常開心地答應，我們找了個空地一屁股坐下，錄音筆放在旁邊，認真對談。

他講了很多理性的、計劃性的、知識性的東西。談到最後差不多了，我問他：還有沒有什麼想說的呢？

他想了一下，說自己真的盡力了，他創辦這個火山教育協會，就是爲了他的爺爺，他真的覺得他爺爺很偉大，做了那麼多對人類有貢獻的事情，不能被忘記……講到這裡，他竟然哭了。

我嚇了一跳，因爲他是突然哭出來的。

他也被自己嚇了一大跳，連忙用手把嘴巴遮起來，應該是怕哭泣時換氣的樣子太丟臉了吧。但他的眼睛瞬間充滿淚水，滴滴答答一直掉。

我很抱歉，問他還好嗎？

他說：「我太情緒化了。這一切對我來說太重要，我一直很努力地推動，但是真的……真的好難。」

我有一點不知道怎麼回應他，然後，我說了一段自以爲是、但我真心認爲如此的話：「我這次來加那利群島學到好多地質知識，我發現，地質的時間感是用幾千、幾萬年來計算的。也就是說，這些火山運動、造山運動的時間都遠遠超越人類的壽命，人，真的很渺小呢，人活著的一百年裡，到底能做什麼呢？也許就像連零點一公分都不到的地層移動吧。但是，我們就不做事情了嗎？不，我們要繼續，因爲我們的每一天都持續地被世界影響，當然，也要持續影響世界。你的努力一定不會白費的，也許短期內看不到你想要的效果，但絕對會朝著你想要的結果邁進。」

他眼睛睜大地聽我講完，然後不知道是接受，還是想趕快離開現場保住自己的自尊心，我們結束了對話。

之後我們沒再聯絡，但他的眼淚都在我的心上。

寫到這裡才發現，他告訴我他的爺爺、他的弟弟、他的兒子，他甚至告訴我他與太太如何不合而離婚。但關於他的爸爸、媽媽，他一句也沒告訴我，我也聽得太入神，完全沒想到要問他。

那些空白又代表著什麼呢？

我曾經對他說：「歡迎你來台灣的陽明山。我們也有火山，還可以泡溫泉喔。」

他說：「好啊。」

我知道，火山不是重點，重點是琴耶洛火山和特內里費島是他的家，也是他的家人，而他要持續推廣這份他所堅定的榮耀。

時間｜復活日下午

地點｜從台北前往巴黎的班機

復活日這天的上半場，我想去陽明山大油坑裡，畫一張大幅的火山粉彩畫，送給岩漿朋友。

那下半場呢？嗯！我想離開台灣。

去哪裡呢？

想再回去巴黎。

我竟然想再回去巴黎，連自己都覺得不可思議。我想再回去我和男朋友那個迷你的家，再看一次樓下外來移民區的混亂，再採買一次附近超市的蔬菜、肉、水果、果汁、起司、啤酒、紅酒、巧克力、餅乾、冰淇淋，把冰箱都補滿，然後，煮晚餐，一起享用。

我會在飛機上一邊計劃菜單，一邊把大油坑粉彩畫修補好，寫卡片問候岩漿朋友，祝他一切順利，等抵達巴黎之後就寄出。

然後，打開飛機上的電影清單，爽爽度過十四個小時的飛行。

我最喜歡在飛機上看電影了，好多選擇，我喜歡研究每家航空公司的影音資料庫：熱門電影、經典電影、電視劇、演唱會、紀錄片、動畫片，把每個項目都打開來看。

打開時，最期待發現非主流國家的短片，雖然有些拍得滿糟，卻很有生命力，觀看過程中，我還會打開筆記本，把導演名字記下，等回到陸地之後再研究。記得某次看到一部中東短片，內容忘記了，但因爲離自己的生命經驗太遠，裡面的景象讓我目不轉睛，不過對當地人而言，這應該是再日常不過的生活罷了！

有時候我也會看演唱會實錄，演唱會拍攝是很有趣的東西，不能四平八穩，但如果太有風格又會打亂音樂節奏。我每次看這種實錄都會數導演多久換一次鏡位，看他們用什麼角度拍歌手的特寫。當坐飛機坐到很累，卻又還不想睡覺的時候，演唱會是一個好選擇。看劇情片的時候，有時候會太入戲，跟著角色又哭又笑，吵到旁邊的人。

飛機，讓人類可以作弊，穿梭在不屬於自己的空間裡，往返機艙的漫長時光，也像是重生吧。畢竟，在這麼多的電影裡，最後到底選了誰？往往反映了自己的心境。

我曾經那麼嚮往歐洲，所以每次都選歐洲片；我曾經那麼嚮往創作，所以每次都選藝術家的故事；之後，我要去法國了，只想看法國片；再之後，我想念台灣了，只有台港老片或是新銳導演吸引我，深怕脫節；之後，我不再期盼了，所以我才看起演唱會嗎？

時間—復活日傍晚

地點—法國，巴黎十五區，傭人房

復活日的下半場好忙，抵達法國機場後，回家前，我想先跑去巴黎十五區一趟，去看看我以前還單身時的舊家，那被巴黎人稱爲傭人房的房間，小到不可思議，卻可以分出廚房、浴室、睡覺的地方。但它沒有廁所，廁所在外面，大家從自己的房門走出來使用，然後再回去把自己深鎖。我們並不是室友，但是我們共用廁所，就像辦公室大樓。我的房間就在廁所正對面，當大家按下按鈕，水就會順著水管，衝上我房間的天花板，再往隔壁那間流去。

我是這層樓最知道廁所使用率的人。

即便如此，我還是很喜歡我的房間，我常覺得那是我這輩子租過最好的地方。雖然第一年的巴黎生活很苦，每次打工結束後回到傭人房，都覺得自己真的是個傭人，非常想死。

但那時候也想著，如果就這樣死了也很棒吧，因爲是我自己選的。

傭人房雖然又小又沒有廁所，一個月還要六百歐元，打工的錢幾乎都奉獻給房東，不過我卻覺得很値得。曾經有人建議我應該去找室友，或是找那種拼房的通鋪，像青年旅館那樣的上下鋪，一個月搞不好還不用三百歐元。但我不想，那時有一點玩命，覺得好不容易來巴黎了，手上的錢那麼少，不知道哪一天就要回家，當然要住在我最喜歡的地方。我甚至沒有棉被與枕頭，只有睡袋，爲了撤退方便。

傭人房雖小，卻有一扇很大的窗戶，我住在七樓，一進門就可以眺望遠處的風景。窗外風景雖然只是城市，但周圍的房子很矮，錯落地圍著一圈又一圈，是古老城邦的痕跡。遠處有一排現代建築，每一戶都栽種著屬於自己個性的植物，有的小巧，有的高大，有的垂落到下一層樓，有的攀爬在整片牆上。夜晚的時候，人就像小火柴一樣，在每一戶小方格裡，煮飯、吃飯、看電視、看書、玩耍，說著自己的故事。

我住在「ㄇ」字形建築的凹處，兩排鄰居開派對的時候，會到陽台抽菸、聊天，我常坐在窗邊，一邊寫法文課的作業，一邊觀察他們。

鴿子也是住戶，沿著「ㄇ」字形停靠，從早到晚不停飛舞，啪啪啪啪啪啪啪。有點吵，不過那時候的我卻覺得很棒。下午、半夜、清晨，我常會躺在床上，專心聽著鴿子飛舞的聲音，也許這就叫做自由的聲音吧！

自由的鴿子，有時候還會闖進公用廁所裡。

有次我去廁所，才一開門，竟然有兩隻鴿子在裡面盤旋飛舞，牠們不小心從窗戶飛進來，卻又不知道怎麼飛出去，在裡面飛到羽毛掉滿地。爲了上廁所，也爲了把他們趕出去，我只好硬著頭皮敲隔壁鄰居的門。一對年輕情侶來開門，覺得這情況很有趣，男子好心地幫我把鴿子趕出去，大家笑笑地又把門關上。之後再遇到他們時，男子向我打招呼，但我已經忘記他的臉，他只好學鴿子飛的樣子告訴我，就是他，那位趕鴿王。

很好笑。

巴黎人，其實也沒有那麼壞。

我只是過得不好，所以我要怪他們，讓自己好過，但這麼做其實只會更難過罷了。

復活這天，我會試試能不能潛入大門，然後搭電梯到我的房前敲門，問此時的屋主能不能讓我進去？對方一定會覺得我很奇怪，但反正我半夜零點就會消失了，管他勒。然後，再走十五分鐘去搭地鐵，滿遠的。

這十五分鐘的路程，剛開始會先遇到郵局。巴黎的郵局很不明顯，記得我第一次去郵局寄出我的居留證申請時，找破頭，因爲沒有招牌，我一直錯過一扇小小的郵局大門。郵局過後，便是大街，旁邊的岔路盡頭是影音圖書館，建築有四層樓，我曾經在裡面借過有聲書，想好好學法語，但最後只是反覆聽配樂而已。

大街的正中央，有著一家賣傳統結婚蛋糕的麵包店，他們自製的布朗尼非常好吃，一小塊二點五歐元。每到週末，我就會去買一塊布朗尼，再到超市買一瓶女藝術家系列酒標的比利時啤酒，一口蛋糕一口啤酒的，甜蜜又鹹澀，好幸福。

麵包店過後，出現很多服飾店和鞋店，滿醜的，十五區是富足的住宅區，偏好保守乖巧的設計，買不起也不覺得遺憾。

我很喜歡埋藏在中間的一家書店，店面非常深，書櫃不是兩側排開，而是像迷宮一樣的擺陣，必須順著動線蜿蜒。走著走著，還會有高度變化，想不到要在書店裡爬坡，才能到達藝術書區。在那間書店裡，我最喜歡詩集區，它位在藝術上坡後的柱子旁，收納了各種小開本的詩集。最角落的一個小旅行箱裡，放著獨立製作的詩集，有時候還會發現手工書，什麼紙張、什麼編排方式都有。我會仔仔細細地把它們全部摸過一遍，摸外面，摸裡面，摸前，摸後，還會聞紙的味道，很滿足。

離開書店，越走近地鐵站就越走向繁華，一堆酒吧和餐廳，喧喧鬧鬧的，這時我便會腳步加快，遁進地鐵，準備搭上十二號線。十二號線串聯了我還單身時的舊家，以及我與男朋友的家，四十分鐘的車程，從知書達禮的法國中產階級，來到狂放的非洲移民區。

記得搬家那天，我像是從古典音樂教室離開，然後去參加饒舌演唱會，衝到第一排搖滾區。

解放一般。

時間｜復活日傍晚
地點｜法國，巴黎十八區，醉巴巴酒吧

巴黎第十八區，外來移民區，喚醒了我的紀錄片魂，讓我重新擁有創作靈感。

路上的人怎麼會那樣特別呢？穿著寬大鮮豔洋裝的非洲大媽、穿著緊身運動服和假名牌包的性工作者、用無花果燉羊肉的阿拉伯大叔、全年無休的斯里蘭卡雜貨鋪兄弟、在路邊忍不住俯身嗑藥的毒蟲，以及總是用言語騷擾我、數也數不清的各國小混混們。比不上十五區的安逸，十八區總是危機四伏，要時時提高警覺，但，它讓我開始想拍攝巴黎，每次拍都要非常小心，以免被攻擊，也因如此，我換了比較小的器材，用比較不醒目的方法偷拍。

過去在台灣學到的理論、方法、經驗，來到巴黎後，一直在崩解。

人一旦離開原本養成的空間，曾經被訓練的慣性便會開始鬆動，順著心，往前回溯，推到尚未被定義時的初點。

空降到異鄉的人，是否都發現了真實的自己呢？

終於到家，晚餐要煮什麼？男朋友大概七點多會回來，他是與社工合作的心理師，每天去不同的機構做團體心理輔導，禮拜一可能是流浪漢協會，禮拜二可能是中輟生協會，禮拜三可能是失去孩子的父母協會，每天都是不同角落的黑暗故事。大家常會問他：放得下嗎？我也問過。因為當我拍紀錄片做訪問時，如果是傷心悲憤的話題，往往對方哭了我也跟著哭，實在很不專業。

但忍不住。

男朋友分得出這是對方的人生而不是自己的人生，這似乎是所有從事心理專業的人，都要明白的道理。

男朋友看盡複雜的人性，卻讓自己保持單純。他也畫畫，他畫的東西很憂鬱；他也寫作，他寫的東西很諷刺。不過，他的表情、他的人緣、他的待人接物與立即反應，都可以與複雜分離。

不像我都攪拌在一起。

他總是很有耐心、也不評論地陪著我，然後我們一起去吃東西，喝啤酒，走路。我能在人生最混亂的時刻遇到他，並且平順地相處到現在，我還是覺得很不可思議，我想我得到了珍貴的平衡感。

最後的晚餐，只有我自己知道，男朋友不會知道，這樣比較好，不然也太傷心了。寫到這裡，復活的時間應該不多了，應該來不及煮飯了。

好吧！還是去 Chiffons 吧！

Chiffons是一家很破爛的酒吧，就在我家附近，「Chiffons」的意思是髒抹布、皺巴巴、亂成一團，也可以形容人喝得爛醉的樣子。如果要翻譯這間酒吧的名字，稱它爲「醉巴巴」酒吧可能不錯喔！

醉巴巴酒吧總是亂七八糟，不然就是沒有人，我們常常擔心它會不會有一天突然倒閉。說沒有人去是需要證明的，就拿世界杯足球賽來舉例吧！開打時，所有的酒吧都會爆滿，但是醉巴巴酒吧總是很空！即使上半場都過了，還是可以在醉巴巴酒吧裡找到位置。除非，來了一個或兩個家庭，小朋友明明不看球卻可以充人數，這時的醉巴巴酒吧才會有……嗯……好像額滿的感覺。

醉巴巴酒吧的老闆是個怪老頭，卻有個可愛的名字——ＪＪ。ＪＪ曾經和大廚鬧翻，大廚不做了，去酒吧時只能喝酒，沒有飯可以吃，雖然之後ＪＪ請了一位新大廚，但老天，真的有夠難吃，我們努力試了兩次，還是放棄。

一天，突然來了一位年輕女子當服務生，酒吧開始有了新氣象！

雖然還是一樣混亂，但空間多了一些怪怪的裝飾，讓整體氣氛更好，好像元神歸位一樣！不知道是不是年輕女子的功勞，大廚竟然回歸，而且是由年輕女子向大家宣布：「大廚回來囉！之後可以再來醉巴巴酒吧吃飯囉！」

ＪＪ站在吧台裡面壓啤酒，一句話也沒說，不過，我發現他的眼角時不時會瞄向年輕女子。

我們都在猜：他們的關係是什麼呢？JJ追得到年輕女子嗎？

醉巴巴酒吧的價位便宜，食材雖然不高級，但大廚很有創意，在有限預算裡配色擺盤，大家總是吃得很盡興，並且很飽！

最後的晚餐，我想在醉巴巴酒吧的高腳椅櫃台，先喝上一杯小矮人啤酒，男朋友可能會點 Pastis，那是一種茴香八角口味的白色酒，很恐怖的味道，我到現在還是沒辦法接受。

我們可能會和JJ閒聊一下，然後看客人打美式彈珠台，大家總是邊聊天邊玩。旁邊還有 babyfoot 桌上型足球，這個遊戲就比較激烈了，所有人會又叫又鬧的，關鍵時刻還會用全身力氣進球，但明明就只有手腕能動而已。

喝完酒後，我們會移動到窗前的破爛沙發區，準備吃晚餐。那是一張很長的沙發，大概可以容納八個人吧！沙發皮已經完全裂開，夏天時，如果我穿裙子，沙發皮都會狠刮我的皮膚，滿刺的！

我很喜歡這張長沙發，我們所有的重大節慶都會和朋友一起在這裡過。坐在這張長沙發上，我聽了很多法國男子、英國男子、烏茲別克男子的煩惱，甚至之前西班牙 Daniel 住在巴黎的一個月裡，我也會邀請他來和我們一起度過週末夜晚。那時我才發現，巴黎人其實不是針對我而不跟我講英語，而是他們無法不講法語，即便對著 Daniel 也一樣。

巴黎是如此堅固，你只能選擇將自己打碎，鑽進去，不然永遠都是旁觀者。

Daniel 來酒吧時只想放輕鬆，沒有表演他活潑的那一面給我的巴黎朋友看，所以他們並沒有成爲朋友。

我忘記 Daniel 在長沙發上跟我聊什麼了，可能我們只是聽著酒吧裡的爛音樂，喝著啤酒，將眼前的巴黎人當成景色觀賞。

即使在巴黎這樣的花花世界，仍然需要一個像醉巴巴酒吧這種純樸的地方吧！

只有我和男朋友在醉巴巴酒吧的時候，我們會分享當天發生了什麼事，講多少就聽多少，不用多問，也不用刻意多答。我們溝通的語言一直是英語，有時會參雜法語，真的講不出來的時候，就查字典，或是上網找圖片。

我覺得這樣很好，話有時候不用說得這麼透，話有時候很傷人，話有時候都不是真的。

但表情是真的，反應是真的。

時間—復活日深夜

地點—法國，巴黎風化區，蒙馬特的階梯

晚餐結束後，復活日也快結束了。還有什麼心願嗎？

我一直很想在深夜時刻，一個人散步去蒙馬特的階梯。

巴黎的形象雖然是那樣女性化，但巴黎的治安卻讓女性非常沒有安全感。我總是要早一點回家，而且要走得很快，盡量不要和路人對上眼。我家樓下又正好是風化區，如果回來得太晚，可能會在大門打開時，驚見「做愛現場」。

嗯！聽說這是巴黎性產業最夯的選項：撞進民宅大樓的公共玄關裡，在信箱旁邊的走廊上做愛！大概在半夜一、兩點過後，住在二樓的我，常會聽到樓下傳來的陣陣呻吟聲。因爲刺激，因爲不用付旅館費用，因爲結束後客人會馬上離開，就可以順勢再接下一個，所以普遍流行。公共玄關迴音大，從一樓傳上二樓，有時候我連戴著耳機都能聽到，實在很吵。尤其冬天更是生意興隆，數不清一個晚上到底有幾回合。

性工作者也很聰明，她們會去搜集巨大的紙箱，壓扁以後，藏在公共玄關旁的變電箱裡。當客人上門後，撞開大門，打開變電箱，拿出紙箱，疊起，鋪在地上後就變成床墊，收納自如！

在我第一次發現紙箱時，只想把它們全都丟掉，但一打開大門，看著外面的天空正下著雨，又冷又凍的巴黎，好可憐，不過想討生活，不過想做個愛，沒有床，還要躺在紙板上……所以，我就又把紙箱放回變電箱裡，想著：好吧，給你們躺好了。

聽說這樣爽一發是三十歐，性工作者和客人都很辛苦。

呻吟聲中，最常聽到客人的喘息聲，僅有一次，我竟然聽到性工作者小姐清晰說出「Allez」，意思是「加油，加把勁」，而且好有禮貌，還用敬語。啼笑皆非啊。

也許是我家大門太好撞，不僅引來各方性工作者陸續進駐，連毒販也跑來藏毒品，更有流浪漢跑來大便……一天一條大便，長達一週，真沒想過有一天會來巴黎看人的大便。

在整棟住戶將近一年的龜毛開會後，終於決定更換大門，換成一道完全透明的門，裡裡外外通透清晰，並且不只一道卡鎖，而是三條長長的電吸鐵，從上而下，完全封印了這道門，無論任何強壯有力的皮條客都沒辦法撞進來。

我家樓下的公共玄關，性工作者的辦公室，就這樣走入歷史。

在復活日的最後一個小時，雖然出得了門，但走去蒙馬特的路上，還是充滿可能會攻擊我的人，那些不停逼近的黑影，還是會讓我害怕。

到底是誰呢？所謂的壞人，我從來沒有機會停下來，與他們四目相對。

如果復活的時間只剩最後一個小時，然後我就會直接消失，那還要擔心嗎？我真的很想抬頭挺胸地在深夜裡慢慢散步，循著月光，爬到蒙馬特廣場，在聖心堂最高處的階梯前坐下來，看整片陡下的階梯，與整面巴黎的風景，雖然，我應該沒時間畫畫了。

在更久以前，還沒搬來巴黎之前，我第一次來到這片階梯時，因爲失戀，沒辦法拍照，鏡頭裡的世界太真了，無法直視，只握得住筆，所以用寫字的鉛筆，在記事本裡畫了不停向下的階梯與整座巴黎。

天氣很冷，畫到手一直抖，好像畫了兩個小時，忘記了所有的煩惱。

那時正在學油畫，回到台灣時，我去畫室找老師，把那張鉛筆素描給他看。

畫室老師是一個無所求的人，從來不管我畫什麼，也從來不對我說什麼樣的技巧才是對的，他隨便我，讓我想怎麼畫就怎麼畫，連改畫也只是讓我參考而已，因爲這只是其中的一種方式。但他教我布局，從無到有，如何一步一步地，將想像力放進畫裡，在這片空間，我想說什麼？

他教我的布局充滿人生智慧，雖然他說那沒有什麼。

畫室老師年輕時先留學西班牙兩年，學習美術，之後又待在巴黎十年，學習電影，但每次都被分配當電影美術，覺得沒意思。他最後專精於版畫，一直待在蒙馬特的版畫工作室，直到他父親生病、家產都花完了以後，才回到台灣。

畫室老師從未在巴黎打工過，過著紈褲子弟般的日子，可是卻又鍾情於存在主義，過著思考意義的飄浮生活，父親去世後，他似乎才真正降落到人間。我總在他與別人的對談中，聽見我未曾想過的人生觀。

當畫室老師看到我畫的蒙馬特階梯時，馬上指出他家就在我畫中的哪裡，並高聲說：「你竟然畫了欄杆！好寫實！沒錯，就是這條欄杆，我的版畫工作室就在這條欄杆的旁邊。」平常對世間所有的秩序規定、悲歡離合都沒興趣的畫室老師，竟然對著我的素描又叫又笑，情緒如此起伏，我從未看過。

搬來巴黎以後，我常常在這座蒙馬特階梯想起畫室老師，但更多時候想起的是——所謂追求的狀態。

我很喜歡坐在那道長長階梯上的我。

整個巴黎，我最喜歡這裡，不管是自己一個人還是和朋友一起。我喜歡先在階梯坐上一會兒，看風景，看人群，再轉身參觀後面的聖心堂，然後在整個蒙馬特走一走，跟過去那些遠道而來巴黎築夢的畢卡索、莫迪尼亞尼、蘇丁打招呼，想他們的人生經歷，想他們的身不由己，想他們將這些感受化爲創作。

我所嚮往的巴黎，其實是充滿異鄉人的巴黎，離鄉背井，擁抱幻想，期待重新活出自己。

我所嚮往的，其實只是一座充滿欲望的人類叢林。
在復活這天結束前，我想再次坐在這道長長的階梯上，看這座欲望叢林，巴黎。

後記

清澈

自然是那樣遙遠，自然是近在眼前，自然是分類的界線，自然是包容的聚集，自然是不問世事，自然就是政治，自然讓人逃避傷悲，自然讓人激起鬥志，自然是欲望的補償，自然是無語的觀望，自然充滿隱喻，自然承載投射，自然……就是你。

七年，從一個念頭到一本在市面上的書，原來這趟旅程需要的不只是二〇一六、二〇一七、二〇一八年。10＋1個生態影展，10＋1天的死亡寫作設定，旅程其實是虛幻的吧，它讓人逃避，也讓人面對，每每在結束之際的那份寂寥，才會發現真實的收穫。

這本書剛開始的初稿只寫了十天，一天一篇，發狠地寫，自然像場惡夢，讓我直想擺脫，吐出了七萬字，自然就是我不願意成爲的我。第二版書稿改了一年，自然是場療程，我不再是我，而是一個角色，再給自己一次機會：如果我不再抱怨，記憶裡還有什麼?於是，又挖出了九萬字，自然讓我發現我不知道的我。最後的定稿修了一年，跟市場搏鬥，也跟自己搏鬥，此刻，這本書成爲《水滴之河》，終於到達讀者你的手中，我萬分感謝。

《水滴之河》是一場劇中劇的奇幻之旅，是一份女性人類的成長自白，回溯執念的反面，撫慰自己，沒關係，就算失敗了，烏娜河也不會在意的。在此，我感謝因爲《水滴之河》而相遇的所有影展、所有人、所有山、所有河與海、所有島嶼與峽灣。

我感謝在寫作過程一路相伴的製作人張哲豪與編輯林宛縈，沒有他們「生命倒數」的點子，沒有他們的循循鼓勵，我不可能完成這本書，感謝他們教會我包容與傾聽。感謝大方分享我寫作地點的吳虹霏與王馨梨，我先後在她們的工作室裡（台北新富町文化市場與巴黎 La Pépite）寫下一字又一字，這本書終於成形。感謝最了解也最同感這本書的編輯石瓔寧，謝謝她的勇敢與規劃，讓這本原只屬於我的意念，浮出水面，與社會相見，如水滴入河，參與眾生，也感謝製作出《水滴之河》的時報團隊，因爲你們，它有了完全屬於它的樣子，與我分離。

《水滴之河》曾經極其自我，可能嗎？可以嗎？一個我就是一個世界？它的英文書名與副標爲「Drops in the River: a self-exile and self-found journey」，感謝命名的 Daniel de la Calle 和王惟芬，它將擁有重生的祝福，在集體主義與個人主義之間游泳。感謝試讀並分享寶貴意見的溫知儀、王馨梨、郭書瑄、陳嘉惠、劉 Katherine（海洋學家的母體力學）、古乃方（調香師方方）。感謝巫光軒解答我許多地質與地科疑問。感謝葉維怡、吳欣庭在尋找出版社階段給我強大的支持。感謝許多實質與義氣相挺：彭瑞祥、環境資訊協會、楊守義、李潔如、Marion and Kalle Schunck、Dr. Éva Blénesi、Till D. Lumière、Anne Wand、Marijana Pantić、Ramón Alemán、Javier Poleo、Leticia Dorta、黨博士楊明哲、蔡旭仁、烏拉、Kelly Tseng、陳詠雙、靈感青年旅社、行口文旅、陳竹蕾、鄭怡雯、李建成、賴嘉玲、陳韻如（小泱自然農園）、黃建華、陳映伶（台灣山海天使環境保育協會）、前百岳台北分店、管家青旅、郭力昕、洪雅純、陳盈忻、江幸芸、林聖芬、蕭語嫣、Asa Lien、洪玉書。感謝我的家人李家名菜，親情是永恆的牽掛、成就感來源與愛，是每個人內心深處的祕密。最後，我感謝我的男朋友 Xavier 陪我度過這本書的每一個難關，尤其當採訪結束後與終於完稿後，是最磨練心志的時刻，感謝他全然的支持，即使他一個字也看不懂，感謝他讓我學習信任與付出。

《水滴之河》是近十七萬顆的水滴，這一秒在這裡相遇，下一秒再各分東西。謝謝你閱讀至此，旅程，真的要結束了，那麼最後，請讓我再說兩個關於聲音的回憶，在加拉奇科小鎮，離台灣最遠的加那利群島環境影展。

時間｜二〇一八年，春

地點｜西班牙加那利群島，特內里費島，加拉奇科小鎮，公主頭女士的車上

在加拉奇科小鎮聽到的聲音，一切都好清澈。

尤其是那位擁有巴勒斯坦血統的導演 Youssef。當我們坐在車裡，他發出的聲音成爲了字，字在封閉空間中舞動，與接下來的字，串出小小的迴音，融成了話，組成了話題，話題來去，彼此交流，非常好聽。

遇見他之前，加那利群島環境影展剛播完一部悲傷的電影，也許是那三年以來對我衝擊性最強的一部，《基因 2.0》（*Genesis 2.0*）講的是化石獵人的故事。故事地點發生在俄國最北方的新西伯利亞，原本是人類到不了的冰封世界，卻由於全球暖化而開始解凍，沉睡萬年之久的巨獸遺骸逐漸融出地表，吸引所有要錢不要命的男人，相互推擠，爭相坐上橡皮艇，帶著簡單工具，挺進新世界。

他們要猛瑪象，什麼都好，全部都要。

再也沒有別的獵人能比化石獵人更荒謬了吧！化石獵人手持長刃，不是爲了攻擊活的獵物，而是爲了死掉的屍體。他們漫無目的地一邊走路一邊用長刃往地底下戳，看能不能戳到猛瑪象。日以繼夜，終於發現了一隻猛瑪象全屍，而且還保有皮毛與肌肉，挖掘過程中，早已死亡的猛瑪象，竟然意外地流出血來，一萬年前的血汩汩流出，與一萬年以後的化石獵人見面。

化石獵人們瘋狂大叫，人群裡包括一位俄籍科學家，他快速採集血液樣本，因爲他的夢想是用基因技術複製猛瑪象。

《基因2.0》有兩位導演，一位長久待在新西伯利亞拍攝化石獵人，一位遠在美國，不時前往俄國、韓國、中國，拍攝所有鼓吹基因工程研究的教授。電影以兩位導演互相通信、報告進度的方式編劇，用旁觀的角度，說主觀的想法。

盤算實行基因主義的科學家很富有，盲目挖掘猛獁象的獵人很貧窮，大家各取所需，共同製造新世界。

電影尾聲是一個暴風雨的傍晚，兩位化石獵人爲了送貨，硬是讓老舊的橡皮艇，載著滿滿的猛獁象骨頭，從新西伯利亞趕回文明世界。途中，橡皮艇不慎破裂，沉重的萬年化石與兩條不到半百的年輕人命，沉入西伯利亞海裡。

《基因2.0》在二〇一八年發行後非常受到矚目，我在加那利群島和羅馬尼亞各看了一次。入圍羅馬尼亞環境與人類影展的導演，都是作品能在院線電影院播映的大牌導演，大家看完電影後，手拿酒杯，在室內酒吧裡三三兩兩地聊著。他們先大讚最後獵人溺斃時的配樂做得真好，詢問配樂師是誰？喔！原來是他呀，我愛他，他真的很棒，然後開始說起自己與這位配樂師的緣分和合作經歷。「你看過《異星入境》(*Arrival*)嗎？」一位導演問我。我說：「沒有。」他說：「你一定要看，配樂就是他做的，真是太完美了！」

接著，他們分析雙導演掛名的公平性，因爲守在新西伯利亞拍攝的導演，明顯是最重要和最辛苦的人，但他才剛出道，很年輕，所以只能掛名當第二導演；而在美國的第一導演，看似統領大局，但其實是在收割成果，他應該當製作人就好，卻又要當導演。

「無論如何，這是一場完美婚姻（Happy Marriage）！」剛剛叫我去看《異星入境》的導演下了結論，眾人頻頻點頭。

參與加那利群島環境影展的觀眾，以關心環境議題的行動者（activist）居多，電影散場後，大家忍耐著入夜的冷風，在廣場上討論該不該重新造出一隻猛獁象，以及基因工程技術背後的風險。

看著廣場周圍的矮房與人群，我的情緒還停留在電影裡的新西伯利亞凍原，如六、七顆塵埃大小的化石獵人，就這樣土法煉鋼，一戳一踏步地尋找猛獁象。

人類無論到了西元第幾年，仍然像瞎子摸象那樣了解著世界。

我在人群中找到一位綁著公主頭的女士，她的斜背包是由五顏六色的皮革合編而成，很好認，細緻又奔放，和她的人一樣。由於她會開車，又和我住在同一間民宿，所以每天早上出門、晚上回家，我都必須靠她，搭她的便車。她雖然不太會說英語，但對我充滿好奇，我們用翻譯軟體一句接著一句，聊了很多事情，不會因爲語言不同而受到阻隔。

公主頭女士的職業是運動心理諮商師，能靜能動，文理兼併。她的先生是影展工作人員，所以她每年都會參加影展。她住在距離加拉奇科小鎮大約三個村莊的位置，但她的娘家就在加拉奇科小鎮隔壁村，所以對這裡很熟悉。

特內里費島是火山地形，路不是直的，地不是平的，整座島像是擺滿了一顆又一顆的肉桂捲，所有的路都像沿著肉桂糖粉的線，一圈一圈彎曲地繞上去，所有的村莊都在肉桂捲的最中心。當地人會問你去過哪座村莊，就像問你去過哪顆肉桂捲，並且告訴你他住在哪一顆肉桂捲，離這裡算起來是第幾顆肉桂捲的距離。

公主頭女士非常喜歡植物，有天她還特別帶我去看一棵非常巨大的仙人掌，地點就位於隔壁那顆肉桂捲。

我問公主頭女士：「今天過得還好嗎？喜歡這部電影嗎？」她皺著眉頭，搖搖頭，說她不喜歡，比手畫腳地跟我分享心得，我們離開廣場走向她的車。

迎面走來那位擁有巴勒斯坦血統的導演 Youssef，他們馬上擁抱，用西班牙語快速地交談：「你又來了嗎？最近好嗎？要不要搭我便車一起回民宿呢？」

西班牙語好明快，鏗鏘有力。西班牙雖然就在法國旁邊，但我卻選擇這個最遙遠的離島作為代表，可能是想家吧，想念島的樣子，想念島民的邏輯，也許我能懂它，即使它是距離台灣最遠的地方，也是這三年來路途最長的影展：我必須先從巴黎飛到巴塞隆納，三小時；等待轉機，兩小時；再從巴塞隆納飛到特內里費島，四小時。

加那利群島總共有七座島，位置完全脫離了西班牙與歐洲，結伴躺在大西洋上，四周都是海。在衆島嶼的遙遠右方，是非洲撒哈拉沙漠；而遙遠左方，是南美洲與當年哥倫布發現的西印度群島，雖然那根本不是印度。

在巴塞隆納等待轉機的時候，我跟著人群，坐在小店裡喝啤酒、吃火腿，周圍的西班牙人講話語速太快、太大聲了，竟讓我頭痛起來。我還記得當我終於坐上飛機，從歐洲大陸移向直布羅陀海峽時，機艙內一片黑暗，我一邊找背包裡的止痛藥，一邊看著窗外豔紅的景色。

黃昏時間，直布羅陀海峽原來這樣纖細啊！在歐洲與非洲之間，外圍是大西洋，往裡推進，就是地中海了，所有的文化正在流動。海水不是藍色的，竟閃著紅紅黃黃的光。

加那利群島環境影展裡一位專門寫稿的文膽 Ramon 跟我說，雖然西班牙語很奔放，但加那利群島腔卻非常溫柔和緩。他們甚至擁有一些專屬的特殊用語，比如標準西語的「你好嗎？」（¿Qué pasa?），加那利群島人會說成「你好嗎，我的孩子？」（¿Qué pasa mi niña?），無論對象是男女老少，都可以用這句話問好。

太可愛了，我非常喜歡，學會以後，我逢人便講，卽使對陌生人也講，尤其對年長的人講。他們聽了會笑，告誡我千萬不能在非加那利群島的地方說，大家會把我當白癡。

Youssef 導演接受公主頭女士的提議，上車與我們一起回民宿。他們頻頻聊天，語調輕快柔和，我雖然聽不懂，但是心情很輕鬆，一邊聽著，一邊看窗外黑壓壓的風景，晚上的火山比一般的山還要黑，不知道是不是植被不會反光的原因？我感受到加那利群島腔的節奏，從這顆肉桂捲旋轉離開，再彎進另一顆肉桂捲。

公主頭女士似乎介紹了我給 Youssef 認識，他突然換成英語，然後充當起翻譯，我們三人在深夜的車裡聊了起來。

Youssef 笑著提起今天經歷的趣事。他是影展工作坊的導師，這幾天要帶學員完成一部短片，短片需要口白，大家覺得他的口音很有趣，所以拱他錄製旁白。

「哈哈，我不是老師嗎？怎麼變成我在錄口白了？」Youssef 說他好想趁這次多逛逛特內里費島啊！「好想下水，我甚至帶了潛水裝備來耶，可惜每天都要顧學員啊！」我聽不太懂口音是什麼意思，我問：「你不是西班牙人嗎？」他說「不是」，停了一下，又說：「我可能是美國人吧，我來自加州。不過，我的爸爸來自巴勒斯坦，他到美國之後，跟我媽媽結婚，生下了我。後來，我來到西班牙巴塞隆納，留了下來，直到現在。」

喔？

Youssef 講話很慢、很清楚，中低音瀰漫開來的磁性，相當迷人，難怪學員們想要錄他的聲音了。

Youssef 最近剛完成一部在非洲拍攝的紀錄片，他發現一座村莊的水源竟然含有高量的鉛，於是追查起汙染來源。我花了一點時間才搞懂「鉛」這個單字，很好奇，問他能不能給我連結，讓我看這部片。Youssef用中低音笑了幾聲說：「我先給你看預告片好了，如果你真的有興趣，我們再談吧！目前爲止，我們還沒有對外釋出任何連結。」

我沒再多問紀錄片的事情，直來直往、毫不客套的談話，使我了解他對作品的保護跟保留。

Youssef大概了解我來加那利群島環境影展的原因後，他說：「啊！這個計劃你做幾年了啊？」我說：「快要三年，也快要結束了。」他說：「嗯，一定的，很好的旅程，是吧？」嗯，我在黑暗中點頭。

之後幾天，我們又在影展裡遇到了幾次，每次談話都很簡短，不用刻意講什麼，也不用刻意做結尾。

我問他：巴勒斯坦的語言是什麼呢？宗教又是什麼呢？你還跟那邊的親戚有聯絡嗎？你會想拍巴勒斯坦的故事嗎？

他說自己小時候曾回去幾次，之後連結就斷掉了。隨著他搬到巴塞隆納已經超過十五年，對巴勒斯坦的印象其實也越來越淡，不過……他停了下來，沒有說話。

「需要一點理由？是嗎？」我接話。

「是的，需要一點理由。」

他也問我關於台灣的語言、台灣的文化、台灣的宗教的問題。印象最深刻的是，他問我：「台灣的宗教大概占你們生活的百分之幾呢？」我答不出來，這能夠量化嗎？也許他正在醞釀下一個作品吧。

某天下午，當我走在加拉奇科小鎮，準備再去影展看電影，一輛車在我旁邊停下，輕聲地按喇叭，正準備經過。原來車裡擠滿了 Youssef 和學員，他們正要去拍外景。我本來沒有停下腳步，繼續前進超越車子，但又突然快步折返回來，用力拍打車窗。

他們把車窗搖下，所有的臉看著我，以為我要講什麼事情。

我吸一口氣之後，大聲高喊：「你好嗎，我的孩子？」（¿Qué pasa mi niña?）所有人呆住，笑了出來，齊聲回應：「你好嗎，我的孩子？」（¿Qué pasa mi niña?）

好幸福的一句話。

三年的旅程，10＋1天的倒數生命書寫。

這本書原來是這種形狀。

時間｜二〇一八年，春

地點｜西班牙加那利群島，特內里費島北部及南部，Javier 的車上

加那利群島人教我很多他們說的話。

某天，我想暫時離開影展，暫時離開純樸的加拉奇科小鎮，從北方前往南方，號稱萬惡的觀光沙灘聖地，想親眼見識飯店財團的魔爪。

加那利群島由於受加那利洋流環繞，終年二十二度，氣候舒適，成為西歐有錢人最嚮往的度冬聖地，以特內里費島為例，北島除了像加拉奇科小鎮還住有當地人，南島幾乎是觀光客與外國打工客的天下。加那利群島不僅適合度冬，更適合終年耍廢，一整年，這七座島嶼吸引了源源不絕的客源，已成為度假的代名詞，很難想像身為人人都嚮往的島嶼，是什麼感覺？

所有遠道而來的觀光客，至少會待上幾個禮拜，甚至幾個月，所以公寓式飯店變得供不應求，投資一定有收穫。特內里費島南部所有靠近沙灘的地方，無論蓋的是哪一種風格的飯店，必定要有大陽台，此外，一小塊一小塊的游泳池，塡塞在汪汪大海的旁邊。

影展工作人員 Javier 平常的生活就是開車往返南北，去某個財團飯店裡上班，聽到我想參觀南部，說他可以載我，但是聽到我的目的後，他大叫一聲：「嘿！我幹嘛要千里迢迢載著你去罵我的公司啊！」「沒有要罵啦，但，我想看啊！」「看可以，但你又不知道這些複雜的關係，不要亂下結論。」「好。」

Javier 雖然嚴肅，卻也非常搞笑，第一次遇見他的時候，他的自我介紹就是：「你好，我是 Javier Bardem，叫我 Bardem 就好。」Javier Bardem 是著名的西班牙性格演員，超帥又性感，但眼前的這位 Javier 卻油腔滑調，差別真大。我問他：「喔，那你太太 Penélope 最近好嗎？」他對我擠眉弄眼後，做了一個拍打屁股的動作。真三八。

Javier 的英語能力很好，我只要有不懂的事就會跑去問他，但到最後都會以嬉鬧逗笑結束。他每天都會問我今天又採訪了誰，然後說我的書一定寫不完。

他說得倒是滿對的。

他很聰明，很理想化。他喜歡自己的家鄉加拉奇科小鎮，也熱衷於飯店事業。他曾經爲了研究如何發展特內里費島的觀光策略，一路念到觀光系的博士班。他一直都想結合在地觀光團體形成網絡，共同抵抗無用的政策與資源不平等的財團。

「你知道嗎？對那些有錢的觀光客來說，加那利群島就是四種 S：太陽（Sun）、大海（Sea）、沙灘（Sand）、性（Sex）。」

「怎麼可能？他們沒有參加你們的環境影展嗎？他們沒有上來北島玩嗎？這幾天我去爬火山，學到好多火山和岩漿的知識，如果還有時間，真想去看熱帶雨林，去天文台看星星啊。我今天來南島，還有預約一個對環境友善的賞鯨團，是研究人員帶路、只有五個人乘坐的小船，沒有奇怪的香檳跟舞會，是安安靜靜、不打擾鯨豚的參觀。」「雖然這些資料不太容易查到啦！」

「就是啊！他們就是會壟斷所有管道，甚至會封殺一些小組織。你知道觀光客來到這裡只想放鬆，不想花太多腦筋，哼！只有怪咖才會想玩這些。」Javier 用力踩油門，我們爬出山頂最高峰，正繞出最大一顆肉桂捲村莊。

山路在髮夾彎之後鑽進一條岔路，一路南下，我們便會抵達那顆萬惡的肉桂捲都市，雖然它已經被夷爲廣大的土塊，變成平坦而破碎的麵皮。

「我跟你講，這條路是只有我才知道的捷徑，捷徑在西班牙語叫『Atajo』！來！念一次！」Javier 要我複誦一次。「Atajo」還算好念，我通過西語老師的測試。但就在我念的途中，一台小車從前方出現，快速地穿過我們。「可惡！」Javier 大聲念出對方的車牌號碼，說：「你完蛋了！誰告訴你的！竟然知道我的祕密捷徑 Atajo！」

我忘記 Javier 在車上說過多少笑話了，頻率太高，我幾乎笑到岔氣。中間我們也討論很多關於加那利群島的環境議題，Javier 既悲觀又樂觀，既積極又消極，但是他繼續身兼二職，一邊生態影展、一邊財團飯店，兩邊都不能放棄。

「我今年工作真的很忙，後天飯店將會迎來一千多個貴賓，好累，我們一直在準備，可是這幾天也同樣是影展的重要時間，有幾個時段我都不能參與，必須請假回去上班。」

「我真的不知道自己是在請哪一邊的假，上哪一邊的班？」

我靜靜地聽，不知道要回應什麼，他也沒要我回應什麼。我想我們都一樣，在無法控制的狀態裡掙扎、度過。

我們就是過著一天又一天。

Javier 說他大概幾點可以下班，如果我賞完鯨，逛完充滿人潮的海灘，可以去他工作的飯店大廳等他，再一起開車回影展，趕最後一場放映。

下車時，各式各樣的飯店集團，排山倒海地從天空往下壓，蓋得太多、太密、太高了，正閃閃發亮地看著我，我突然有點重心不穩，用手扶了一下車門。我搞不清楚方位，又再問一次 Javier 他工作的飯店是哪一棟建築？因爲它們都長得好像。Javier 指向一個最高的招牌，旁邊還有挖土機和架高鷹架，正在蓋新館。他跟我說：「你就認這個公車站牌，晚點聯絡！」我說好。

關上車門時，我說了剛剛 Javier 在車上教我的一句外來語，那是二〇一八年加那利群島年輕人道別時最愛說的話。

「莎喲娜啦，我的寶貝！Sayonara Baby！」

水滴之河──我的眼睛是顆鏡頭，一名影像工作者的歐洲逃亡之旅／李若韻 Joyun LEE 著．-- 初版．-- 臺北市：時報文化，2023.10； 432 面；14.8 × 21 公分 （PEOPLE；509）

ISBN 978-626-374-415-8（平裝）

740.9 112016149

PEOPLE 509

水滴之河 ── 我的眼睛是顆鏡頭，一名影像工作者的歐洲逃亡之旅
Drops in the River: a self-exile and self-found journey

作者 李若韻 Joyun LEE｜**責任編輯・企劃** 石瑷寧｜**主編** 陳盈華｜**企劃協力** 張哲豪、林宛蓁｜**美術設計** 廖韡｜**封面繪畫・內頁攝影** 李若韻｜**內文排版** 薛美惠｜**董事長** 趙政岷｜**出版者** 時報文化出版企業股份有限公司／108019 台北市和平西路三段 240 號 4 樓 **發行專線**─(02)2306-6842 **讀者服務專線**─0800-231-705（02）2304-7103 **讀者服務傳真**─(02)2304-6858 **郵撥**─1934-4724 時報文化出版公司 **信箱**─10899 臺北華江橋郵局第 99 信箱 **時報悅讀網**─http://www.readingtimes.com.tw **創造線** FB─www.facebook.com/fromZerotoHero22｜**法律顧問** 理律法律事務所 陳長文律師、李念祖律師｜**印刷** 勁達印刷有限公司｜**初版一刷** 2023 年 10 月｜**定價** 新台幣 620 元｜**版權所有 翻印必究**（缺頁或破損書，請寄回更換）

時報文化出版公司成立於一九七五年，並於一九九九年股票上櫃公開發行，於二〇〇八年脫離中時集團非屬旺中，以「尊重智慧與創意的文化事業」為信念。

創造線
from zero to hero